ELOGIOS PARA HÉROE

«¡Pónganse de pie los que son hombres de verdad! Estos dos hermanos míos, padre e hijo, se destacan por la pureza, valor y fortaleza con que honran a Dios. ¡Me siento orgullosa de conocerlos! Lean sus historias y siéntanse animados de haber encontrado a estos héroes de nuestro tiempo».

REBECCA ST. JAMES, cantante, compositora, música.

«Esta historia es verídica. Fred y Jasen son en verdad héroes de nuestro tiempo. Y por la gracia de Dios, ¡también ustedes pueden serlo!»

Dr. GARY ROSBERG, fundador y Director Ejecutivo de America's Family Coaches, autor de *Matrimonio a prueba de divorcio*, cofundador con su esposa, Barb, de: TheGreatMarriageExperience.com

«*Héroe* es con mucho mi libro preferido de todos los de Fred. Su aguda comprensión bíblica y aplicaciones prácticas de la Palabra son lo que necesitamos hoy. ¡No puedo sino volver al mismo una y otra vez! He leído muchos libros acerca del noviazgo, pero *Héroe* es sin duda superior a todos. ¡Los insto a que lo lean! Así de excelente es este libro. Fred y Jansen, gracias por ser la clase de hombres que muchos de nosotros deseamos ser».

HEATH ADAMSON, evangelista de jóvenes, The Seven Project

«*Héroe* no es solo un libro más acerca del noviazgo o la pureza. Al concluir *Héroe*, llegué a darme cuenta de que este libro es en verdad un mensaje que brotó del corazón de Dios para nosotros. No podía dejarlo. Las palabras de Jasen me desafiaron en lo más profundo y me inspiraron, pero sobre todo, me sentí esperanzado. Cuando lean este libro, sé que cambiarán para siempre».

MICHAEL O'BRIEN, solista principal de Newsong

«Dios ha lanzado el grito de guerra para conquistar el corazón de los hombres. ¿Lo oyen? ¿Sentirán el poderoso estremecimiento de qué significa ser un verdadero hombre? Ella necesita un héroe. Permitan que Fred y Jasen los desafíen a convertirse en los héroes que ellas necesitan que ustedes sean».

MATT MARKINS, director de D6 Conference

«En una cultura desprovista casi del todo de héroes genuinos, he tenido el honor de conocer algunos. Fred y Jasen Stoeker son esa clase de hombres. Todos los que habitamos en ese planeta Tierra debemos leer y aplicar las lecciones bíblicas que ofrece este libro».

CLAY ALLEN, pastor, presidente y fundador de AVENUE Resource y autor de *Operation Destiny*

«Inspirador, cautivador. Totalmente bíblico. Fred y Jasen Stoeker claman a los hombres y mujeres de nuestra generación y los exhortan a vivir una vida santa llena de gozo. *Héroe* nos invita a una vida de amor centrada en Dios. Anhelo verla hecha realidad una y otra vez».

PAUL SABINO, pastor para familias, Cornerstone Church, Ames, Iowa

«¡Me entusiasma *Héroe*! Al comenzar a leer este libro que invita a la reflexión, se me llenaron los ojos de lágrimas y la esperanza se apoderó de mi alma. *Héroe* ofrece una lectura discordante de la vida real, prueba viva de que todo lo que el enemigo usa para perjudicar, Dios lo usa para algo bueno. Todo el que lea estas páginas se sentirá hondamente desafiado a convertirse en un verdadero héroe».

JAMES A. MONTERA, presidente de Mercy Seat Ministries Midwest, Inc., y fundador de Refugee School of Ministry.

HÉROE

Sé el hombre que ella desea

FRED STOEKER

Autor del libro éxito de librería *La batalla de cada hombre*

JASEN STOEKER

con MIKE YORKEY

Editorial
UNILIT

Publicado por
Editorial Unilit
Miami, Fl. 33172
Derechos reservados

© 2010 Editorial Unilit (Spanish translation)
Primera edición 2010

© 2009 por Fred Stoeker
Originalmente publicado en inglés con el título:
Hero por Fred Stoeker y Jasen Stoeker.
Publicado por *WaterBrook Press*, un sello de *The Crown Publishing Group*,
una división de Random House, Inc., 12265 Oracle Boulevard, Suite 200 Colorado
Springs, Colorado 80921 USA
Publicado en español con permiso de *WaterBrook Press*, un sello de *The Crown
Publishing Group*, una división de Random House, Inc. 12265 Oracle Boulevard, Suite
200, Colorado Springs, CO 80921 USA.
(This translation published by arrangement with *WaterBrook Press*, an imprint of *The
Crown Publishing Group*, a division of Random House, Inc.)
Todos los derechos de publicación con excepción del idioma inglés son contratados
exclusivamente por GLINT, P. O. Box 4060, Ontario, California 91761-1003, USA.
(All non-English rights are contracted through: Gospel Literature International,
PO Box 4060, Ontario, CA 91761-1003, USA.)

Traducción: Rojas & Rojas Editores, Inc.
Diseño de la portada: Mark D. Ford

A menos que se indique lo contrario, las citas bíblicas se tomaron de la Santa Biblia,
Nueva Versión Internacional. © 1999 por la Sociedad Bíblica Internacional.
El texto bíblico señalado con RV-60 ha sido tomado de la versión Reina Valera © 1960
Sociedades Bíblicas en América Latina; © renovado 1988 Sociedades Bíblicas Unidas.
Reina-Valera 1960® es una marca registrada de la American Bible Society, y puede ser
usada solamente bajo licencia.
Utilizados con permiso.

Las cursivas en los pasajes bíblicos reflejan el énfasis añadido por el autor.

Los nombres y detalles en algunas de las historias y anécdotas fueron cambiados para
proteger la identidad de los personajes.

Producto 495716
ISBN 0-7899-1753-X
ISBN 978-07899-1753-9
Impreso en Colombia
Printed in Colombia
Categoría: Vida cristiana / Vida práctica / Hombres
Category: Christian Living / Practical Life / Men

De Fred:

Para Michael

Gracias por asumir tu destino, hijo.

Todos reconocen a un verdadero hombre cuando se topan con uno.

Tú eres uno de ellos, y no cabe duda de ello.

Para el Señor

Es verdad.

Haces mucho más por nosotros que lo que podemos pedir o incluso imaginar en nuestros sueños más descabellados.

No hay nadie como tú, ni hay obras como tus obras.

De Jasen:

Para mi alegre y valiente esposa, Rose

Sin ti, todavía seguiría soltero, y totalmente falto de preparación para escribir este libro.

Y para nuestro más reciente pequeño Stoeker que mora en ella, que ya desde ahora lo está formando la mano de Dios.

¡Nos cuesta esperar para abrazarte!

CONTENIDO

INTRODUCCIÓN

De Fred

Quizá ya conocen mi historia. En cierto momento, un año después de haberme graduado en la Universidad Stanford, me acostaba con tres muchachas diferentes y estaba casi comprometido a casarme con dos de ellas. Basta decir que esas muchachas no ganaron gran cosa por haberme conocido.

Aunque con el tiempo rectifiqué muchas cosas y logré cambios increíblemente importantes, mi testimonio es de fracaso y redención. Sin embargo, puedo decir con toda sinceridad que la primera persona que he conocido que *ha* logrado que salieran ganando todas las muchachas que lo conocieron es mi hijo mayor, Jasen. Si se toma en cuenta su estirpe, se trata de una victoria de proporciones casi impensables... sin duda más allá de cualquier cosa que yo hubiera podido esperar que sucediera en mis primeros años como padre. Pero Jasen *ha* salido victorioso, y esta es la razón primordial de haberle pedido que cuente su historia a todos los lectores.

En vista de lo increíble de su historia, podrían pensar que esta idea me hubiera debido resultar muy obvia, pero no fue así. No me llegó la idea de asociarme con Jasen sino hasta que recibí una nota de parte del hermoso centro de conferencias Glen Eyrie en Colorado Springs en la que me invitaban a dirigir cinco sesiones acerca de la pureza sexual durante un fin de semana con padres e hijos.

Al analizar de qué podría hablar a los hombres, de repente caí en la cuenta de que sería excelente que Jasen pudiera contar su historia. Los hijos presentes en el grupo disfrutarían mucho con lo que les iba a contar, pensé. Después de todo, no era mucho mayor que la mayoría de los asistentes, y apenas acababa de concluir ocho años de escuela secundaria pública y de universidad estatal, exactamente lo que muchos de ellos se encontraban enfrentando. ¿Quién sabe más acerca de los aspectos prácticos de una verdadera pureza heroica en la cultura actual que él?

Glen Eyrie no fue problema, aunque el entusiasmo de los responsables se enfrió algo cuando le dije al líder de la conferencia por teléfono que Jasen nunca antes había hablado en público acerca de esto. Su primera presentación se programó para la mañana del sábado de la conferencia, y cuando subió al podio y recorrí con la mirada la expresión en el rostro de los padres y sus hijos en la sala, de veras que no tenía ni idea de qué iba a hablar Jasen ni de cómo se desenvolvería como conferencista.

No hubiera debido preocuparme. Bateó un cuadrangular, al compartir relatos valientes, apasionantes, acerca de sus propias luchas por la pureza que ni siquiera yo había oído antes, historias que me dejaron tan sobrecogido y mudo como a los presentes en la sala.

Era un padre muy presente en la vida de su hijo al que conocía muy bien, pero incluso yo no tenía idea de lo que Dios nos tenía reservado esa mañana a través de las palabras de Jasen. Claro que sabía lo que le había ido enseñando, y sabía que esas cosas significaron un refuerzo para su lucha. Pero cuando habló en esa fresca mañana al pie del majestuoso Pikes Peak, vine a comprender con suma claridad que Jasen había desarrollado su *propia* pasión vehemente por la pureza, una pasión tan genuina e impactante que lo condujo a desarrollar toda una serie de herramientas y tácticas creativas para mantenerlo del lado victorioso en su lucha por la pureza, ¡cosas que no había aprendido de mí! No había tenido ni idea de todas sus heroicidades a lo largo de sus años en la escuela, y sentado ahí paralizado, escuchándolo recalcar su mensaje, asentí con la cabeza y pensé: *¡Qué héroe! ¡Qué hombre!*

Esa mañana llegué a la conclusión de que Jasen, por ese entonces con solo veintitrés años y en su primer año de matrimonio, sería la persona perfecta para escribir junto conmigo *Héroe,* el libro que completaría mi trilogía para jóvenes solteros. *La batalla de cada hombre* contó mi historia. *Héroe* cuenta «la puesta a prueba de la historia» a través de Jasen. Así fue cómo presenté por primera vez a Jasen a mis lectores en *La batalla de cada hombre*:

> Mi hijo de dieciséis años, Jasen, es ahora un fornido y atractivo adolescente de un metro ochenta, de sonrisa fácil y modales amistosos. No hace mucho, Jasen estuvo con algunos amigos que andaban con pornografía. Se alejó. Mi hijo se alejó de ellos. ¡Es difícil expresar lo que eso significa para mí![1]

Cuando escribí ese párrafo cerca de diez años atrás, pensaba que Dios un día se abriría paso por entre el pecado generacional de mi árbol de familia, aunque no tenía ni idea de si ese sueño se convertiría un día en realidad o si, de manera lamentable, iría desapareciendo. Algunos lectores, que «conocieron» por unos instantes a Jasen en las páginas de *La batalla de cada hombre*, me han escrito para preguntarme, «Hola, ¿cómo ha seguido Jasen? ¿Cómo terminó esa batalla?».

Bueno, si les gustan los finales felices, la historia de Jasen ofrece uno inolvidable. Pero si lo que buscan es un final sorprendente, no tendrán suerte. Nuestro gran Padre ha sido el supremo cumplidor de promesas siglo tras siglo. Es el mismo ayer, hoy y siempre. ¿Cómo nos puede sorprender cuando la bendición es secuela de la obediencia? La vida y el matrimonio de Jasen son un testimonio de la fidelidad de Dios para todo hombre que sigue preguntándose si es realmente posible la pureza heroica en la cultura actual.

En las páginas siguientes, se informarán de algunas ideas prácticas de parte de Jasen acerca de cómo caminar con pureza con las mujeres que Dios ponga en su camino. Pero lo que más me entusiasma de *Héroe* es lo que puede lograr su testimonio en cuanto a fortalecer su fe. «Adora a Dios; porque el testimonio de Jesús es el espíritu de la profecía» (Apocalipsis 19:10, RVR-60).

La palabra *testimonio* original se puede traducir como «volver a hacer». Y ahí es donde radica su poder. Cuando escuchamos o leemos un testimonio, se genera en nuestro corazón una atmósfera de fe, y la esperanza penetra nuestra alma: *Si Dios puede hacer esto para él, entonces también puede volver a hacerlo para mí.* Esta fe sencilla es todo lo que necesita el Espíritu Santo para repetir esa historia en nuestra vida y lograr una victoria importante una vez más.

En última instancia, esta es la razón de por qué creo que *Héroe* es un libro definitivo para los solteros. *La batalla de cada hombre joven* fue el primer libro que escribí para solteros, en el que se confronta la sexualidad masculina dentro del contexto de cada persona y de sus vulnerabilidades sexuales. Se centra en Efesios 5:3, «Entre ustedes ni siquiera debe mencionarse la inmoralidad sexual». Dios nos llama a todos a impedir la gratificación sexual que se origina en nuestros ojos y mentes «apartando» nuestros ojos y frenando por completo cualquier pensamiento lujurioso.

Tácticas, el segundo libro, confrontó la sexualidad dentro del contexto de nuestra relación con Dios y con nuestros hermanos cristianos. Nos retó a ahondar nuestra intimidad con Dios y a asumir las cargas morales de nuestros hermanos de acuerdo con las indelebles palabras de Jesús en el libro de Mateo:

> «Maestro, ¿cuál es el gran mandamiento en la ley?».
> Jesús le dijo: «"Amarás al Señor tu Dios con todo tu corazón, y con toda tu alma, y con toda tu mente". Este es el primero y grande mandamiento. Y el segundo es semejante: "Amarás a tu prójimo como a ti mismo". De estos dos mandamientos depende toda la ley y los profetas». (22:36-40)

Lograr intimidad con Dios y con nuestro prójimo cambia para siempre la batalla de los hombres, ante todo sustituyendo la búsqueda de la falsa intimidad de la pornografía y la masturbación con la intimidad genuina de una verdadera relación con Dios y una conexión genuina con quienes nos rodean.

En *Héroe*, el contexto es nuestra relación con las mujeres. Nuestro versículo orientador en este caso es «Trata a las jóvenes […] con toda pureza» (1 Timoteo 5:1-2).

En este tercer libro, se completa el círculo de la batalla por la pureza. A modo de ampliación del tema del último capítulo de *La batalla de cada hombre joven*, nos centramos en esta pregunta clave: ¿quedan mejores las mujeres que se cruzan en nuestra vida por habernos conocido? Es una pregunta fundamental. Este es precisamente el desafío de Dios a *todo* hombre, cualquiera que sea su edad. Y se aplica a todos los solteros, ya sea que tengan diecisiete años o setenta.

Quedar mejor por habernos conocido es una meta heroica, incluso caballerosa. Pero la vedad es, que cuando se trata de mujeres, la mayor parte de nosotros pensamos muy poco en nuestro nivel de heroísmo cuando salimos con ellas. Como hombres, tendemos a pensar primero acerca de cómo podemos causar la impresión de que soy el tipo más sensacional del planeta, seguido muy de cerca por hasta qué punto estamos mejorando esa percepción pública de perfección: *¿Qué debería ponerme? ¿Cómo debería actuar? ¿Qué debería decir?*

El problema es que, si bien presentarse como un tipo sensacional puede atraer la atención de una joven, no es la mejor estrategia para ganar su corazón. Esta forma de pensar ayuda muy poco a mantenernos sexualmente puros durante la relación y, en última instancia, solo hace que las cosas resulten más difíciles. A la luz de esto, seamos sinceros con nosotros mismos por un momento. Cuando se trata de la pureza sexual, ¿cómo nos ha funcionado esa búsqueda de ser sensacional en las relaciones de noviazgo?

Si los resultados han sido menos de excelentes, no hay que desesperarse. Creo que se puede ser sensacional y heroico cuando se trata de nuestras relaciones más importantes. Pero ser religioso y heroico debe tener prioridad sobre ser sensacional si queremos mantenernos puros durante el noviazgo. Y para ayudar a ver cómo se da esto en la práctica, ofreceré a mi hijo primogénito, Jasen, como Prueba A. En las páginas subsiguientes leerán mucho más acerca de Jasen y *de parte de* Jasen.

Al leer su testimonio, esperamos sinceramente que se avivará en tu alma una fe profunda, una fe de que Dios «volverá a obrar» en tu vida. Esperamos que el Señor conduzca tu corazón más hacia Jesús en cuanto a su manera de llevar a cabo el noviazgo, y si nos permites un momento, nos gustaría ofrecer una oración de compromiso hacia ese fin, aquí, al comienzo de tu recorrido por estas páginas:

Señor, acudimos a ti en el nombre de Jesús, dándote gracias por estos momentos con nuestro hermano que ahora tiene en sus manos este libro. Sabemos que estás ansioso de hablar a tus hijos acerca de sus relaciones, y en este momento en particular, estás especialmente ansioso de poder tocar el corazón de este hermano con tu gran amor. Cautívalo. Haz que tus intensos deseos sean los suyos. Aléjalo de los deseos muy oscuros que rondan a nuestro alrededor, y haz que aparezca el corazón heroico que has puesto dentro de él. Al colocarse a tu lado en sus relaciones, multiplica el impacto de su obediencia en toda nuestra nación y alrededor de nuestro mundo. Pedimos mucho, Señor, porque sabemos que anhelas hacerlo. Anima a este hombre a que te busque con todo empeño, Señor. Abre sus oídos y sus ojos para que pueda encontrarte.

VICTORIA

De Fred:

El clamor de la muchedumbre me impresionó. Se parecía a los gritos de triunfo que había escuchado muchas veces en los partidos de fútbol, después de un pase desesperado en el último segundo hacia la zona de anotación, o una intercepción que conduce al equipo local a llegar a las finales. Lo he escuchado en partidos de béisbol, cuando el impacto del batazo se confunde con el alborozo y delirio creciente en las gradas de sol.

Pero nunca había escuchado semejantes estentóreos aplausos en una boda.

La ceremonia formal había ido avanzando con rapidez hacia su conclusión cuando un sonriente pastor, Dave Olson, anunció: «Jasen, ¡puedes besar a la novia!».

Y en ese momento fue cuando sucedió. Cuando mi hijo rodeó feliz con sus brazos a su nueva esposa y sus labios se encontraron por primera vez, un clamor espontáneo, ensordecedor, alcanzó un nivel de frenesí mientras se iban poniendo de pie nuestros eufóricos invitados. Gritaron de alegría como si estuvieran siendo testigos del pitido final en una de esas locuras de marzo, cuando se celebran las finales del campeonato nacional de baloncesto universitario cantando, abrazándose y levantando las manos en señal de triunfo, con sus estridentes gritos y agudos silbidos de júbilo resonando en toda la cancha.

Ahí permanecí asombrado, como un muñeco con una enmudecida cara toda sonrisas. Mi cabeza daba vueltas vertiginosas en mi intento de asimilar todos los detalles al mismo tiempo de esta escena tan sorprendente. Había esperado que, a estas alturas de la ceremonia, mis emociones fueran a llegar a convertirse en lágrimas de gozo. Pero en lugar de ello, ahí estaba paralizado, inmóvil, fascinado ante lo que ocurría, sobrecogido con un profundo, silencioso respeto por el elegante novio que irradiaba todo él felicidad dirigida a los luminosos ojos de su encantadora novia.

¿Quién era esa persona? Y, ¿por qué lo aclamaban como si fuera Tiger Woods en el último hoyo de uno de los máximos torneos? Era mi hijo, mi primogénito, la culminación de mis esfuerzos, aquel cuyo destino espiritual había ido variando y se había unido al mío desde los primeros días juntos.

En los últimos días antes de su boda, supongo que me comporté como cualquier padre de un novio. Mi mente no podía evitar evocar una y otra vez los magníficos y conmovedores momentos de nuestra vida juntos. Me sentía hondamente conmovido, sobre todo al recordar sus días de infancia cuando sus ojos llenos de brillo y de amor me desafiaban hasta lo más hondo y alteraban el destino de nuestro árbol familiar.

Aquel pequeñín tan lindo era una gran pelota de impredecible y eufórica acción. A veces se me acercaba torpemente con un húmedo chupete apenas sujeto en la boca, sosteniéndolo a pesar de todo mientras me dirigía una sonrisa bobalicona tan grande como la luna. Aunque no podía hablar, yo sabía con exactitud lo que me decían sus ojos, tan claro como una campana: *Papá, tú eres mi héroe. ¡Quiero llegar a ser como tú!*

Muchas veces me limitaba a tomarlo en brazos y le hacía cosquillas, lleno de amor. Pero otras veces, cuando nos encontrábamos solos en casa, me brotaban lágrimas de desesperanza.

¡No! Clamaba en mi interior. *¡No llegues a ser como yo, hijo mío!*

El hecho es que yo no era ningún héroe. La realidad de la maldición generacional de mi familia la conocía demasiado bien. Mi pecado sexual un día lo condenaría a la misma celda fría y cruel de la cárcel que había absorbido mi vida desde lo más profundo, la misma cárcel en la que mi padre y mis abuelos se retorcieron hasta que la muerte los liberó de las frígidas cadenas. *Yo no soy tu héroe, hijo mío. Si lo fuera, podría salvarte de esa cárcel. Pero ni siquiera me puedo salvar a mí mismo. ¿Cómo voy a poder salvarte a ti?*

A veces, cerca del amanecer, me despertaba y con los ojos muy abiertos contemplaba el techo mientras silenciosos gemidos penetraban mi alma. *Dios mío, ¿cómo puedes ser tan cruel? ¿Por qué me diste un hijo? No estoy preparado para educarlo, y ¡tú lo sabes! Me has dado la responsabilidad espiritual por él, pero no poseo lo que hace falta para ello. ¿En qué estabas pensando?*

Es probable que pensara que iba a ayudarme a llegar a estar a la altura del desafío, pero no podía imaginarme que lo *consiguiera*, a pesar de su omnipotencia. Sin inmutarse, el Señor de algún modo utilizó un sencillo sermón un domingo por la mañana para derramar sobre mí una cascada de verdad que cambió el curso de mi vida, y de la de Jasen, para siempre.

Puedo recordar los versículos como si los hubiera acabado de leer esta misma mañana:

La palabra del Señor vino a mí, Jeremías [...]: «Ve a la familia de los recabitas e invítalos para que vengan a una de las salas de la casa del Señor y ofréceles vino» [...] Les serví a los recabitas jarras y copas llenas de vino, y les dije: «¡Beban!». Ellos me respondieron: «Nosotros no bebemos vino, porque Jonadab hijo de Recab, nuestro antepasado, nos ordenó lo siguiente: «Nunca beban vino, ni ustedes ni sus descendientes [...]» Nosotros obedecemos todo lo que nos ordenó

Jonadab hijo de Recab, nuestro antepasado. Nunca bebemos vino, ni tampoco lo hacen nuestras mujeres ni nuestros hijos. (Jeremías 35: 1-2, 5-6, 8).

Los hijos obedientes impresionaron a Dios, y se sintió tan complacido con la descendencia de Jonadab que los utilizó como ejemplo para su propio pueblo:

Así dice el Señor Todopoderosos, el Dios de Israel: «Ve y dile a toda la gente de Judá y Jerusalén: ¿No pueden aprender esta lección, y obedecer mis palabras?» —afirma el Señor—. Los descendientes de Jonadab hijo de Recab han cumplido con la orden de no beber vino, y hasta el día de hoy no lo beben porque obedecen lo que su antepasado les ordenó. En cambio ustedes, aunque yo les he hablado en repetidas ocasiones, no me han hecho caso. (Jeremías 35:13-14)

Son palabras muy serias, y merecen nuestra atención en todo momento. Pero estas palabras no fueron las que sacudieron mi alma esa mañana. No, lo que me golpeó fue un hecho poco conocido en este pasaje, que mi pastor mencionó desde el púlpito. ¿Saben cuánto tiempo había transcurrido entre los días de Jonadab y este día cuando Jeremías les pidió a los «hijos» de Jonadab que bebieran vino con él? ¡Unos trescientos años! Jonadab fue un ejemplo tan grande de religiosidad que sus descendientes todavía estaban siguiendo su ejemplo tres siglos después.

Mi alma prendió fuego. *¿Puede esto resultar así en el caso de mi pecado sexual? Si yo puedo lograr ganar esta batalla y enseñar a mis hijos que me sigan por esa senda, ¿seguirán diciendo mis descendientes tres siglos más tarde: «No miramos pornografía porque nuestro padre Fred no lo hizo»?*

Mi temor más profundo

La verdad de Dios se apoderó de mi corazón, y comencé a reflexionar acerca de las posibilidades. Se puede leer la historia completa en mi libro *Tácticas*, pero todo mi debatirse dependía de un elemento incierto: incluso si llegaba a ganar la batalla conmigo mismo, ¿cómo podía estar seguro de que Jasen me seguiría? No podía cambiar el destino de mi árbol genealógico por mí solo. Alguien tendría que asumir el reto junto conmigo.

¿Quién debe ser ese alguien? Respuesta: el pequeño de piernas rollizas, gracioso, que pensaba que yo era su héroe. Ese era mi temor más profundo. ¿Cómo podría yo llegar hasta él o hasta cualquier otro hijo que tuviera? No tenía idea de qué clase de hombre llegaría a ser, y no estaba demasiado seguro de que estaba dispuesto a arriesgar todo el esfuerzo necesario para cambiar mi árbol familiar con esta clase de incertidumbre en la que me encontraba. Me mantuve vacilando por meses en torno a este punto hasta que, una mañana, mi exasperado Padre en el cielo me hizo sentir en el corazón este escalofriante reto: *¿Vas a detenerte aquí mismo y comenzar a cambiar el destino de tu árbol genealógico, o dejarás esta tarea en manos de alguien mejor que tú, que podrá aparecer luego?*

Estas palabras me hicieron llorar. No podía soportar la clase de hombre que yo era, una clase a la que el Señor no podía confiarle cosas grandes. Había dedicado toda mi vida a hacer deportes y a estudiar tratando de demostrar que reunía lo que se requería para ser un hombre, alguien con quien poder contar en momentos difíciles. ¿Iba ahora a escabullirme cuando de verdad importaba? ¿Iba en realidad a dejar que otro descendiente «más adelante» hiciera el trabajo que me correspondía, alguien que lo amara más a él, alguien más comprometido con sus propósitos que yo? Mi corazón se retorcía en medio de un tormento destructor. Era *mi* árbol genealógico y *mi* batalla la que tenía que librar. ¿Qué clase de hombre tímido y pusilánime depende de otra persona para restaurar el nombre de su familia?

Y lo peor de todo es que si dejaba pasar este reto, sabía que el Señor un día iba a plantearle lo mismo a Jasen. ¿Llegaría mi hijo a ser ese hombre mejor que yo? No conocía la respuesta, pero no estaba dispuesto a dejar en manos de mi precioso hijo esta brutal batalla para que la peleara solo. Esto selló el trato, porque esto desde luego que no iba a suceder. Por mucho que pudiera lamentablemente fallar en la batalla, era mi hijo, y no tendría que batallar solo con ese horrible problema.

Sabía que este era el momento decisivo de mi vida. Podía «comportarme como un hombre» en la lucha con este amo terrenal tan brutal, o podía limitarme a seguir mansamente la corriente hacia la misma multitud en retirada de hombres Stoeker para dedicar el resto de mis días a solo hacerme pasar por un hombre, como lo habían hecho ellos.

Como estudioso de la historia, sabía ya cómo pensaban los verdaderos hombres frente a la batalla. Teddy Roosevelt dijo con rigor: «Ningún hombre es digno de llamarse hombre si no lucha en vez de someterse a la infamia o ver a sus seres queridos sufrir maldades». Winston Churchill declaró con decisión: «¿De qué sirve vivir, si no es para luchar por causas nobles y hacer que este mundo tan revuelto sea mejor para quienes vivirán en él una vez nos hayamos ido?».

¿Merecía llamarme «hombre»? Y si no, ¿de qué servía vivir?

Ya había concluido el tiempo de fingir y ocultarse. Si no me decidía ya a luchar, *sabía* que un día me derrumbaría en mi cama para combatir las desesperadas y fútiles lamentaciones noche tras noche, como muchas otras almas tímidas que evaden la batalla en este mundo. Al final, este pensamiento me resultaba insoportable. Me desesperaba lo suficiente tal como estaban las cosas, ¡pero por lo menos todavía había esperanza! Deseaba liberarme del pecado sexual, y había llegado el momento de enfrentarse a la lucha furiosa que se avecinaba. El destino de mi familia dependía de ello y, lo sabía muy bien, también mi hombría.

Por fin, apenas unos pocos días después, inicié la batalla que iba a continuar para siempre. Circulaba por Merle Hay Road cerca de mi casa, y me di cuenta de que una vez más estaba deseando a una mujer que corría, y fallé una vez más. Golpeé con mis puños el volante, y grité en medio de mis lágrimas: «¡Aquí se acaba! ¡Ya no voy a vivir más de este modo! No sé como cumplir un pacto con mis ojos, pero voy a aprenderlo. ¡Aquí se acabó!». Al cabo de seis semanas de lucha, la oleada de conflictos se fue inclinando sin duda a mi favor, y al cabo de tres años, había sofocado todas las escaramuzas rebeldes. En contra de toda probabilidad, conseguí derrotar a mi enemigo en este despiadado combate, con lo que completé mi parte del acuerdo. Había establecido en firme los límites.

Pero ahora había llegado el turno de Jasen. ¿Cómo respondería?

Mi primer indicio lo advertí una vez que hubo llegado a los once años. Habíamos dedicado muchas valiosas veladas juntos a la lectura de la obra clásica del Dr. James Dobson, *Preparémonos para la adolescencia*. Cuando llegamos a la sección sobre pornografía, le dije: «Jace, mirar pornografía es como consumir drogas. Cuando miramos a mujeres sin ropa, se produce en nuestro cerebro una reacción química que se parece mucho a la reacción que sufre el cerebro al consumir cocaína… así lo indican incluso estudios hechos hace mucho cuando yo estudiaba en Stanford. Observé cómo algunos de mis compañeros ricos de dormitorio se gastaban miles de dólares en cocaína en unos pocos días durante las vacaciones de primavera… no podían decir basta».

Dejé que ese pensamiento fuera calando antes de proseguir. «Jasen, nunca he usado cocaína pero *he* mirado pornografía, y una vez que lo hube hecho, me volví adicto y siempre deseaba ver cada vez más, lo mismo que esos compañeros con sus drogas. Se convirtió en un hábito brutal difícil de romper y solo quiero que no cometas el mismo error en el que yo caí».

¿Lo pueden creer? Dos semanas más tarde, los compañeros de clase de Jasen llevaron pornografía a la escuela: un ejemplar de la revista *Hustler*. Lo llamaron para que ojeara las ilustraciones.

Esa noche, cuando Jasen me contó esta sorprendente historia, sus palabras me paralizaron. *¡Ay, no! ¡Ahí está! Ya ha comenzado su batalla. ¿Qué hizo?* Como un Stoeker, mi pasado debería haber sido su prólogo: quedar enganchado a la pornografía desde joven, para luego envolverse en sexo prematrimonial durante la secundaria y la universidad, y quizá más adelante, caso de ser como su abuelo o bisabuelo, abandonar a su esposa después de tener numerosas aventuras amorosas. Sería la cuarta generación de Stoeker siguiendo las huellas genealógicas. Procuré con todas mis fuerzas contener la respiración para preguntar: «Hijo, ¿qué hiciste?».

«Me salí, papá, como me dijiste que hiciera».

Engullí el nudo que tenía en la garganta y respiré profundo mientras lo atraía hacia mí para abrazarlo antes de que se fuera a su habitación. Mi corazón exultó. *¡Dios mío!* Pensé. *¡Estás obrando! ¡Mi hijo se alejó!* Ahí mismo, en la cocina, di saltos de alegría. *¿Podría ser esta la primera grieta en la maldición generacional?* Apenas si podía permitirme sentir esperanza, pero se apoderó de mí un increíble pensamiento. *Mi hijo puede triunfar en esto, Dios mío.* Dios con toda claridad estaba a la altura del reto, y sin duda también lo estaba Jasen. Ya a los once años, había oído mi consejo, «No hagas lo que yo hice», y no tuvo reparo en alejarse del grupo cuando se le ofreció la oportunidad de pecar.

Marcha triunfal

Ese incidente en el patio del colegio se convirtió en la primera de centenares de grietas que Jasen abriría en la maldición durante sus años de adolescencia e inicio de su vida adulta. Por la gracia de Dios y por las promesas que nos ofrece a todos, ese muro enorme de corrupción se ha convertido en escombros.

Jasen se irguió en lo más alto de estos escombros en su boda, totalmente victorioso, y por esta razón una ceremonia común, ordinaria, de casamiento en la iglesia se convirtió en un desfile clamoroso de triunfo.

Cuando la festiva marcha de Jasen hacia el matrimonio pasó por delante de mí esa tarde, mi orgullo aumentó indeciblemente y mi mente divagó a sus anchas. Como compañero suyo en esa lucha por nuestro destino genealógico, me permitiré hacer algunos comentarios coloridos y resaltar algunas acciones en relación con la boda de ese día, que comenzó así:

En nombre de las familias Gibson y Stoeker, tenemos el honor de invitarlos a compartir esta gozosa ocasión y a ser testigos de los votos de esta hermosa pareja.

El primer pensamiento que me mantenía maravillado era, *¡No puedo creerlo! ¡Ya Jasen se consiguió una esposa!* Esto puede parecer extraño viniendo de su padre, pero al ir acercándose cada vez más la graduación universitaria y como Jasen todavía no había ni siquiera encontrado una novia en serio, mi corazón sentía pena por él. Me preguntaba si me había equivocado en fomentar una posición tan intransigente contra la impureza. *¡Hay tan pocas mujeres hoy día que vivan así!*, pensé. *¿Lo habré condenado a una década de soledad?*

Siempre lo había puesto en manos de Dios, y siempre le dije a Jasen que podía confiar absolutamente en que Dios encuentra una compañera para aquel que cree en su Palabra cuando se trata de la pureza. «La bendición de Dios para ti es segura, hijo mío», le prometía. «Dios no es Dios si no cumple su Palabra».

¡Y me creyó! Su fe rara vez vaciló en cuanto a encontrar esa clase de mujer que tuviera su posición respecto a la pureza. Lo triste era que en privado mi propia confianza a veces desfallecía mucho, y lo mismo le ocurría a mi esposa, Brenda. Después de todo, su posición inflexible y decidida respecto a la pureza iba en contra de la sensualidad generalizada de las jóvenes de su edad, incluso entre las que asistían a escuelas y universidades cristianas.

A veces me desesperaba. *¿Quedan acaso algunas mujeres que se preocupen en serio por su pureza hasta el punto de poder vivir con los estándares de Jasen y de Dios? Y aunque haya alguna por ahí, ¿cómo podrá jamás encontrarla Jasen?* A medida que se iba acercando el momento de la graduación, mi esperanza se desvanecía. Hubiera agradecido que Dios pusiera en su camino aunque fuera alguna tímida joven que quedara.

Pero este no era el caso de Jasen. Y ahora, cuando contemplaba a mi hijo situado orgullosamente frente al altar en espera de su prometida, mis pensamientos se dirigieron hacia esa joven de una perfección casi imposible que estaba en exterior de la iglesia, vestida de raso y encajes. En mi interior, me reía de mí mismo. *¡Qué necio eras, Fred! ¿Te desesperaste demasiado pronto, amigo!* Resulta que Dios *es* exactamente como traté de describírselo a Jasen: fiel hasta lo último. Y si bien a veces me resultaba difícil creerlo de verdad, todas mis reflexiones acerca de su bondad habían sido acertadas. Dios no se anduvo por las ramas con mi hijo Jasen. No le había reservado cualquier muchacha.

Déjenme decir algo acerca de la joven que ingresó a la abarrotada iglesia esa tarde. Rose Gibson era un partido sensacional, llena de vida, de una belleza increíble, y muy dinámica en

Cristo. No solo había sido la reina de la fiesta estudiantil de comienzo del año en el colegio sino la culminación de una pareja perfecta para Jasen. Nunca había conocido a otra mujer como mi esposa, pero ahí estaba, a punto de casarse con mi hijo.

Cuando Rose daba un paso adelante y se detenía, daba un paso y se detenía por el pasillo central, su regio porte me sobrecogió. No se trataba de una encantadora novia más que recorría un pasillo más. Era el regalo incomparable, brillante del Dios vivo que pasaba frente a nosotros, vestida como era de esperar, de un blanco brillante.

«¿Quién entrega en matrimonio a esta mujer?».

Cuando David Gibson levantó el velo de su hija para darle un beso de despedida, su semblante resplandecía de orgullo y alegría por esa hija suya tan preciosa, de igual modo que el mío lo hacia por Jasen. Dirigí mi mirada hacia Jasen, y no pude dejar de pensar en el padre que no estaba presente ese día: mi padre que había fallecido hacía siete años. ¿Cómo se hubiera sentido acerca de esta pareja?

Habría pensado que eran unos tontos, pensé.

Fred Stoeker era un gran hombre. Era un «macho». Campeón nacional de lucha libre de pesos pesados, podía agotar la voluntad de ganar a su oponente en pocos momentos. En la mesa de póker, podía dejar vacía la billetera del contrincante con la misma rapidez. Podía superar en la pesca, en el trabajo y en encanto a casi cualquier hombre de la tierra... y tuvo una cadena de amantes para demostrarlo. De hecho, nada ni nadie que yo haya conocido jamás pudo superar a mi padre. Excepto en una cosa.

Sexo.

En el caso del sexo, solo una cosa era verdad para mi padre: los verdaderos hombres intiman con las mujeres lo más pronto y con la mayor frecuencia que pueden. No importaba si eran casadas o si seguían a Cristo. Mi padre conocía la «verdadera» verdad acerca de la hombría, y no estaba dispuesto a permitir que la Biblia o cualquier otra cosa se interpusiera.

Fred Sr. se abría su propio camino sin importar las consecuencias, y aplicaba su verdad hasta la meta de llegada. Poco antes de su muerte, cuando ya no cabía duda de que ni siquiera él podía engañar al Padre Tiempo, me dijo que haberse divorciado de mi madre (por haber estado corriendo siempre tras otras mujeres) fue la decisión más estúpida que tomó en su vida. «Tu madre era una mujer buena, y la repudié», admitió en un momento de candor. «¿Y sabes qué? Nunca me recuperé de esa equivocación, por mucho que lo intenté. Nunca me recuperé en mis finanzas, por mucho que trabajara. Nunca tuve ninguna otra relación mejor que la que tuve con tu madre, aunque he conocido a muchas mujeres. Y lo peor de todo, nunca he podido reconstruir de verdad mis relaciones con ustedes, mis hijos, como lo deseaba, por causa del dolor del divorcio».

Cuando le pregunté por qué había preferido ir detrás de esas otras mujeres, me dijo que le pareció que era lo que había que hacer en esos tiempos. Era la década de 1960, cuando la liberación sexual era la consigna en las universidades y en las noticias vespertinas. «Eran los primeros años de la generación Playboy. Tener una amante era algo que los hombres debían hacer para demostrar que eran sofisticados. Para probar que estaban en la onda, a la altura de la época. Aunque, hijo mío, en realidad nunca me puse a pensar en ello. Así eran las cosas».

Así que si bien nunca se puso a reflexionar acerca de sus filosofías y ni siquiera su «verdad» había echado a perder cada una de sus relaciones con mujeres en el curso de los años, en cierto modo se las arregló para seguir sintiéndose seguro de que siempre lo mejor era acostarse con sus novias, sobre todo si parecía que esas relaciones podían acabar en el altar. Según él, era indispensable saber si uno era «sexualmente compatible» con la otra persona antes de casarse. Por esta razón, me llevó aparte cuando le anuncié mi compromiso con Brenda para compartirme ese consejo de bolsillo: «Hijo mío, conozco lo que la Biblia dice acerca del sexo prematrimonial, y tanto tú como yo somos cristianos y todo lo demás. Pero el sexo es demasiado importante para que te cases sin antes haber tenido relaciones sexuales con Brenda. No puedes correr el riesgo de casarte con una mujer frígida».

Mi padre fue un modelo a seguir en muchos aspectos, pero en asuntos de sexo, fue un desastre. Y mientras miraba a Jasen en su gran día de triunfo, me divertí pensando que si mi padre hubiera estado vivo, alguien que *nunca* supo ser dueño de su sexualidad ni por un momento se estaría burlando de su nieto que *siempre* había sido dueño de la misma.

Dirigí la mirada hacia mi hijo menor, Michael, de pie junto a Jasen como su padrino de boda. Apenas un año antes, en su último año en la escuela secundaria intermedia, Michael ya había sido objeto de mofas por parte de sus compañeros del primer ciclo de secundaria por no querer ver películas clasificadas como PG-13 y burlas por parte de sus compañeros de equipo en el vestidor por decidir posponer por tiempo indefinido salir con muchachas. Michael era dueño de su sexualidad, pero se estaban mofando de él muchachos de su escuela secundaria que no eran dueños de la suya, del mismo modo que mi padre podría haberse burlado de Jasen ese día en la boda.

De repente, se me ocurrió. Caí en la cuenta de que a pesar de toda la grandeza de mi padre en deportes y negocios, nunca había madurado por encima de esos estudiantes de secundaria en cuanto a la sexualidad, hasta el punto de criticarme a mí, su propio hijo, por esperar a intimar sexualmente hasta mi matrimonio. *Raro*, pensé. *¿Me pregunto cuántos hombres se quedaron atascados en una mentalidad de escuela secundaria respecto a asuntos de sexo?*

Volví a centrar mi atención en el Pastor Dave, que estaba predicando de manera excelente acerca del plan de Dios para el matrimonio y con mano experta estaba desmenuzando el significado espiritual implícito en el pacto. Y luego, muy pronto mi sueño se interrumpió y llegamos a esos mismos compromisos ya listos para ser asumidos. Jasen hizo su promesa, y luego Rose. «Con este anillo, me entrego a ti, Jasen, para ser tu fiel esposa. Todo lo que tengo es tuyo. En adelante, te apoyaré en tu dirección de nuestra familia para seguir a Cristo».

En ese momento, otro pensamiento me sacudió. *La presencia de Dios ha sido increíble durante esta ceremonia.* Al comienzo, lo había pasado por alto porque mi orgullo paterno sesgaba mi percepción. Pero a medida que avanzó la ceremonia, su presencia poderosa y santa en ese santuario se había hecho más perceptible en el momento en que Jasen y Rose intercambiaron sus votos. Más tarde, durante la recepción, literalmente *docenas* de amigos y conocidos nuestros mencionaron que habían sentido la presencia de Dios en esa iglesia.

Nunca había vivido la experiencia de una ceremonia nupcial más profunda. El Espíritu Santo estuvo sin duda sumamente complacido con esta joven pareja y su compromiso con la pureza sexual, y al irse acercando al final de la ceremonia, el Pastor Dave compartió sus últimas palabras. Creo que explican por qué el Señor hizo que muchos de nosotros sintiéramos esa tarde su presencia de manera tan profunda:

Bueno, este es un momento muy especial —el beso— que todos esperamos al final de todas las bodas. Pero antes de hacerlo, quisiera decirles algo. Se trata sin duda del momento que siempre esperamos, pero es especialmente verdad en el caso de esta pareja. Muchos de ustedes quizá no sepan que Jasen y Rose han esperado hasta el matrimonio, y este va a ser su primer beso. Algunos de ustedes quizá ya lo sabían, y quizá se sientan que son algo tontos y anticuados. Pero pienso que es algo maravilloso, y creo de veras que esto es lo que Dios quería.

Acabamos de hablar de qué significa delante de Dios una relación de pacto, pero ahora vemos de nuevo cómo el templo del Señor completa para nosotros el cuadro del pacto matrimonial. En el templo, había un velo en la entrada al Lugar Santísimo. Para pasar al otro lado del velo y para adorar al Señor, el sumo sacerdote debía ante todo hacer un pacto de sangre con Él. Lo interesante es que en la lengua original de la Biblia la palabra que se traduce culto es *proskuneo*, o «beso». En otras palabras, solo el hombre que ha hecho un pacto con Dios podía pasar al otro lado del velo del templo para «besar» al Señor en adoración.

La relación de esta pareja ha seguido la misma pauta al acercarse a su pacto matrimonial, y pienso que el Señor está muy complacido con ello. Cuando se trata de las relaciones entre hombres y mujeres, Dios tiene muy claro que un hombre debe tener un pacto con una mujer antes de acercarse a ella. Como hombre que es, Jasen ha esperado por voluntad propia hasta este momento, el momento en que ha establecido un pacto con Rose, y ha aceptado la responsabilidad de presentarla ante el trono de Dios como líder de su familia.

Ahora que ya lo ha hecho, su espera ha concluido, y ha llegado ese momento especial. Como Jasen acaba de formalizar el pacto con Rose, ahora puede pasar al otro lado del velo —su velo matrimonial— para besar a la esposa.

Así que ahora, es con un gozo especial que, con el poder que me ha sido dado por Jesucristo, su Iglesia y el estado de Iowa, los declaro marido y mujer. Jasen, puedes besar a la novia.

Y entonces estalló el gran clamor, que me sorprendió y también me cautivó. ¿Qué estaba sintiendo? Sencillo. Absoluta e íntegra admiración reverencial por mi hijo. Había concluido su carrera. Desde esos primeros días inquietantes de la pubertad hasta este momento grandioso, exultante, ante el altar, Jasen nunca había tocado el cuerpo de una mujer en forma deshonrosa. Rose era la primera mujer a la que besó, la primera joven con la que había salido formalmente. Nunca había dejado a una joven en una situación peor por haberlo conocido. Había sido dueño de su sexualidad por completo.

Y mi primer y único pensamiento en ese momento fue el que mi corazón musitó una y otra vez durante el día. *Eres un hombre más sensacional que el que yo soñé poder ser, Jace. Eres el hombre más sensacional que conozco.*

Así lo sentía con todas las fibras de mi ser, y así sigo sintiéndolo hoy.

Sin embargo, si alguien se pone a pensarlo, parece algo gracioso. Después de todo, todo lo que Jasen hizo fue obedecer la invitación de Dios a todo hombre. ¿Qué tiene de sorprendente esta historia?

La respuesta es: debido a lo que lo rodea —y nos rodea a todos— cada día. La enfermedad que bulle en todos los poros de la sociedad, ese virus mortal que quiere postrarnos ante su dios profano, nuestro gran ídolo estadounidense:

Baal.

2

BAAL

¿ Por qué personas como Jasen aparecen tan rara vez? La respuesta tiene mucho que ver con lo que estamos sembrando y cosechando como nación. El clima sexual no siempre fue tan ardiente en los Estados Unidos de América, pero hay que repetirlo, solo comenzamos a «sembrar vientos» hace unos cincuenta años: «Sembraron vientos y cosecharán tempestades. El tallo no tiene espiga y no producirá harina; si acaso llegara a producirla, se la tragarían los extranjeros» (Oseas 8:7). Estamos cosechando tempestades, sin duda alguna. Y muchos de nosotros vemos hoy cosas que pensábamos que nunca íbamos a ver, incluso en iglesias.

Los pastores solían aconsejarnos que desviáramos la mirada siempre que Hollywood azuzara nuestra sexualidad. En la actualidad, demasiados pastores de jóvenes, inseguros y en busca de agradar, nos están arrasando con fuego amistoso en su sincero deseo de ser «relevantes». Aunque nuestra constitución masculina básica es propensa a la adictiva lujuria de los ojos, muchos líderes cristianos jóvenes a menudo dan su aprobación e incluso promueven películas sensuales que aceleran los motores sexuales de los hombres en zona peligrosa. Algunos incluso pasan durante sus servicios fragmentos de películas que hubieran hecho sonrojarse a sus abuelos y luego arrojan combustible al fuego con la proyección de películas completas clasificadas como no aptas en sus reuniones en pequeños grupos, a pesar de la desnudez y de las penosas cantidades de insinuaciones sexuales. Cuando se les pregunta cómo pueden justificar la presentación de semejantes películas a quienes están bajo su tutela, se encogen de hombros con indiferencia. «De todos modos igual van a ver esas películas. ¿Por qué no utilizarlas para conectarse con los jóvenes?».

¿Por qué no, claro? No sorprende que los estudiantes en nuestros colegios cristianos estén tan enganchados a la sensualidad como los que van a universidades seculares como Iowa State, a la que asistió Jasen. Cuando mi hija estaba obteniendo información de universidades, visitamos la sede de una universidad cristiana muy respetada en la zona de Chicago, y nuestra guía durante el recorrido me llevó aparte. «El año pasado instalamos Internet en todo el campus. El día en que comenzó a operar, fue un descalabro».

«¿Cuál fue el problema?».

«Los sitios de pornografía», dijo. «Hubo tantos estudiantes que se lanzaron a ver pornografía que tuvimos que interrumpir el sistema al cabo de pocas horas».

Poco después, me pidieron que hablara en otra respetada universidad cristiana. Antes de mi visita, se hizo una encuesta anónima entre los estudiantes acerca de si usaban pornografía. No me sorprendió gran cosa descubrir que todos los estudiantes varones confesaron que veían pornografía en la red *cada semana*. Pero lo que me sorprendió de verdad fue esto: el 87% de las estudiantes también lo hacían.

Esto es una rápida instantánea de la caída vertiginosa de nuestra cultura cristiana en las últimas cinco décadas. Nuestra cultura secular general no ha sido mejor. En la época de la década de 1950 de *Papá sabe más*, ninguna joven que se respetara nunca se hubiera dejado ver en público con poca ropa, y su padre hubiera tenido algo que decir acerca de ello antes de que la hija saliera de casa. Ahora esa joven se siente avergonzada de que la vean con *demasiada ropa*. Por alguna razón, las jóvenes comenzaron a pensar que no se verían atractivas o no podrían llamar la atención de los jóvenes si no lo exhibían todo.

¿Cómo sucedió todo esto, se preguntarán?

Es como si Baal estuviera regresando a la primera división de la liga.

Baal es el dios pagano de la fertilidad, uno de los principales dioses falsos de los cananeos en el Antiguo Testamento. Las costumbres asociadas con el culto a Baal incluían rituales de fertilidad que situaban al sexo como un ejercicio sagrado, que con el tiempo condujo a los israelitas a pecar y en última instancia los condujo a su destrucción.

El culto a Baal es una forma perniciosa de paganismo que ve al mundo como femenino, nuestra «Madre Tierra». Baal era el dios masculino del sol que derramaría su simiente para impregnar a la Madre Tierra de manera que esta pudiera «dar» el fruto de su «vientre» bajo la forma de cosechas, con lo cual poder alimentar a sus «hijos». En estas sociedades agrícolas antiguas, la supervivencia dependía de aplacar al dios sol Baal a fin de recibir su lluvia desde lo alto.

Detrás de cada culto religioso, claro está, hay un espíritu que intenta apartar a los hombres del verdadero Dios por medio de prácticas falsas de adoración. ¿Qué exigía este espíritu de Baal como adoración? Sexo. ¡Qué atractivo resultaba tener la aprobación divina de nuestros deseos carnales! Los seguidores de Baal desarrollaron todo un sistema de culto para rendirle adoración por medio de orgías culturalmente refrendadas, utilizando a prostitutas del templo y despliegues públicos de virilidad en su altar.

Sabemos por el Antiguo Testamento que hubo épocas en que los hombres de Israel se inclinaron ante el dios Baal, aceptando ese cheque en blanco para disfrutar de inmoralidad sexual con las mujeres libertinas que merodeaban los altares. Esto nos parece en la actualidad bastante primitivo, y no sorprende que a Dios no le agradaran semejantes acciones.

Pero si bien podemos parecer a *nuestros* ojos mucho más sofisticados, en realidad a los ojos de Dios no estamos muy lejos de esos hombres cuando nos inclinamos ante el espíritu de Baal en nuestras relaciones de noviazgo. No se divierte más ahora que lo que se divertía con ellos. Después de todo, nunca olvida lo que a menudo hacemos: cuando llegamos demasiado lejos con las chicas fuera del matrimonio, estamos practicando una forma de idolatría.

Así es. El sexo fuera del matrimonio es *idolatría*. La mayor parte de nosotros creemos que somos mucho más sofisticados que nuestros ignorantes antepasados, de modo que lo descartamos, con desdén, diciendo: «Vamos, ¡ya no tenemos *ídolos!*». Nos burlamos de las imágenes mentales de paganos desnudos que saltan por encima de hogueras y se retuercen para tocar tambores, con un brazo lanzando al suelo una jarra de vino y con el otro tocando a una mujer voluptuosa y alegre.

Pero vamos a ver. Como cristianos, deberíamos ser más juiciosos. Nuestro apóstol Pablo no distinguió entre inmoralidad sexual e idolatría:

> Entre ustedes ni siquiera debe mencionarse la inmoralidad sexual, ni ninguna clase de impureza o de avaricia, porque eso no es propio del pueblo santo de Dios. Tampoco debe haber palabras indecentes, conversaciones necias ni chistes groseros, todo lo cual está fuera de lugar, haya más bien acción de gracias. Porque pueden estar seguros de que nadie que sea avaro (*es decir, idólatra*), inmoral o impuro tendrá herencia en el reino de Cristo y de Dios. (Efesios 5:3-5)

Pablo en otro pasaje se sintió inspirado a decirnos que no debemos ignorar las estrategias del diablo. Quizá ha llegado el momento de aprender cómo el viejo espíritu de Baal sigue haciéndonos tropezar hoy. A pesar de nuestros ilustrados entendimientos y sofisticación, lo que voy a hablarles mostrará lo mucho que se parece nuestra caída cultural a la de los israelitas, y exactamente por qué héroes como Jasen están al borde de la extinción.

Regreso al futuro

La historia comenzó durante el gran éxodo, cuando Moisés condujo a 600.000 israelitas hacia la Tierra Prometida hace algunos milenios. Mientras se establecían en las riberas del río Jordán en las llanuras de Moab, el rey, llamado Balac, se llenó de terror. Había estado observando a las multitudes de Israel que pasaban cerca de su amenazado reino, y se dio cuenta de que nunca podría derrotar a un ejército tan numeroso. Así que Balac invirtió una buena suma de dinero para que cinco ancianos de Moab y Madián contrataran a un famoso adivino y hechicero llamado Balán para que maldijera a los israelitas.

Sin embargo, Dios ya le había dicho a Balán que nunca debería maldecir a Israel, porque el Señor lo había bendecido. Así que Balán se negó a regresar con los enviados del rey. Sin inmutarse, el rey Balac envió un contingente todavía mayor de distinguidos líderes con una recompensa todavía más jugosa. Cuando Balán oró acerca de ello, Dios consintió que fuera, pero solo bajo órdenes estrictas: «Ve con ellos, pero solo dirás y harás lo que yo te ordene».

Cuando el rey Balac se enteró de que Balán iba a llegar, salió con premura a su encuentro en la frontera de su territorio, y al amanecer de la mañana siguiente, el rey Balac condujo a Balán hasta una colina desde la que se divisaba la llanura de Moab y una parte del pueblo de Israel. Después de levantar siete altares y de sacrificar siete novillos y carneros, Balán se dirigió hacia una colina árida para reunirse con el Señor.

Después, Balán regresó al altar donde el rey y todos los príncipes de Moab lo estaban esperando para que pronunciara su primer oráculo:

De Aram, de las montañas de Oriente me trajo Balac, el

rey de Moab. «Ven», me dijo, «maldice por mí a Jacob;
ven deséale el mal a Israel». ¿Pero cómo podré echar
maldiciones sobre quien Dios no ha maldecido? ¿Cómo
podré desearle el mal a quien el Señor no se lo desea?
Desde la cima de las peñas lo veo; desde las colinas lo
contemplo; es un pueblo que vive apartado, que no
se cuenta entre las naciones. ¿Quién puede calcular la
descendencia de Jacob, tan numerosa como el polvo,
o contar siquiera la cuarta parte de Israel? ¡Sea mi
muerte como la del justo! ¡Sea mi fin semejante al suyo!
(Números 23:7-10)

Cuando el rey Balac oyó la oración de bendición sobre el
pueblo de Israel ¡se enfureció! «¿Qué me has hecho? Te traje
para que lanzaras una maldición sobre mis enemigos, ¡y resulta que no has hecho más que bendecirlos!» (Números 23:11).

Balán le recordó que solo podía decir lo que el Señor ponía
en sus labios. El rey se sintió frustrado con este hechicero,
pero como no tenía otras opciones mejores, llevó a Balán a
otra cumbre, con la esperanza de que el Señor le permitiera maldecir a los israelitas desde allá. Balán volvió a bendecirlos. Balac hizo un tercer intento, y Balán los bendijo una
vez más. El rey Balac se puso como una fiera. «¡Más te vale
volver a tu tierra! Prometí que te recompensaría, pero esa
recompensa te la ha negado el Señor» (24:11).

Balán con toda tranquilidad le respondió a Balac. «Yo no
podría hacer […] sino ajustarme al mandamiento del Señor
mi Dios. Ahora […] vuelvo a mi pueblo» (versículos 13-14).

Por desgracia, Balán no volvió directamente a su pueblo.
Quería conseguirse la recompensa de una manera o de otra
porque no era el hombre de Dios que había fingido ser. Era
un hombre codicioso, y al poco tiempo elaboró un nuevo plan
para ingresar algún dinero, traicionando al pueblo de Dios
tras bambalinas apenas lo hubo bendecido desde la cima de
la montaña.

En forma discreta, se alejó con el rey Balac para hacerle una oferta que no podría rehusar, diciéndole al rey estas mismas palabras: «Si quieres eliminar a este pueblo, incítalos a pecar. Una vez lo hagan, Dios les quitará su protección, y entonces podrán ser derrotados» (Apocalipsis 2:14; Números 31:16).

Intrigado, el rey Balac siguió el consejo de Balán y envió a un montón de hermosas mujeres moabitas a tierras hebreas. Su misión era tentar a los hombres israelitas para que las siguieran hasta los templos paganos en Moab para saciarse de comida y sexo. Pero, ¿cómo fue tan fácil convencer a hombres de Dios a participar en orgías sexuales en un altar pagano?

Detengámonos un momento para grabar este cuadro en nuestra mente. El campamento israelita estaba más que lleno de hombres y muchachos judíos puros que vivían en una cultura de castidad, con corazones y mentes centrados en el Señor y sus promesas de expulsar a todos sus enemigos mientras avanzaban hacia su Tierra Prometida. De repente, un grupo de guapas moabitas ingresan al campamento, los tiran de la manga, guiñándoles el ojo con coquetería y susurrando: «Vengan con nosotras. Queremos darles algo muy especial».

Aquellos hombres guerreros, temerosos de Dios, cometieron una novatada en la batalla que todo hombre libra. No desviaron la vista ni se apartaron. En vez de ello, abrieron los ojos de par en par, se les secaron las bocas, y al poco tiempo se regresaron por la llanura para inclinarse ante Baal.

El plan de Balán dio resultado. Después de la caída moral de los israelitas, la ira de Dios se colmó y 24.000 hombres murieron en una trágica mortandad.

PARALELISMOS DEL PASADO

Esa historia es análoga a lo que está sucediendo en nuestro país en la actualidad. Aunque no somos literalmente su «pueblo escogido», nuestra nación la establecieron en gran parte hombres y mujeres temerosos de Dios que llegaron de Europa en busca de una «Tierra Prometida» que fluyera leche y miel espirituales, un lugar fundamentado en principios de su Palabra, donde las personas consagradas podían rendir libremente culto al Señor, a su discreción. Familia tras familia, llenas de valor, se embarcaron en vetustas naves para una larga travesía hasta el Nuevo Mundo, durante los siglos XVII y XVIII, y a no tardar un pueblo valiente y piadoso estaba bendiciendo a Dios a la luz del día por todo el territorio, encendiendo su luz en sus nuevos hogares y avivándola en todo su esplendor delante de las naciones.

Por su parte Dios bendijo de manera increíble a los Estados Unidos. No solo hizo de los Estados Unidos de América esa «ciudad resplandeciente en una colina» para muchos pueblos oprimidos alrededor del mundo, sino que también le ahorró a este país gran parte de la destrucción, el caos y las matanzas que caracterizaron a gran parte del siglo XX.

Satanás despreciaba y temía a los Estados Unidos de América y anhelaba extinguir esa luz, de igual modo que el rey Balac anheló extinguir a los judíos. Vomitando maldiciones por doquier, primero intentó apoderarse de nosotros de manera directa, utilizando a un maníaco alocado llamado Adolfo Hitler para que avivara los vientos de guerra por las naciones. El conflicto global que se produjo causó la pérdida de 72 millones de vidas durante la Segunda Guerra Mundial pero dejó a los Estados Unidos de América relativamente ilesos. Se podría alegar que Dios convirtió las maldiciones de Satanás en bendiciones, del mismo modo que lo había hecho con Balac, y los Estados Unidos salieron de la Segunda Guerra Mundial más fuertes que antes, la nación más rica de la tierra.

En lo que Satanás recogía el polvo y los escombros de su derrota, hizo una pausa para reflexionar. *¡Son inmunes a mis maldiciones! Dios los está protegiendo, y mientras sigan caminando* *con él, seguirá bendiciéndolos... hasta... un momento... ya sé lo que voy a hacer.*

Cuando estaba tratando de impedir que esos judíos entraran en la Tierra Prometida, Dios no me permitía maldecir a los judíos de manera directa. Así que engañé a ese hechicero Balán para que le dijera al rey que sedujera a Israel con sexo fácil, y esos necios cayeron en la trampa. Quizá ha llegado el momento de sacarme de la manga esa vieja estrategia para aplicarla contra los Estados Unidos de América. Si puedo lograr que crucen los límites morales y que se postren ante otro altar, Dios les quitará su protección, y serán míos. Pero, ¿quién será mi Balán esta vez?

Resulta que un ejecutivo de publicidad de veintisiete años de Chicago llamado Hugo Hefner estuvo muy dispuesto a ofrecer voluntariamente sus servicios. El primer número de su revista *Playboy* se publicó en 1953 y en él aparecía Marilyn Monroe en la portada y una Marilyn Monroe desnuda dentro. Marilyn se convirtió en la primera de las «mujeres moabitas» de Hef que nos invitaban a una forma sensual nueva de culto –pornografía generalizada– que al principio nos escandalizó pero pronto se difundió con rapidez gracias a una aceptación tácita. Apenas cincuenta años más tarde, nuestra cultura se ha vuelto tan sensual que nuestras mujeres moabitas han ingresado al mundo digital, y sus formas enviadas en pixeles ingresan en nuestras vidas en cualquier momento del día o de la noche en un santiamén.

Lo que Hefner y otros de su clase lograron fue que la pornografía ocupara un puesto dominante y que el sexo quedara desvinculado de una relación conyugal comprometida. El regreso del altar de Baal se hizo pasar por «liberación sexual», y los hombres estadounidenses comenzaron a cruzar puertas que habían permanecido cerradas por siglos. Luego, un «espíritu nuevo» comenzó a apoderarse de nuestras vidas.

En realidad no era, desde luego, nuevo. Este era el espíritu de Baal, tan antiguo como los altares de Moab, con una progresión clara hacia su patrón de influencia que actúa como una huella en nuestro país, implicando a nuestro culpable. Recordemos que los espíritus mueren. Van tratando de aprovechar una oportunidad tras otra para imponer su personalidad e influencia sobre la vida de personas, familias y, en última instancia, naciones.

De igual modo que en el caso de los israelitas, cuando el siervo de Baal Hugo Hefner envió sus oleadas de curvilíneas moabitas coqueteando a nuestras vidas, no comenzamos a batallar como hombres ni desviamos la mirada. Más bien, abrimos los ojos de par en par, se nos secó la boca y a no tardar nos involucramos sexualmente con estas atractivas extranjeras en nuestras camas, en nuestros dormitorios y casas.

No parecía idolatría el principio, y al cabo de poco tiempo ya no pareció ni pecado, porque a todo se le quitaba importancia con un barniz de sofisticación, todo ello con un propósito. Hefner marcó hasta dónde quería llevar a *Playboy* y a sus lectores desde su primera carta como editor. «Disfrutamos preparando cócteles y uno o dos entremeses», opinó, «poniendo un poco de música ambiental en el tocadiscos e invitando a alguna conocida a una tranquila conversación sobre Picasso, Nietzsche, sexo»[1].

Esa fue la base de lo que llegó a conocerse como la «filosofía Playboy», que consistía en que los hombres no tenían que limitar su impulso sexual a sus esposas sino que tenían que sentirse libres de ir detrás de cualquier mujer que quisiera compartir una velada de deleites sexuales. Se convirtió en la cultura popular de la época: hombres que leían *Playboy* y bebían whisky con soda y dejaban de lado a sus esposas e hijos, mientras se dedicaban a ir a clubes nocturnos porque era «agradable» y sofisticado. Esta era la primera señal de la huella de Baal en nuestra nación, que siempre es la primera señal reveladora del avance de su influencia, como lo fue en el caso de Moab para los judíos: *los hombres comenzaron a dar rienda suelta a sus instintos sexuales por encima de los propósitos de Dios para su vida y familias.*

A partir de ahí, los cambios culturales se introdujeron como una avalancha. En la revista *Time* del 8 de abril de 1966, se planteó en su cubierta esta provocadora pregunta: «¿Ha muerto Dios?». El artículo arguyó que así era. Al año siguiente, el «Verano de amor» descendió sobre Haight — Ashbury en San Francisco cuando 100.000 jóvenes se reunieron para lanzar el movimiento del amor libre, con algunos de ellos discurriendo desnudos por entre las multitudes y sumergiéndose hasta lo más hondo de la depravación. Después de abrir la puerta al «sexo promiscuo» en masa, la «juventud liberada» regresó a sus lugares de origen como evangelistas de su nueva filosofía.

Se publicaron nuevos libros acerca de «matrimonios abiertos» e intercambio de parejas junto con la observación de que los Estados Unidos de América deberían llegar a ser «sexualmente más progresistas». La industria cinematográfica de Hollywood abandonó sus directrices de censura auto impuesta en 1968, abriendo las compuertas a películas clasificadas X como *Cowboy de medianoche*, que la Academia de Artes y Ciencias Cinematográficas escogió como la mejor película del año en 1970.

En 1973, la Corte Suprema legalizó el aborto voluntario, un intento para eliminar las consecuencias del pecado. Aunque para nosotros resultó nuevo, era en realidad el siguiente paso predecible en el diseño de la influencia de Baal. El *sacrificio de niños* siempre ha sido la segunda marca distintiva en la huella de Baal, porque el sexo promiscuo conduce a bebés, un desastre en verdad muy inconveniente.

Las prostitutas del templo en el culto a Baal no tenían acceso al control de la natalidad, claro está, de manera que había muchos hijos no deseados. Como no existían redes sociales para proteger a madres e hijos, los sacerdotes del templo no tenían otra alternativa que inventar un nuevo ritual, incinerar a los bebés que estaban en el vientre en llamas del ídolo y celebrarlo como un acto de adoración a su dios.

Nuestros altares de pecado sexual también produjeron millones de embarazos no deseados, por lo que restablecimos el mismo antiguo ritual, solo que ahora se ofrecía bajo un nombre nuevo. Nuestros «abortos» se llevan a cabo en «clínicas de salud reproductiva» empleando aspiradoras, sustancias químicas e instrumentos de extracción en lugar de llamas. Del mismo modo que en la antigüedad, el aborto —nuestro sacrificio de niños— se tiene como un sacramento en muchos círculos feministas, un acto de adoración al dios de la satisfacción sexual.

Una generación más tarde, estamos cosechando la tempestad como nación, y nuestra cultura está en su ocaso. La pornografía no es sino una forma más de la libertad de expresión que se protege. El impulso sexual se ve como equivalente a la necesidad de comer y beber, por lo que debe satisfacerse, dentro o fuera del matrimonio. La homosexualidad es un «estilo de vida alternativo» que nos vemos obligados a aceptar. La pornografía infantil y la pedofilia son como una epidemia, y se están secuestrando y sometiendo a servidumbre niñas y niños como estrellas de pornografía y esclavos sexuales.

Todo en el nombre de hacer lo que uno quiera.

Aceptación

Cuando un periodista de *Los Angeles Times* le preguntó no hace mucho a Hefner que opinara sobre su legado, el fundador de *Playboy* estuvo a la altura. «Todos vivimos ahora, hasta cierto punto, en un mundo *Playboy*», afirmó. «Puedo ver por todas partes los efectos de la revista y de su campaña en pro de la apertura sexual. Cuando [el periodista conservador] George Hill estuvo aquí hace unos días para entrevistarme, me dijo: "Ha ganado". Y tiene razón. Es agradable haber librado las batallas con todos estos puritanos, todas estas fuerzas de represión e hipocresía, y vivir lo suficiente para ser testigo del desfile de la victoria».

He aquí a nuestro gran maestro en pijama de seda contemplando el desfile triunfal de su victoria, celebrando su muy reñida campaña en pro de la libertad sexual. Cree que nuestros circuitos sexuales se liberaron gracias a la revolución sexual. Pero en realidad, han sido corroídos, y nuestro desarrollo sexual se ha visto atrofiado e interrumpido.

Pensemos en lo que yo opinaba acerca de la sexualidad de mi padre durante la boda de Jasen, De repente caí en la cuenta de que, a pesar de toda la grandeza de mi padre en lo deportivo y en los negocios, nunca había madurado más allá de un nivel de escuela secundaria en cuanto a control de su sexualidad.

Como mi padre dio por buena la filosofía de Playboy y nunca maduró en su sexualidad, toda este asunto de la «libertad sexual» asume para mí un giro oscuro, personal. Gran parte del dolor que experimenté en mi vida puede localizarse a las puertas de las oficinas corporativas de *Playboy* en Chicago. La revolución sexual de Hefner convenció a mi padre de que no era maravilloso estar «atado» a una esposa. Entonces ¿qué importaba si dejaba de lado a su esposa por algo sexualmente más seductor? ¿Qué importaba que tuviera tres hijos que deseaban pasar tiempo con él, que anhelaban ser amados? A fin de cuentas, nada de esto le importaba.

En lugar de ello, mi padre abrazó la filosofía de *Playboy*, exhibiendo a sus amantes en la cara de mi madre. Nunca olvidaré una ocasión en la que estaba jugando con mis camiones detrás de su silla mientras mi padre escribía una carta de amor a su amante. En ese momento yo no lo sabía, pero mi madre sí. Levanté la vista para ver sus ojos vidriosos, hundidos, clavados en la espalda de mi padre, con un par de tijeras en alto en su mano derecha. Grité, y mi papá pudo esquivar el golpe y quitarle el arma.

En los meses siguientes, mi papá fue cruel, y se burlaba de mi madre por su infantilismo y por no acepar la nueva cultura del mundo. Pero mi madre no cambió de opinión. Más adelante a mi padre tuvieron que extraerle un pulmón y pidió ver a su amante después de la operación antes que a mi madre. Ya no pudo seguir soportando la situación y se divorció de él.

¿Un desfile triunfal total? La libertad sexual de mi padre volcó la lancha de nuestra familia y nos hundió en un agitado mar de confusión y turbulencia. En pocas palabras, mi padre se escabulló de la familia, completamente castrado como líder nuestro. Obsesionado con la satisfacción de sus «necesidades» masculinas, y repudiando lo único que hace que uno sea en verdad un hombre, abrió los brazos a la irresponsabilidad, al egoísmo y al orgullo. Nunca llegó a ser el líder servidor que hubiera podido ser para nosotros.

La pornografía y el sexo prematrimonial nos destruyen el destino. En lugar de ir convirtiéndonos cada día más en hombres de verdad, como lo hizo Jasen, uno se convierte más en un niño pequeño, incapaz de crecer y salir de esa fascinación dominante y egoísta con los deseos e impulsos sexuales. Esto es lo que se cosecha cuando uno se decide por el espíritu de Baal, y este es el tercer remolino de su huella dactilar sobre nuestra nación: *la inversión de nuestros roles de género.*

Miremos el matrimonio del rey Acab y de su reina Jezabel, el ejemplo de familia que nos presenta la Biblia que rinde culto a Baal. Por medio de Baal, Acab se convirtió en la figura decorativa, quejumbrosa y débil de un gobernante centrado en sus deseos egoístas, mientras que la seductora y malvada Jezabel se apoderó del control del trono y se convirtió en la cabeza rectora de su familia.

Esta es la clave de la confusión que en la actualidad envuelve a nuestra cultura. El designio de Dios para hombres y mujeres es que los maridos sean heroicos como iniciadores responsables y que las esposas sean quienes ofrezcan respuestas influyentes. Ambos son heroicos en su sacrificio por la otra persona. Pero el espíritu de Baal trastorna esa norma. En su altar, el esposo queda atrapado en su lujuria e incapacitado como líder, como ocurrió con mi padre. Como resultado de su temor e inseguridad, la esposa se ve obligada a asumir el control del hogar, lo cual genera disfunción y destrucción. Esta fue la situación en mi familia cuando yo crecía.

Vemos también este mismo intercambio de los papeles de género en nuestras relaciones cuando salimos con mujeres. Una joven una vez me dijo que sentía como que a ella le preocupaba más la pureza que a su novio, aunque dijo que era un gran líder espiritual en otras áreas. «Pero su liderazgo no se manifiesta en nuestras relaciones físicas», dijo. «Hemos tomado acuerdos mutuos en cuanto a límites, pero con frecuencia los lleva a extremos. Cuando me resisto, hace pucheros o pregunta por qué no lo deseo físicamente. Me incomoda hacer que se sienta mal y que me eche la culpa, así que me siento muy resentida».

¿Dónde había quedado el heroísmo de su hombre? No era de ella la responsabilidad defender los límites establecidos. Era tarea *de él*. Dios lo hizo para que fuera el iniciador responsable. Puede haber tomado la iniciativa para establecer límites sexuales, pero no es el acto de definir límites lo que hace que el hombre sea un héroe. Es el acto de defenderlos. No era responsable, así que no era un hombre, y eso conducía a una inversión de papeles en la relación. La lujuria convierte a los hombres en simples figuras decorativas, y obliga a las mujeres a asumir el liderazgo para defender esos límites, lo cual conduce a resentimiento, dolor, confusión, y en última instancia a la pérdida de sus relaciones.

Si decides en tu corazón ser héroe, ser ese iniciador responsable, trasladarás esa hombría a tu matrimonio. De lo contrario, solo trasladarás tu lujuria y tus mentiras, como me lo describió otra mujer en un correo electrónico. Se definió como «desesperada» porque el hábito pornográfico de su esposo estaba destruyendo su matrimonio. «Mi marido es creyente y sabe muy bien las palabras correctas que hay que utilizar cuando se habla de este asunto, pero no puede dejar de mirar fotografías de mujeres desnudas. Sigue mintiéndome acerca de esto y engañándose a sí mismo diciendo que "no es más malo que cualquier otro hombre". Hemos acudido a consejería, pero funcionó por un día».

«Aunque hace poco que me casé, me siento completamente engañada, que me han mentido, que me he convertido en alguien diferente que no quiero ser. Es una pesadilla cuando lo comparo con mis sueños cristianos del matrimonio. No me había ni imaginado en qué me metía cuando dije «sí quiero"».

Si no eres su héroe, serás su pesadilla. Usarás excusas, rehuirás responsabilidades e intercambiarás los roles de género con tu compañera, convirtiéndola en algo que no estaba destinada a ser ni quiere ser.

Conservo este correo electrónico en mi escritorio como recordatorio de por qué escribo. Es algo totalmente opuesto a la llamada que recibí un día desde Minnesota un mes después de la boda de mi hijo. Mi nueva nuera, Rose, estaba al otro lado del teléfono, tan feliz que apenas si se podía contener. Me dijo: «Solo quise llamar para decirle que Jasen es todo lo que me prometió que sería». Agregó con entusiasmo: «Me siento tan feliz que podría gritar».

¿Serás su héroe o su pesadilla?

Centra toda tu atención en esta pregunta. No la planteo buscando efectismo, y no les he ofrecido una lección de historia estadounidense para algo que pretendo proponer luego en este libro. Nuestro colapso cultural es el punto principal, y por esta razón, hay algunas decisiones importantes que debemos tomar.

En lo referente a las mujeres, ¿serás un hombre?

¿Serás un héroe en esta coyuntura de la historia, cuando tan pocos tienen la fuerza de desear serlo?

Quiero ser franco. El momento decisivo de tu vida como hombre está frente ti, amigo mío, del mismo modo que lo estuvo para mí cuando miré los ojos de mi hijito y caí en la cuenta de la enormidad de lo que estaba en juego y dependía de mi siguiente decisión. Quizá seas joven, pero eres hombre, y puedes decidir ser diferente de los que te precedieron, del mismo modo que yo decidí ser diferente dentro de mi árbol genealógico. Lo que está en juego tiene una trascendencia inconmensurable, y muchos dependen de ti.

Hasta ahora, han sido muy pocos los hombres en tu generación que han dado un paso al frente como héroes en sus relaciones con las mujeres, pero eso puede cambiar con rapidez si no pierdes de vista la importancia de este día. Este podría ser tu momento más precioso, pero debes en forma decidida escoger la senda más difícil, más heroica, apartándote de la permisividad sexual y negándote a alejarte de la valiente labor que te espera.

Esta es la clase de héroe que todos estamos esperando. Recuerda, los grandes hombres los encumbran las grandes guerras. Este es tu momento.

Mira a tu alrededor. El escenario está preparado. El espíritu de Baal tiene apresado en su puño esta nación. Sus huellas están por doquier, incluso en la iglesia. Nuestros hombres están cojeando, y nuestras mujeres están recibiendo abusos en sus corruptas manos y siendo pervertidas por su contaminante contacto. ¿Te limitarás a permanecer sentado y aceptarlo? ¿Te negarás a ti mismo con heroísmo y defenderás la pureza de las mujeres que te rodean en el nombre de Dios o te limitarás a seguir usándolas para tus prácticas sexuales?

Eres hombre, y esto significa algo. Piensa en todas las armas plásticas que esgrimiste con valor de pequeño, todos los partidos de fútbol frente a sus eternos rivales del otro lado de la ciudad y todas las películas épicas que sedujeron esa arrogancia varonil en tu alma.

Los corazones de todos los hombres ansían librar batallas, vivir aventuras y salvar a una hermosa princesa, y esta batalla por la pureza les ofrece estas tres cosas al mismo tiempo. Estás hecho para momentos como estos, y este es tu momento.

Si no has llegado a ver esto antes, es probable que haya sido porque no has acertado a ver quién tiene la culpa de la confusión sexual que nos rodea. Dios quiere que sepas a quién tiene él por responsable de todo esto hoy, en estos momentos. Tú eres el responsable, amigo mío. Tú y tu generación.

¡Un momento! Ni siquiera habíamos nacido cuando hizo su aparición Hefner.

Dios no dice que seamos responsables por cómo se produjo este desastre, pero como grupo, sin duda somos responsables de que *todavía* esté presente, sobre todo dentro de la iglesia. No podemos echar la culpa a la cultura, al fácil acceso a la pornografía en Internet o a las películas saturadas de sexo que produce Hollywood como si fueran salchichas, como tampoco yo podía echar la culpa a mi padre o a mi abuelo por mis actos con mujeres o por las maldiciones generacionales en mi árbol genealógico. El hecho es que Dios no pudo haber sido más claro acerca de esto cuando puso la responsabilidad directamente sobre mis hombros, al preguntarme: *¿Vas a establecer con firmeza los límites para así cambiar el destino de tu árbol genealógico, o dejarás que lo haga algún otro hombre mejor que tú, más adelante?*

Los fallos de quienes nos precedieron no tuvieron ninguna influencia en mi situación como padre joven y destrozado que miraba lleno de desesperanza los ojos de mi hijo, y sin duda alguna no tuvieron nada que ver con mi conversación con Dios ese día. No hubiera podido ser más claro. Ahora yo era el responsable.

Sin duda que mis antepasados no fueron buenos líderes. Cuando se enfrentaron a sus momentos decisivos como hombres, fallaron. Todos recibieron la invitación a ser guerreros héroes por el reino del Señor, pero llegados al punto de su sexualidad, todos se convirtieron en maridos y padres débiles, intimidados, que fueron cediendo a la presión social y apartándose de sus familias para sumergirse en la pornografía y en sus series de amantes, totalmente castrados como líderes de sus familias.

La maldición de Baal descendió sobre nosotros como familia debido a sus fallos, no cabe duda. Pero como último que era del fondo genético común, esa maldición se había convertido ahora en mi responsabilidad, y solo mía. Era *mi* batalla que debía librar, y *mi* oportunidad de ser un héroe —para rescatar a mi esposa y a mis hijos e hijas de las consecuencias del pecado sexual— y no iba a desaprovecharla.

Demasiados hombres lo hacen. De hecho, no caen en la cuenta de lo que Dios espera en cuanto a pureza sexual. La batalla no es apenas una endeble escaramuza inquietante por definir los límites acerca de lo que no podemos ver o dónde no podemos tocar, y no trata solo de golpearnos las manos cuando lo hacemos o de mantenerlas sumamente limpias de los placeres del pecado hasta que la caballería del matrimonio pueda llegar para salvarnos la vida.

No, se trata de forjarte como hombre. Es la batalla que define tu hombría, amigo mío, tu destino final. Esta batalla brinda la oportunidad de demostrarte y demostrarle al mundo que eres suficiente hombre para ser todo lo que tu etiqueta de cristiano promete que serás. Se trata de decidir ser el héroe de ella y no su pesadilla, y de demostrar que eres suficientemente hombre para perseverar en ello, por medio de Cristo.

Por la gracia de Dios, comprendí esta épica batalla por lo que era. ¿Recuerdas lo que dije en el capítulo anterior? Sabía que aquel era el momento decisivo de mi vida y de mi hombría. Podía «ser hombre» y decidirme a luchar con este brutal tirano, o podía refugiarme mansamente en la misma multitud cobarde de hombres Stoeker y dedicar el resto de mis días a hacerme pasar por hombre, como ellos hicieron.

Mi corazón nunca se había sentido tan conmocionado, y ya no iba a haber más poses. Iba a destruir al opresor de mi familia. Me estaba dirigiendo hacia terreno del enemigo con el manto de hombría sobre mis hombros y con el plan del Todopoderoso para conquistar a los demonios de la lujuria que me habían hundido en la vergüenza. No era una sorpresa que mi corazón estuviera eufórico. Por fin había encontrado ese lugar en Dios donde no tenía que presentar la otra mejilla, donde los verdaderos hombres podían aferrarse... y donde iban a producirse cabezazos.

¿Y tú qué piensas? Despierta de tu somnolencia, amigo mío. Ante ti se encuentran vastos territorios corruptos, y a ti te corresponde conquistarlos. Levántate para enfrentar al implacable opresor que ha estado asolando tu país, castrando a sus hijos y violando a sus hijas. ¡Desafíen a sus satánicos opresores!

No sigas retorciéndote las manos y susurrando nervioso: *Bueno, esas películas no son tan malas, ¿no es cierto? ¿Por qué pelear por una cosa así? Solo quiero hacer como los demás. ¿Perjudicará a alguien si le paso la mano por debajo de su blusa? Nadie va a quedar embarazada... no hay daño, no hay falta.*

¡No!

Lo que Dios busca para su ejército son hombres verdaderos, no ratones. En un árbol genealógico, Dios busca al hombre que empuñará una espada para adentrarse en esa grieta en el muro para expulsar al enemigo. En el lapso del surgimiento y declive de una nación, Dios busca a una generación que permanezca firme, y hace la misma pregunta que me planteó a mí: *¿Será ahora, en tu generación, o se lo dejarás a una generación mejor que la tuya, dentro de algún tiempo?*

Dios tiene una batalla que quiere que libremos, por nuestra libertad como hijos y por la paz y seguridad de sus hijas. No va a dar la espalda al desastre de los Estados Unidos. Ya está presente en el campo de batalla, invitando a guerreros a que se le unan. Luchará con nosotros, y no se siente para nada intimidado por lo que está en juego.

Dios está a la altura del desafío. La pregunta es: ¿lo estamos nosotros? Creo que Dios un día reunirá a una generación nueva en los Estados Unidos que repudiará el espíritu de Baal para poner sus ojos solo en el Señor, del mismo modo que movilizó esta nueva generación en mi árbol genealógico.

¿Será la nuestra? El momento definitivo ha llegado. Él está dispuesto a hacer realidad nuestro avivamiento con solo que nos unamos para ya no aceptar más los tratos fallidos del enemigo. Afirmémonos en nuestras posiciones. Salgamos con mujeres de una manera diferente. Casémonos de una manera diferente. Seamos padres de una manera diferente. Como hombres, disponemos de lo que se requiere porque hemos sido hechos para triunfar.

Este es el momento de demostrarlo. ¡Seamos hombres! Con los dones de Dios y su apoyo inquebrantable nuestra generación puede solucionar este desastre en nuestro país, comenzando primero con la batalla en nuestros corazones. Este avivamiento comienza con cada uno de nosotros. Debe darse *en* nosotros antes de que pueda darse *por medio de* nosotros. Enfrentemos al espíritu de Baal en nuestra vida, de inmediato. Digámosle que nos espera una batalla que librar con él y que no vamos a retroceder ante nada social, emocional, mental, físico o espiritualmente.

¿Es justo que Dios pida a un hombre que viva de manera tan diferente en una cultura estadounidense tan ajena a los caminos de Cristo? ¿Es incluso posible? No solo es posible vivir de manera diferente, sino que puede incluso cambiar también la misma cultura en la que estamos inmersos, como veremos en el capítulo siguiente. Todo lo que Dios necesita son unos pocos hombres buenos que llenen el vacío y se nieguen a postrarse ante la idolatría sensual.

Somos aptos para este desafío, amigos míos. Podemos avanzar con triunfos a través de nuestra cultura sumergida en sexo y escribir nuestra propia historia espléndida de su gracia y bendición, como lo hizo Jasen.

Pero ¿dónde daremos ese primer paso? Si deseas ser héroe para Dios y para las mujeres en tu vida, debemos dirigirnos al terreno de la pureza cuanto antes.

3

ÍDOLO

«❬❬ Eres mucho más hombre que lo que jamás soñé, hijo».

¿Una afirmación muy atrevida? Quizá. Pero indiscutible.

Bueno, conozco a mi hijo. Como hombre, reconozco la verdadera hombría cuando la veo. En el caso de la pureza para con las mujeres, Jasen la tiene. Cualquiera puede mantener las manos limpias si está sentado junto a su novia en la iglesia. Pero cualquier varón cristiano de sangre caliente después de llegado a la pubertad entiende que nada exige más agallas, valentía y determinación que mantener las manos limpias desde la primera cita hasta la luna de miel. *Ese* nivel de hombría exige el máximo nivel de respeto y honor, razón de por qué Jasen se ha ganado el mío, y de por qué sus amigos lo aplaudieron con frenesí en su boda.

Jasen me ganó. Claro que ahora soy puro, pero llegué tarde a la fiesta de la pureza. Me sentí obligado por la fuerza a escoger esa senda debido a las demasiadas relaciones excesivamente físicas con mujeres.

Así que, ¿cómo lo logró?

Puedo garantizar que no creció en un hogar seguro o aislado en una alejada cueva. El sexo era común entre las parejas con las que se cruzaba en los pasillos de la secundaria Johnston y las crecientes oleadas de sensualidad en la Universidad del Estado de Iowa golpean con la misma turbulencia como las de cualquier otro recinto universitario. Como cualquiera de su edad, Jasen sabía muy bien lo que lo rodeaba, sobre todo como presidente de su piso de dormitorios durante su primer año. En ese puesto, estaba al corriente de todas las habladurías y rumores que circulaban por esas residencias. Nunca olvidaré la vez que me llamó hacia el final del semestre de primavera para contarme una dudosa hazaña: «Papá, excepto mis compañeros de habitación y yo, ¡todos los solteros en nuestro piso han tenido este año episodios sexuales con varias mujeres».

Podría haber decidido ser parte de todo eso, como muchos jóvenes cristianos lo hacen. Pero no quiso.

No fue porque gozara de una voluntad de hierro. No está hecho así. Tampoco sentía una necesidad apremiante de proteger mi reputación como autor de *La batalla de cada hombre*, ese no era su estilo. Y nunca hubiera mentido ni ocultado nada. Él no es así.

La victoria de Jasen provino de algo mucho más básico, y mucho más heroico. Asumió muy temprano el distintivo más genuino de hombría y nunca lo volvió a pensar. ¿Qué distintivo? Su voluntad total de aceptar dolor social por una causa más elevada. Esto le dio la fortaleza para permanecer firme contra toda oposición.

Eso fue decisivo, porque Estados Unidos ha erigido un ídolo dorado seductor a otro dios en esta nación, y se llama *Sexo Prematrimonial*. Desarrollado con esmero en manos de espléndidos escultores en lugares como Madison Avenue y refinado con delicadeza por artesanos hollywoodienses, el sexo prematrimonial se destaca por encima de las demás estructuras y resulta visible de océano a océano.

Lo triste es que su encanto no se detiene en nuestras fronteras. Se ha convertido en un «virus» por medio de la influencia de los medios de comunicación a escala mundial, y en la actualidad encontramos muchos países que sufren las mismas tasas crecientes de embarazos de adolescentes, abortos, divorcios, enfermedades y adicción a la pornografía. El sexo extramatrimonial tiene la culpa de gran parte de esto, así que cuando se trata de estos estándares culturales en deterioro alrededor del mundo, tenemos evidencias. Como los Estados Unidos es el creador de gran parte de los medios de comunicación mundiales, nuestro ídolo se ha convertido ahora en el ídolo del *mundo*. Cada vez más, la voz de la cultura popular en *todos* los países nos induce hasta el último de nosotros a reunirnos ante la imagen resplandeciente y a postrarnos ante ella... o recibir la enorme represalia que sigue de manera inevitable.

Ese es el contexto que hace que la victoria de Jasen sea todo lo excepcional que es. Aunque lo que estaba en juego era algo imposiblemente grave, Jasen con serenidad y heroísmo rechazó esa presión, y se negó a hincar su rodilla. ¿Cómo fue posible esto en este día y esta era en los Estados Unidos, en medio de toda la presión social? La Biblia confirma que siempre es posible, sin importar el día ni hasta qué punto llegue lo que está en juego.

EL ÍDOLO DE BABILONIA

Nuestro culto del ídolo del sexo prematrimonial me recuerda el culto obligado de otro ídolo dorado erecto hace varios miles de años en Babilonia. Nabucodonosor, el violento gobernante del mayor de los reinos en la historia mundial, ordenó que se erigiera una estatua enorme en su honor. De treinta metros de altura por encima de las grandes llanuras de Dura en la provincia de la que era originario el rey, se obligó a todos los líderes del gobierno y funcionarios provinciales en todo el reino a asistir a la enorme ceremonia de dedicación que los estudiosos dicen que fue un espectáculo magnífico que duró toda una semana. Así fue cómo tres líderes religiosos llamados Sadrac, Mesac y Abednego se encontraron en ese lugar bajo el resplandeciente y ardiente sol contemplando el brillante rostro de la gigantesca imagen pagana.

Con las multitudes de gente presentes y todos los podero-
sos funcionarios en sus lugares, el heraldo del rey proclamó
lo siguiente referente a la mayor y más vasta cultura en el
mundo de la época:

A ustedes, pueblos, naciones y gente de toda lengua,
se les ordena lo siguiente: Tan pronto como escuchen
la música de trompetas, flautas, cítaras, liras, arpas,
zampoñas y otros instrumentos musicales, deberán
inclinarse y adorar la estatua de oro que el rey
Nabucodonosor ha mandado erigir. Todo el que no se
incline ante ella ni la adore será arrojado de inmediato a
un horno en llamas. (Daniel 3:4-6)

Los tres judíos cautivos se contaban entre los amigos y líderes de más confianza del rey, y habían conseguido servirlo
de manera leal con distinción y honor durante dos décadas,
y a la vez manteniéndose siempre fieles a Dios. Pero nada
de eso contaba ahora para el megalomaniaco que ocupaba el
trono. El rey Nabucodonosor decretó que *todos* debían postrarse o bien enfrentarse a una muerte segura. Sadrac, Mesac
y Abednego se negaron.

Cuando Nabucodonosor se enteró, los llamó a su presencia
lleno de ira. *¿Cómo podía ser cierto? ¡Mi decreto no pudo ser más
claro! ¿Quiénes se creen que son?* Quizá debido a su fidelidad
de tanto tiempo en su corte, los miró cara a cara y les ofreció
una segunda oportunidad de postrarse ante el ídolo. Los tres
no cambiaron de opinión. Eran hombres de verdad, y tenían
una razón: ser siempre aliados íntimos de Dios. Con respeto
respondieron a la orden del rey. Sadrac, Mesac y Abednego
pronunciaron las palabras más valientes que se encuentran
en todo el Antiguo Testamento:

¡No hace falta que nos defendamos ante Su Majestad! Si
se nos arroja al horno en llamas, el Dios al que servimos

puede librarnos del horno y de las manos de Su Majestad. Pero aun si nuestro Dios no lo hace así, sepa usted que no honraremos a sus dioses ni adoraremos a su estatua. (Daniel 3:16-18)

Me sobrecogí cuando, como joven cristiano, escuché por primera vez estas palabras. La voluntad de estos hombres de aceptar el dolor por una causa más elevada los situó aparte de esa multitud, y se puede decir de la mayor parte de cualquier multitud. ¿De dónde provino esa disposición? Provino de mucho antes, de muchos años antes de que corrieran riesgo sus vidas delante del ídolo del rey de esa época.

Sabemos por la Escritura que estos tres jóvenes formaron parte de la primera deportación masiva de judíos a Babilonia cuando su país Judá se vio asediado debido a sus pecados contra Dios. Cuando los judíos al fin se rindieron, Nabucodonosor ordenó que los mejores y más brillantes de Judá sirvieran en el palacio del conquistador, recibiendo preparación especial en la corte del rey.

Ese grupo de jóvenes procedentes de las familias reales de Judá fueron asimilándose a la jerarquía que gobernaba Babilonia. Aprendieron la lengua y literatura, los ritos y costumbres culturales. Escogidos por el principal funcionario de la corte, eran «jóvenes apuestos y sin ningún defecto físico, que tuvieran aptitudes para aprender de todo y que actuaran con sensatez, jóvenes sabios y aptos para el servicio en el palacio real» (Daniel 1:4). Después de tres años de formación en la corte de Nabucodonosor, estos jóvenes —incluyendo a Daniel, Sadrac, Mesac y Abednego— se incorporaron de tiempo completo al servicio del rey.

¡Qué oportunidad tan increíble para esos fabulosos cuatro! A pesar de la derrota de su país, consiguieron puestos respetables entre la clase dominante de Babilonia, parecidos a los que habían ocupado en su propio país. Sin embargo, pronto se dieron cuenta de que había una grave trampa junto con el honor. Ellos y sus compatriotas se enfrentaron a la necesidad de redondear algunos asuntos referentes a su pacto con Dios.

EL PRIMER ASUNTO ES EL MÁS PROFUNDO

En la cultura babilónica, las primeras porciones de la carne asada se ofrecían a ídolos en altares paganos, lo cual era contrario a la ley de Moisés. Además, los animales no eran sacrificados ni preparados de acuerdo con la ley de Moisés, de manera que para Daniel, Sadrac, Mesac y Abednego resultaba aborrecible, sobre todo a la luz de la reciente derrota aplastante de Judá. Después de todo, haber recortado aspectos de sus relaciones con Dios era la razón misma de haber perdido sus hogares en primer lugar.

Lo sorprendente era que sus colegas judíos no habían aprendido esa lección a pesar de todo lo que habían vivido, y existía una presión verdadera para acomodarse para poder seguir adelante. *Bueno, hemos perdido. ¡Hay que superarlo! Ahora estamos en Babilonia. Dios nos escogió para asimilarnos, ¿no es cierto? No hay por qué crear problemas.*

Pero estos cuatro héroes estaban decididos.

Sabiendo que se enfrentaban a un posible despido de la corte del rey y al suicidio social con sus hermanos judíos, los fabulosos cuatro se negaron a pesar de todo a mancillarse con los alimentos que se servían en la mesa del rey. Para ellos, no era cuestión de los alimentos. Tenían una misión, escrita en las mismas fibras de sus corazónes. Iban a ser héroes de Dios, sin importar las consecuencias, y habían dedicado su vida a esa causa trascendental.

«Pógannos a prueba» dijeron, y ofrecieron una contrapropuesta. «Comamos nuestros alimentos por diez días y veamos cómo nos comparamos con todos los demás».

Y diez días después, Daniel y los otros «se veían sanos y mejor alimentados» (Daniel 1:15) que sus contrapartes, y por la gracia de Dios, desviaron esa bala. También se nos dice que

Dios derramó sus bendiciones sobre ellos debido a su conducta, otorgándoles —en cantidades sobrenaturales— sabiduría y entendimiento que los hicieron tan valiosos para la corte de Nabucodonosor que «los halló diez veces más inteligentes que todos los magos y hechiceros de su reino» (Daniel 1:20).

Luego pasaron veinte años. En forma imprevista, el rey Nabucodonosor ordenó que todos se postraran ante su imagen dorada. Esta vez, no había salida. O se postraban o serían arrojados al abrasador horno.

No importaba que Nabucodonosor hubiera elevado tan alto la vara esta vez. La decisión de los cuatro ya la habían tomado dos décadas antes. Eran hombres de Dios, en la vida y en la muerte, en la fama y en las llamas. En el caso de Dios y de sus propósitos con ellos, estaban en orden, como siempre. Su posición milagrosa delante de miles en las llanuras de Dura de hecho se había originado años antes cuando establecieron su identidad como héroes de Dios durante la confusa turbulencia social en su juventud.

¿Has tomado una decisión parecida hoy, en la turbulencia social actual de *tu* juventud? Nunca te enfrentarás a un horno ardiente si te niegas a postrarte ante el ídolo de los Estados Unidos, pero sin duda experimentarás el calor del ridículo, del rechazo y de una posible excomunión social por no reconocer ese mandato clamoroso de unirte al jolgorio sexual con tu novia. ¿Te mantendrás firme o te postrarás?

Tu respuesta a esta pregunta se encontrará en tu respuesta a la primera: ¿Está tu identidad basada en el único verdadero Dios, o ha estado postrándose ante el ídolo con la exploración del cuerpo de tu novia en formas que nunca harían sonreír al Señor, utilizando técnicas de exploración que nunca se permitirían si su padre se encontrara en la habitación contigua con una cerveza en la mano?

Si has estado jugueteando físicamente con tu novia, tienes que reconocerlo, amigo mío. Te has extraviado. Fuiste creado para caminar con Dios y para ser su íntimo aliado en una gran guerra cósmica, y no para ser la mascota íntima de alguna chica. Te has vendido como hombre.

Los fabulosos cuatro eran hombres verdaderos, y si quieres ser como ellos, debes dedicar tu vida a ser un héroe de Dios, no importa la situación en que te veas. Estuvieron por completo dispuestos a aceptar y soportar cualquier sufrimiento social en su búsqueda de Dios, y necesitarás esta misma disposición si quieres mantener la pureza sexual en tus salidas.

Después de todo, oirás toda clase de cosas cuando te mantengas firme en los caminos de Dios. Oirás a amigos que comentan: «¿Por qué no lo está haciendo? ¡El sexo es algo natural!». Otros moverán la cabeza por compasión, y murmurarán: «Vaya, ¡lo que se está perdiendo!». Algunos se reirán por lo bajo a tus espaldas, «¡Bobo tímido! ¡Hijo de mamá! ¡Homosexual!». Algunos incluso se burlarán en tu cara.

Nuestra cultura es lo que es, y sin duda que en estos días no es cristiana. Por esta razón, la disposición de aceptar el sufrimiento social no es solo el lugar donde comienza la hombría, sino también el lugar donde comienza tu pureza. Habrá presión, sin duda alguna. ¿Decidirás desde el comienzo ser un héroe para Dios, sin importar nada, incluso ante esta presión? Si no, tu corazón y tu valor se derretirán bajo las llamas sociales. Voy a mostrar cómo son las cosas en la vida real con la siguiente historia.

Tom, estudiante de primer año de secundaria, aguardaba impaciente el comienzo de la temporada de fútbol. Sin duda, sabía que embestir grupos de placaje y correr cuesta arriba con toda la vestimenta bajo un sol implacable a mediados de agosto iba a ser la prueba más dura de su vida, pero deseaba la camaradería de estar con los compañeros de equipo y de formar parte de un equipo. Había algo en el enfrentarse y en el derribarse unos a otros sobre el césped recién cortado que creaba vínculos profundos con sus compañeros de equipo.

Cuando después de la primera práctica el sudoroso equipo se dispuso a ducharse, la conversación naturalmente fue sobre muchachas. Tom les contó a los compañeros acerca de Jenna, con la que había estado saliendo desde comienzos de junio.

—¿Esto es todo lo que has estado haciendo... saliendo con ella? —se rió uno de los compañeros de segundo año, y el resto del equipo se unió a la risa a costa de Tom.

—Bueno... sí, claro —contestó Tom, avergonzado. Se habían besado un poco después de haber ido al cine unas cuantas veces, pero eso fue todo. Como miembros del mismo grupo de jóvenes, ya habían conversado sobre este tema, y habían acordado que por ahora no iban a pasar de ahí.

—Debe tener inservible su dotación, ¿verdad, muchachos? —dijo uno de ellos.

—¡O quizá no tiene! —exclamó el mariscal de campo, el carismático líder del equipo—. ¿Qué dices, mariposón?

Todos estallaron en risotadas, y Tom deseó haber podido encogerse y desaparecer.

Durante las semanas siguientes, «la voz» se volvió cada vez más intensa, burlándose sin cesar de Tom acerca de «hasta dónde había llegado» con Jenna. Deseaba hacer algo para quitárselos de encima, pero temía la reacción de Jenna y, además, ocasionaría las inevitables preguntas de seguimiento: «¿Fue ardiente? ¿Se resistió?».

Quizá algo no está bien en mí, razonaba Tom. *Si los demás del equipo están teniendo relaciones sexuales excepto yo, ¿qué quiere decir esto en cuanto a mí?* Como estudiante de primer año, Tom deseaba con toda el alma formar parte del equipo de fútbol de los Rams, que ocupaba el tercer lugar del estado en las encuestas de pretemporada.

Nunca formaré parte si sigo comportándome tan afeminado, se dijo. *Sé lo que dice Dios acerca del sexo prematrimonial, pero si esos compañeros no me respetan, nunca podré salir con ellos, y si no estoy con ellos, no puedo darles testimonio ni atraerlos a la iglesia.*

Tom estaba confundido, pero una cosa era diáfana: lo único que tenía que hacer era inclinarse ante ese impresionante ídolo dorado, y se convertiría en uno más entre ellos, uno de los iniciados.

Así que Tom aumentó su presión sobre Jenna poco a poco pero sin vacilar, rompiendo su resistencia paso a paso, cita tras cita. En un par de ocasiones, la puso a prueba tocándole en lugares que su pastor de jóvenes le dijo que nunca debía tocar. Cuando ella le pidió que se detuviera, lo hizo, pero después de una pausa, volvió a la tarea. Luego, la resistencia de ella se fue debilitando.

Un domingo por la tarde, Tom se encontró a solas con Jenna en la casa de ella después de que sus padres hubieran salido al centro comercial con su hermano menor. Cuatro semanas de insistencia había logrado que Jenna se sintiera exhausta, y ahora Tom vio que nada le impedía llegar a la meta.

La tarde siguiente después del entrenamiento, Tom les contó a sus compañeros la «caliente experiencia» que había tenido en la habitación de Jenna durante el fin de semana. Gritos de alborozo resonaron en las duchas, y las miradas de admiración que recibió de sus compañeros de equipo comunicaron el único mensaje que anhelaba oír, con toda claridad: *Ya eres uno de los nuestros, Tom. Al final lo lograste.*

Las rodillas de Tom se habían hincado ante el ídolo del sexo prematrimonial, y si bien esto hizo que para sus compañeros fuera un macho, desde luego que no era un héroe. No había demostrado la más mínima señal de verdadera hombría a los ojos de Dios ni mostrado la más mínima disposición de aceptar el sufrimiento social por el bien de Jenna.

¿Cómo puedes llegar a ser el héroe que Dios quiere que seas con las mujeres? Comenzar viviendo muy pronto la vida para el Señor con firmeza, ahora mismo, incluso *antes* de que comience tu próximo noviazgo. Tom no lo hizo, pero Jasen sí. Había sembrado las semillas de la pureza con las muchachas incluso antes de comenzar a salir con ellas, de la misma manera que Sadrac, Mesac y Abednego habían sembrado las semillas para su victoria mucho antes de que el rey erigiera su ídolo. Nunca estarás dispuesto a aceptar más adelante el sufrimiento social por tu novia si no estás acostumbrado a aceptar el sufrimiento social por Dios ahora.

Jasen aprendió muy temprano a aceptar ese sufrimiento por el Señor. Permíteme contar una parte de su historia para mostrarte cómo resulta ser en la práctica.

ENCUENTRO CERCANO

Diseñé el plan de leer en su totalidad *Preparémonos para la adolescencia* con Jasen cuando cumplió los once años porque sabía que, muy pronto, la pubertad iba a ocasionarle toda clase de angustias mentales y emocionales. No había olvidado cómo la pubertad trastornó mi vida, y por ello me sentía emocionado ante esta oportunidad de compartir lo que sabía acerca de lo que le esperaba.

Pero me sentí muy nervioso cuando me dirigía hacia su dormitorio esa primera noche. No estaba muy seguro de cómo hablar acerca del sexo con un jovencito de apenas once años. Estaba muy convencido de que la respuesta a mi oferta iba a ser ese temido bostezo y ese poner en blanco los ojos.

Me senté en su cama y le mostré el libro. Después de que detuvo unos momentos su juego, le dije:

—Jasen, creo que ha llegado el momento de leer juntos este libro. Sé que quizá resulte algo incómodo, pero muy pronto vas a entrar a un período muy interesante de desarrollo.

—Ah, sí —dijo—. Lo he oído mencionar. Se llama *perversidad*, ¿no?

Reprimí las ganas de reír.

—No, es *pubertad*, amigo mío —dije y me detuve para dejar que se me escapara una risita—. Pero tu palabra podría ser más adecuada, ahora que lo pienso… La pubertad va traerte algunos cambios mentales y emocionales, Jace. Me resulta difícil explicarlos con exactitud, pero voy a intentarlo. Es probable que pronto sientas presión de parte de tus amigos de más o menos tu edad, y podrías incluso por un tiempo dar más importancia a las opiniones de tus amigos que a la mías. Los muchachos tratarán al mismo tiempo de hacer las cosas a su manera, de modo que es probable que te sientas a veces lastimado y confundido. Todos van a presionarte en todo sentido y a acosarte en su intento de destacarse y encontrar lugar en los grupos más populares. Solo quiero prepararte para ello, hijo, para que no te tome desprevenido.

Su respuesta me dejó boquiabierto.

—Papá, pienso que es bueno que leamos este libro juntos, sobre todo ahora —dijo.

Confundido, solo pude mirarlo. *¿Qué pasó con esos ojos en blanco, ese bostezo de temor?* Por unos momentos me quedé sin palabras, pero tuve suficiente serenidad para musitar:

—¿Qué quieres decir?

—Bueno, he estado algo asustado últimamente.

¿Asustado? ¿Asustado, hijo mío? Vivíamos en un estado agradable, tranquilo, llamado Iowa, donde nunca sucede nada que asuste.

—¿Asustado de qué?

—Es que últimamente me está resultando cada vez más difícil decir «no» a mis amigos. Me he sentido asustado. Me ha resultado más difícil hacerles frente.

¿Comprendes lo que dijo? Ahí estaba, la voz de la cultura, en los labios mismos de sus iguales, invitándole a rechazar sus convicciones y ser como ellos. También ustedes lo han oído, ¿no es cierto? Esa misma voz por primera vez invita a todos más o menos al mismo tiempo, generalmente alrededor del sexto grado.

Ahí fue cuando mi hija Rebecca recibió su primera invitación para salir. Apenas un año antes, en quinto grado, no importaba si la ropa de las personas era pasada de moda o si tenían malas calificaciones. Todas eran parte del grupo. Todas eran amigas de todas, y nadie se burlaba de otras ni se preocupaban por sus diferencias.

Todo esto cambió de la noche a la mañana. Cuando llegó a sexto grado, sus amigas comenzaron a formar camarillas, y algunas de sus amigas que solían hablarle e invitarla para pasar la noche en sus casas ahora la estaban menospreciando. «Veo a tantas muchachas sin amigas, y a tantas personas marginadas», me dijo.

Así es, las cosas cambian muy rápido en los años de secundaria, pero ese es el punto de la decisión temprana. La presión aumenta con rapidez, de manera que hay que estar preparado. Solo unas pocas semanas después de que Jasen y yo hablamos de sus temores, sus amigos lo llamaron para ver juntos la revista *Hustler*. No hizo caso de sus palabras y no cedió.

Ese encuentro fue apenas el primero en una larga lista de veces que los amigos y compañeros de Jasen trataron de debilitar su resistencia mediante presión social. Cada vez que tomó partido por la rectitud, lo maltrataron de palabra lo cual condujo a una pérdida social. Pero se levantaba, se quitaba el polvo y seguía jugando. No se rindió, sino que plantó las semillas para la pureza con sus amistades femeninas al ir acostumbrándose a aceptar el sufrimiento social por el Señor. Recuerde, solo puede sobrellevar ese sufrimiento social por la pureza de sus amistades femeninas si está acostumbrado a sobrellevar tal sufrimiento como héroe del Señor, tanto en la escuela como en los vestidores.

SE JUEGA COMO SE ENTRENA

La base para esa clase de fortaleza sin duda que se construye fuera de temporada, por decirlo de algún modo, cuando nadie está mirando y nadie está vitoreando. Esto vino a resultar sumamente claro un viernes por la tarde a finales de octubre. Mi hijo de segundo año de secundaria, Michael, y sus compañeros del equipo Dragon iban echando fuego al ingresar en el estado Valley para enfrentarse a sus rivales más encarnizados, los Dowling Catholic Maroons. Lo triste es que eso iba a ser lo mejor que estarían toda la tarde. Después de dos posesiones, Dowling los aventajaba 14-0.

Cuando nuestro equipo defensivo trotó hacia la línea de banda después del PAT, el líder de nuestro equipo, Paul Farber, explotó. Se arrancó el casco, sacudió los brazos con frenesí y se puso a caminar pisando fuerte arriba y abajo de la línea de banda. «¡Vamos, muchachos. ¡Esto es vergonzoso! ¡A por ellos, Dragon!».

Me agrada Paul. Hubiera dado mi brazo izquierdo por tener a diez tipos como él en mi equipo de secundaria, pero no pude evitar reírme. «Paul, Paul, Paul… ¿piensas que ahora es vergonzoso? Espera hasta el último cuarto».

Resultado final: 41-7.

¿Recibí alguna palabra del Señor? Para nada. Pero pude ver con claridad algo desde las gradas que Paul todavía no había reconocido en la cancha. El Dowling era más rápido, más ágil y, por encima de todo, más fuerte. Si bien valoraba el buen espíritu de lucha tanto como cualquiera, sabía que el juego ya estaba decidido desde mediados del primer cuarto.

El berrinche de Paul no me incomodó porque mi corazón era el de un defensa apoyador. Me encanta esa pasión ardiente, devastadora. Fue la falta de sentido lo que me llamó la atención. El momento para gritar era *el diciembre anterior*, para que los jugadores practicaran pesas y ejercicios de velocidad. La tempestad inspiradora de Paul hubiera podido en realidad lograr algo entonces, nueve meses *antes* de que sus Dragones estuvieran disgustados en la línea de banda, más lentos y más débiles que sus oponentes, con un fuego más debilitado en sus entrañas.

Lo mismo ocurre en el caso de la pureza. Los campeones se generan fuera de temporada, y *jugarán* como entrenan. Es importante acostumbrarse a parecer diferente a la multitud *mucho antes* de que esté con ella, o si no su carácter resultará ser totalmente vergonzoso en el terreno de juego.

La pureza comienza con hablar acerca de esa señal de hombría —esa voluntad de aceptar sufrir— fuera de temporada. ¿Está incondicionalmente por Dios? Nada predice mejor el triunfo en la batalla por la pureza que el corazón heroico de una vida sin compromisos, un corazón totalmente dispuesto a aceptar el sufrimiento social en aras del llamamiento más elevado. Este es el nivel de hombría que los jóvenes rara vez encuentran, pero quienes lo hacen se preparan desde temprano para ello. Por esta razón, nadie puede lograr que sucumban a la hora de la verdad.

Mucho antes de que mi hijo Jasen conociera a su novia, con serenidad pero con heroísmo armonizó su voluntad con la de su Padre, a pesar de las arriesgadas contracorrientes culturales. Se negó a ver sus años de soltería como su «tiempo de práctica» con las muchachas, porque Dios no veía esos años como tiempo de práctica. No se sintió confundido ante el llamamiento a la pureza que le hacía llegar su Padre ni lo preocupó su dificultad, porque confiaba en el Señor y aceptó con serenidad ese llamamiento como la preparación que quería Dios para su triunfo futuro. Por esta razón, incluso a pesar de que la presión social iba aumentando varias muescas a su alrededor y producía algunas ampollas dolorosas, nada lo intimidó.

Y ¿saben qué? Esa misma clase de corazón heroico está también dentro de ti dado por el Señor, al nacer. John Eldredge, en su libro *Salvaje de corazón*, lo formuló así de manera genial:

Hay tres deseos que encuentro escritos en lo más profundo de mi corazón que ahora sé que no puedo seguir ignorando sin perder mi alma. Son la esencia de quién soy, de qué soy y de qué deseo ser {...} Estoy convencido de que estos deseos son universales, una clave de la masculinidad misma. Pueden haberse extraviado, olvidado o ser mal orientados, pero en el corazón de todo hombre hay un deseo apremiante de una batalla que librar, una aventura que vivir y una belleza que rescatar[1].

Jasen ha encontrado su batalla que librar y su aventura que vivir en Dios, y una vez que su heroico corazón varonil se llenó del fuego de su destino, no volvió la vista atrás. Como Daniel y sus amigos, Jasen decidió temprano ser guerrero de Dios, y entregó su vida a esa trascendental causa. Esto es lo que se requiere para hacer frente al ídolo estadounidense.

Las buenas nuevas son que el heroísmo es tu derecho de nacimiento como hombre. Has recibido el mismo desafío, la misma batalla que librar, la misma excepcional aventura que vivir. Y debido a ese derecho de nacimiento, tienes lo que se requiere para lograrlo.

Las malas noticias son que he escuchado a centenares de jóvenes que confiesan que *no* se irguieron ante el ídolo estadounidense. Al contrario, cedieron, escogieron ir a lo seguro socialmente y no arriesgar nada por su pureza. Lo que estaba en juego pareció demasiado elevado al tratarse de los propósitos de Dios en sus vidas, pero ahora están viviendo el dolor del pesar y de una conciencia chamuscada. Este correo electrónico es bastante típico:

Una vez le escribí acerca de mis luchas con la pureza cuando estaba en secundaria, pero hoy le escribo porque acabo de leer el primer capítulo de *La batalla de cada hombre joven,* y por desgracia, se parece mucho a mi caso. En cierto momento era un hombre cristiano puro, pero ahora me siento tan mal, tan sucio, como un cerdo. Tengo veintidós años y estoy en mi último año de universidad en Ohio, y deseo con todas mis ansias ser un hombre de Dios, pero en realidad cuesta mucho lograrlo cuando estoy acostándome con cualquiera y entregándome sin cesar a mujeres que apenas conozco.

Esto me destroza. Mi relación con Cristo va poco a poco deslizándose hacia el infierno, y mi identidad en él es algo que ya ni siquiera conozco. Ni siquiera puedo comenzar a expresar cuán dolido me siento ahora. En tiempo reciente ha sido muy frecuente que de repente entre en crisis y rompa a llorar.

Esa es la vida que quieren que aceptes quienes te invitan a inclinarte ante su ídolo, amigo mío. ¡Vaya vida!

Yo he vivido esa vida. Es muchísimo mejor mantenerse firme con valor y ser arrojado al horno ardiente social que vivir así. Si el centro de tu vida es salvar tu piel social y tu objetivo primordial es el placer sexual, has abandonado tu lugar en tu frente de batalla y has decidido no luchar. Has rendido tu corazón al enemigo para convertirte en su prisionero, y en el caso de tus relaciones cuando sales con alguien, nada trascendente inspira tu vida o te define como hombre.

No tienes por qué vivir así. Puedes vivir en forma heroica y definir un límite, negándote a ceder… sí, incluso aquí, incluso en nuestra cultura. Sin duda que escoger ser héroe de Dios pone en riesgo toda tu vida social, como le ocurrió a Daniel, Sadrac, Mesac y Abednego, pero al menos tu identidad se apoyará por completo en Dios. Puede convertirte en blanco de burlas, pero aprenderás a permanecer firme con heroísmo por el Señor en el calor de fuera de temporada, y esa preparación te ayudará a negarte a ceder cuando se está en el juego, incluso después de haberte enamorado perdidamente de la atractiva mujer que Dios te tiene reservada.

Jasen es prueba viviente de ello. Se puede mantener firme en una cultura antagónica si se está dispuesto a aceptar pérdidas por Dios. Viste cómo fue eso en la práctica con los fabulosos cuatro en la antigua Babilonia. ¿Cómo sería semejante posición firme hoy, en tu «Babilonia»? Puedes aprender mucho acerca de esto a partir del «exilio» de Jasen en una cultura foránea que llamamos escuela pública. También puedes aprender a prepararte fuera de temporada para estar listo para el juego de salir con muchachas. Escucha a Jasen que cuenta cómo su pureza con Rose comenzó mucho antes de conocerse, ya desde la escuela intermedia.

INGRESO A BABILONIA

De Jasen:

Nunca olvidaré el grito ahogado que surgió de la multitud cuando el pastor Dave anunció que Rose y yo nos daríamos el primer beso en el altar ese día. El clamoroso aplauso a este largo e intenso beso sigue siendo el momento más memorable de mi vida. ¡Qué día! El gran abrazo acompañado de lágrimas de mi padre lo significó todo para mí, porque nadie sino mi padre podía entender la profunda disciplina que me exigió llegar a la meta con Rose. Las expresiones de alegría y el chocar de manos de mis amigos en la recepción también fueron invaluables. Recuerdo una época cuando no tenía ni siquiera un amigo con quien compartir el almuerzo en la escuela, y mucho menos acompañarme en mi boda.

Claro que mis comienzos en la escuela no fueron de soledad. Como ya lo mencionó mi padre, casi todos los muchachos son populares en la escuela elemental, y casi todos se entienden. Mis profesores me apreciaban, mis compañeros de clase me apreciaban, sus padres me apreciaban. Las cosas no hubieran podido ser mejores para mí.

Pero qué diferencia marca un verano. Cuando ingresé a primer año de secundaria el primer día de séptimo grado, ¡pam! De repente me encontré sin amigos, y ninguno de mis antiguos compañeros del sexto grado estaba en ninguna de mis clases. Aun peor, mis compañeros de séptimo grado, incluso muchos con los que me había entendido bien antes, luego comenzaron a divertirse burlándose de mí.

Al comienzo, no entendía qué estaba sucediendo, pero sus comentarios aclararon muy pronto cuáles eran sus intenciones. En ese tiempo no lo sabía, pero descubrí más adelante que me había tomado por sorpresa el efecto Piaget. Jean Piaget, excepcional pensador y psicólogo suizo, descubrió que el cerebro humano pasa por cambios dramáticos cuando los niños entran a la adolescencia. Comienzan de repente a pensar por primera vez en forma abstracta acerca de Dios, de la vida, de las normas y de las relaciones, y se les ocurren, sin saber de dónde provienen, preguntas importantes. Para muchos jóvenes, algunas de estas ocupan los primeros lugares en la lista:

- ¿Quién soy?
- ¿Dónde encajo en este entorno?
- ¿Cómo piensan los hombres?
- ¿Soy como los demás o no?

Para los estudiantes de séptimo grado, esta obsesión nueva por reflexionar acerca de ideas importantes está en su apogeo, y es un asunto también importante, lo cual conlleva una búsqueda obsesiva de identidad y un fuerte deseo de alcanzar un lugar destacado en la escala social. Para mí, todo el cuerpo estudiantil parecía haber descubierto camarillas al mismo tiempo, y la presión subsiguiente por formar parte de los grupos populares aplastó a muchos bajo las ruedas trituradoras del cambio.

No era ningún secreto en la escuela pública intermedia que yo no era popular, pero avancé de no ser popular a no ser para nada popular la primera vez que mi profesora de inglés proyectó una película reservada para mayores de 13 años para que sirviera de instrumento de enseñanza. Como mis padres todavía no habían visionado esta película, y como yo sabía que la mayor parte de las películas reservadas para mayores de 13 años contenían lenguaje muy sensual junto con diversas situaciones sexuales y desnudez parcial, lo más probable era que alguna contaminación auditiva y visual iba a salpicarme. Me dirigí de inmediato hacia el escritorio de la profesora y le dije con respeto: «No me siento cómodo viendo esta película porque pienso que el contenido no será apropiado para mí como cristiano. No quiero para nada llenarme la cabeza con este material, de manera que, si no tiene inconveniente, saldré al corredor a esperar».

Mi profesora de inglés me miró sorprendida, pero me indicó con la cabeza que estaba bien. La clase entera miró asombrada y en silencio mi salida del aula.

Sabía lo que estaban pensando. ¿A qué viene que estés haciendo algo tan estúpido?

Pero para mí, la decisión de salirme no era más estúpida que Daniel pidiendo permiso de no comer alimentos impuros en la mesa del rey Nabucodonosor. ¿Desde cuándo es estúpida la obediencia? Si lo que hice les pareció raro a los «babilonios» que iban a mi escuela, no me sorprendió. La mayor parte de las personas —y esto incluye a nuestros hermanos y hermanas en Cristo— han estado viviendo en Babilonia desde que su pensamiento se ha pervertido y ya no pueden reconocer lo que es sensato en el reino de Dios. Como Dios dice que no tiene que haber ni un ápice de inmoralidad en mi vida (Efesios 5:3), y como un joven no puede permanecer en el aula y evitar oír las conversaciones sensuales en esas películas, no me quedaba alternativa. Por instrucción de Dios, era el momento para *todos* los cristianos presentes en el aula disculparse y salir al pasillo.

Ahora bien, es probable que piensen que mi padre fue quien me indujo a hacer lo que hice, ¿no es cierto? De ser así, están equivocados. No estaba pensando en lo que él pensaría; esto no entró en juego para nada. No tuve tiempo de consultárselo, y eso de todos modos no hubiera cambiado lo que hice. Sabía lo que Dios esperaba de mí, y por eso lo hice. Desde esa primera vez en séptimo grado hasta mi último año en la secundaria Johnston, debo haber pedido salirme de varias docenas de películas, y cada vez fue mi decisión, y solo mía.

Mis profesores en general no tenían inconveniente en que saliera al pasillo a sentarme o fuera a la biblioteca durante la proyección, y a mí no me importaba disponer de más tiempo para estudiar. Leía un libro o adelantaba mis tareas.

Pero no salí tan bien con mis compañeros de clase. Daba por contado que todos ellos me mirarían fijamente cuando salía del aula, y con frecuencia habría algunas risitas también. Una vez cuando me levanté para acercarme a la maestra, uno de ellos me enfrentó verbalmente ante toda la clase. «¿Todavía no has cumplido los trece años? ¿Por qué no puedes ver películas para mayores de 13 años?».

Pero los ataques verbales más fuertes se producían *después* de clase, fuera del alcance del profesor. Por fortuna, de vez en cuando alguien mostraba curiosidad genuina: «Oye, ¿por qué te saliste así?». Si bien la mayoría no comprendían lo que estaba haciendo, unos pocos —muy pocos— respondían de una manera totalmente diferente. «Eso es muy bueno. De veras que respeto tu decisión».

TODAS LAS NORMAS CAMBIADAS

Al pensar en esos días, veo sorprendentes semejanzas entre el exilio judío a Babilonia y el ingreso típico al séptimo grado. Como adolescentes, Daniel, Sadrac, Mesac y Abednego habían sido miembros populares de la futura élite gobernante de Judá. De repente, fueron conducidos al exilio y obligados a asimilar una cultura foránea en la que todas las normas de conducta habían cambiado y ya nadie veía las cosas como ellos.

¿Suena conocido? Hasta sexto grado, todo lo que había sido popular hasta esas pocas semanas luminosas del verano da paso a una carretera de una sola vía hacia el exilio, y nos vemos sumergidos en una cultura turbulenta que es claramente antagónica a todo lo que somos... o deberíamos ser.

Sea político o social, el exilio siempre exige una decisión temprana de parte de un hijo de Dios, por injusto que parezca en el momento. *¿Debo escalar un peldaño en la escala social y permitir que los demás definan quién soy? ¿O debo seguir siendo quien soy en Dios y superar todas las turbulencias que me sobrevengan?*

Una opción conlleva perturbadores riesgos espirituales, en tanto que la otra conlleva aterradores riesgos sociales. Mi hermana Rebecca, más joven que yo, resumió los riesgos muy bien cuando se acomodaba a su propio exilio del séptimo grado. «Tuve la oportunidad de ingresar a una de las camarillas populares», dijo. «Pero de inmediato me sentí incómoda. En las camarillas populares, no hay libertad. Si a alguien del grupo no le gusta una persona fuera del grupo, a una también tiene que desagradarle. Hay que pensar y comportarse como el resto del grupo todo el tiempo, incluso si parece que está mal lo que se dice que hay que hacer. Ser popular es como estar en una prisión».

Rebecca vio por debajo del barniz: no hay manera de ser popular en la escuela pública sin transigir. Lo cual nos conduce a todos a una pregunta apremiante: ¿cedo para que los demás no hablen o me mantengo firme con Dios?

No podía hacer ambas cosas, nadie puede. No podía permanecer puro y piadoso si me adhería a los estándares populares en cuanto a las películas. Pero si no seguía la corriente para ver esas películas, no iba a ser popular. Así de simple era la situación.

Lo mismo sucedía en el caso de salir con muchachas, tema que desconocía por completo en la escuela intermedia. Como nadie podía conducir, una «cita» en la escuela intermedia significaba que un muchacho llevaba a una muchacha a una máquina expendedora para comprarle una coca-cola, o que los respectivos padres llevaban en automóvil a sus hijos e hijas a un cine, donde compartían palomitas de maíz y se tomaban de la mano hasta que sus padres fueran a recogerlos después.

Por qué los muchachos dedicaban tanto tiempo a preocuparse por estas citas vanas no lo puedo entender. Pero vanas o no, también en esta categoría estaba perdido, porque para ser popular había que salir con muchachas. El problema es que mis padres ya me habían dicho con claridad que no iba a «salir con muchachas» hasta los dieciséis años. Si quería portarme bien, obedecería a mis padres. Si deseaba ser popular, tenía que salir con muchachas a espaldas de mis padres. De cualquier manera que lo mirara, tendría que transar en las cosas en las que creía para poder ser popular. Si deseaba frenar los insultos, tendría que ceder.

Siempre se es libre de escoger en Babilonia. No se pueden, sin embargo, tener ambas cosas.

Así pues, frente a esta descarnada realidad, decidí renunciar a las camarillas y a las escalas sociales en la escuela intermedia con una decisión heroica. Preferí a Dios a ser popular.

Debo confesar, sin embargo, que no me *sentía* particularmente heroico en ese tiempo. No fueron años divertidos, y no anhelo revivirlos. De hecho, fueron tiempos inquietantes, llenos de decisiones arriesgadas que apenas me sentía con la edad suficiente para adoptarlas. Estoy seguro de que Daniel y sus amigos debieron haberse sentido del mismo modo cuando fueron llevados a Babilonia durante su adolescencia. Al igual que ellos, había escogido la senda heroica desde el punto de vista de Dios, pero en la práctica nadie más lo veía de esa forma. La gente seguía burlándose de mí, y las burlas y los comentarios insidiosos dolían.

Con todo, había algo en mi favor. Había tomado una decisión de hombre, y mejor aún, sabía muy bien quién era. Era un joven con estándares, y si bien esto no alejaba la soledad, eliminaba cualquier confusión más profunda en mi vida.

Una vez que tomé esa decisión de salirme del aula cuando se proyectaba una película para mayores de 13 años, se fueron haciendo más fáciles las decisiones heroicas, casi como algo normal. Para mi gran sorpresa, debido a mi posición, Dios estaba a punto de bendecirme con algo muy inesperado.

Un impresionante grupo de amigos.

EL GRUPO Y LA CAFETERÍA

Como nuestro sistema escolar estaba creciendo como una maleza, el edificio de nuestra escuela intermedia quedó demasiado pequeño para poder acomodar a todo el séptimo grado en la cafetería a la hora del almuerzo. La solución de la administración fue muy sencilla. Durante el período de treinta minutos del almuerzo, la mitad del grado se sentaría en el gimnasio por quince minutos mientras la otra mitad comía, y luego los dos grupos se cambiarían para que la otra mitad comiera.

Desde el punto de vista administrativo, esta solución quizá fue brillante, pero para mí, en lo emocional, fue totalmente destructiva. Se dividieron los dos grupos por orden alfabético, y mis uno o dos amigos que me quedaban del sexto grado estaban en la otra mitad del alfabeto. Me tenía que enfrentar a la temida hora del almuerzo enteramente por mi cuenta.

Cada día me sentaba solo en la esquina más solitaria del gimnasio, mientras que los demás se reunían en grupos, hablando y riendo. Fue un tormento desde el primer momento, pero al cabo de unas pocas semanas de angustioso aislamiento, esos treinta minutos me resultaron rotundamente intolerables.

Algo tenía que cambiar. No podía aceptar tener que comerme el almuerzo solo ni un día más, y mucho menos los seis años siguientes. Sin nada que perder, decidí arriesgarme. Supuse que no podía ser el único que se sentaba solo en ese lugar. Miré alrededor del gimnasio y vi a un par de muchachos que estaban sentados en la esquina opuesta. Tampoco parecía que nadie les estuviera prestando mucha atención. Tragando saliva, me levanté y me dirigí hacia ellos para presentarme. «Hola, muchachos. ¿Cómo están? Me llamo Jasen. ¿Y ustedes?».

Me miraron sorprendidos, preguntándose cómo podía haberlos visto cuando era evidente que resultaban invisibles para los demás. «Jack», respondió uno. «Yo soy Rob», dijo el otro. Fue un comienzo poco prometedor, pero al poco tiempo, nos encontramos hablando de todo lo concerniente al Nintendo y, luego, nuestros quince minutos diarios en el gimnasio se convirtieron en una cita permanente para intercambiar sugerencias acerca del Nintendo 64. Un día, mencionaron por casualidad a sus dos amigos, Rich y Don, de la otra mitad del alfabeto. Cuando al día siguiente escuché sus nombres en educación física, fui donde ellos para conocerlos. Antes de que nos diéramos cuenta, nos encontramos enfrentando al mundo hombro con hombro, espalda con espalda.

Sin duda que las cosas empezaron a mejorar para mí, y me mantuve atento en la búsqueda de otros marginados, muchachos o muchachas que no habían superado la prueba de popularidad. Encontré a otra pareja que tomaban clases avanzadas, demasiado inteligentes para que fueran aceptados en grupos sociales. Unos cuantos más habían sido excluidos debido a su apariencia regular o a sus gustos en cuanto a estilo. Al cabo de poco tiempo había reunido alrededor de doce, un grupo impresionante y variado de muchachos y muchachas increíbles. Algunos eran cristianos, otros no, pero juntos formamos el mejor grupo de amigos que alguien pudiera desear.

Mi papá dijo que fue la cosa más valiente que jamás había visto que alguien hiciera, y agregó: «Jasen, recuerdo muy bien cómo era el sufrimiento de un estudiante de primer año de secundaria, de manera que en la práctica puedo sentir lo que sentías sentado solo en la esquina del gimnasio. Ni siquiera puedo imaginar lo que te pudo costar mirar alrededor en busca de otros estudiantes solitarios, y luego llenarte de valor para acercarte a ellos y presentarte. Era grande el riesgo de un rechazo, y ya te sentías rechazado antes de ni siquiera atravesar ese lugar. No creo que yo lo hubiera podido hacer. Había que tener mucho valor, Jasen».

Sus palabras significaron un mundo para mí, pero, en esa época, no me pareció tan heroico. Después de todo, solo veía dos alternativas. ¿Qué tenía de heroico escoger la menos dolorosa? Aceptado. Esos muchachos me hubieran podido rechazar, pero para mí era mucho mejor que seguir sentado solo en esa esquina hasta que finalizara el curso en junio. Supongo que había una tercera opción. Hubiera podido congraciarme con los muchachos populares saliendo con ellos los fines de semana, yendo a sus películas, incluso quizá saliendo con una o dos muchachas a espaldas de mis padres. Pero esa opción ya la había dejado de lado. Si acercarme a otros marginados fue heroico, fue porque escogí arriesgar el rechazo antes que aceptar los estándares cómodos y mediocres de los muchos grupos populares.

Sin duda que la senda fácil hubiera sido seguir la de menor resistencia en los pasillos de la escuela, pero Daniel, Sadrac, Mesac y Abednego temieron esa senda, y lo mismo deberíamos hacer nosotros. Una cosa es entrar a Babilonia y tratar de encajar en ella lo mejor posible. Otra muy distinta es poner en entredicho nuestros principios en Dios, porque cuando transigimos, privamos a Dios de la posibilidad de bendecirnos.

Pensemos en lo que está haciendo en el cielo en estos momentos. Sus ojos están recorriendo toda la tierra, buscando a alguien para cuyo bien puede demostrar su poder, como lo dice en 2 Crónicas 16:9. ¿A quién está buscando? Está buscando a alguien con un corazón totalmente entregado a Él, a alguien que está siendo fiel en todas las cosas, tanto pequeñas como grandes, como la pureza sexual. Está buscando a hombres que se mostrarán firmes en la brecha por Él en cuanto a nuestra cultura sensual, personas que ayudarán a reconstruir nuestros muros resquebrajados por medio de una obediencia incondicional a su Palabra (Ezequiel 22:30), y que estén dispuestos a aceptar la verdadera señal de hombría: aceptar sufrir por sus propósitos.

He visto a muchos muchachos de mi edad *alejarse* de la hombría y del sufrimiento social, con la excusa de que están tratando de ayudar a que los estudiantes que no son cristianos se sientan más cómodos con el cristianismo y encuentren a Dios más atractivo.

Esa vieja canción ya enmohecida se ha estado tocando durante siglos. La mayor parte de los judíos elegidos para el programa de la corte de Nabucodonosor es probable que estuvieran tatareándola todo el tiempo, racionalizando sus concesiones «razonables» que les permitían no tener problemas y encajar con *su* multitud popular, la élite gobernante de Babilonia. De hecho, puedo oír a uno de ellos ahora:

Muchachos, tenemos ahora una gran oportunidad de influir en la corte de Nabucodonosor para Dios... si no los ofendemos con nuestras creencias. Es necesario que hagamos que Dios les resulte atractivo, de manera que este es el trato. Si dejamos que se relajen un poco las normas en cuanto a alimentos, podríamos evitar que Dios y nosotros mismos tuviéramos una mala reputación. ¡Así podremos alcanzarlos con la verdad!

Espero en verdad que esos fanáticos —Daniel, Sadrac, Mesac y Abednego— no nos traicionen y nos echen a perder con ellos. Estamos siendo sal y luz para estos babilonios, ¿no es así?

Los babilonios no necesitaban solo un destello de luz y una pizca de sal desparramados por su cultura por parte de unos pocos nuevos babilonios «con sabor judío». Necesitaban hombres que *fueran* judíos, y que vivieran toda la verdad sin concesiones, de manera que los consejeros de su rey recibieran la bendición de Dios. Como Dios no bendice mezclas ni concesiones, lo que *en realidad* necesitaban era que todos los judíos en el programa de asimilación fueran heroicos por Dios y vivieran una vida sin concesiones.

Como solo cuatro vivieron a la altura del reto, Babilonia solo obtuvo cuatro consejeros bendecidos por Dios.

La verdad es que Babilonia lo necesitaba, y eso es lo que la idiosincrasia de tu escuela necesita. Dios. Dios no necesita tu ayuda para ser más atractivo, ni necesita que cedas en tus principios para bendecir a los que te rodean. Necesita que te yergas y vivas una vida sin transigir en nada, presentando su verdad sin compromisos en una forma incondicional. Si lo hacemos, tendremos un impacto en el destino de nuestra cultura, y también impactará nuestro propio destino.

Hijo del destino

El propósito temprano de Daniel de vivir una vida sin concesiones como adolescente, sin duda, afectó todo *su* futuro, lo cual puede sorprender. A menudo vemos los años de la adolescencia como una época de evadir la responsabilidad para poder divertirse antes de que comience el trabajo penoso de la verdadera vida. Aunque no tiene nada malo disfrutar de momentos de despreocupación en la vida, es una falsedad creer que nuestras decisiones como adolescentes tienen poco impacto en nuestro futuro.

¿Qué hubiera sucedido si Daniel hubiera tomado el camino fácil, cediendo ante el grupo popular mucho mayor de judíos en lugar de seguir con Sadrac, Mesac y Abednego? De haberlo hecho, no hubiera sido bendecido con el poder sobrenatural de interpretar más adelante el sueño de Nabucodonosor, y sin ese don, hubieran sido sacrificados todos los líderes judíos en Babilonia, incluyendo a Daniel. Cuando el rey Darío se apoderó de Babilonia, Daniel no hubiera estado presente para ser arrojado a la guarida de los leones y ser salvado en forma milagrosa, un hecho sorprendente que transformó el corazón y el alma del rey Darío. Más adelante, cuando se fue acercando el final del cautiverio judío, Daniel no hubiera estado allí para interceder para ser liberados. Se puede afirmar que el destino de tres naciones —Babilonia, Medo-Persia y Judá— se vio impactado por la voluntad de Daniel, como adolescente, de aceptar sufrimientos por respeto a los propósitos de Dios con su vida.

Del mismo modo que los exiliados judíos necesitaron que Daniel se mantuviera firme desde muy temprano en su vida por Dios, el Señor necesita que nos mantengamos firmes ahora delante de *nuestra* Babilonia, ya sea en nuestra escuela o en el trabajo. Los años de adolescencia y de inicio de la vida adulta importaron en la vida de Daniel, y tienen importancia en nuestra vida hoy.

Ahora bien, esto no significa que sea demasiado tarde para tomar esa postura firme heroica si alguien ha superado ya la adolescencia. La vida sin condescendencias siempre logra que el cerrojo se abra del lado de Dios, iniciando nuestro destino en él. Sea cual fuera nuestra edad, todavía disponemos de este día ante nosotros; hay un futuro que espera ser escrito. Los ojos de Dios van de un lugar a otro en busca de alguien a quien bendecir, por lo que debemos erguirnos para que pueda encontrarnos.

Mi papá es un ejemplo perfecto. Como él mismo lo mencionó, llegó tarde a la fiesta de la pureza, y en lo que tenía que ver con mujeres, tomó todas las decisiones equivocadas en la secundaria y en la universidad. No asumió una posición sin concesiones hasta después de casado. No obstante, una vez que lo hizo, renunció postrarse de nuevo. Dios lo notó y le concedió un inesperado futuro.

En ese tiempo, papá era un esposo y padre joven, luchando en cuanto a su distanciamiento de Dios y preguntándose si su pecado sexual tenía la culpa. Los cristianos «babilónicos» que lo rodeaban, metidos en transigencias, alegaban que mirar mujeres en bikini o fantasear acerca de otras mujeres no tenía mayor importancia. «¡Vamos!», decían. «Por el amor de Dios, Fred, ¡nadie puede controlar los ojos y la mente! Tranquilo. Así somos los hombres».

Pero él sí sabía que *era* posible abandonar por completo la inmoralidad sexual, o Dios no hubiera invitado a sus hijos a hacerlo (1 Corintios 6:18-20). Sabía que *era* posible vivir sin ningún indicio de inmoralidad sexual en su vida, por muy sensual que fuera el entorno (ver Efesios 5:3). ¿Qué habría sucedido de no haber decidido ponerse firme?

Para comenzar, no hubiera habido ningún testimonio en la vida de papá. Sin testimonio, no hubiera podido enseñar sus clases sobre pureza sexual en la escuela dominical con ninguna autoridad o entendimiento. Sin enseñar esas clases de escuela dominical, no hubiera habido docenas de hombres que le dijeran que tenía que escribir un libro. Sin escribir un libro, nunca hubiera existido *La batalla de cada hombre*. Sus libros se han vendido por millones y han sido traducidos a más de treinta idiomas alrededor del mundo. Como papá obedeció a Dios y asumió una decisión impopular, cambió el destino de su vida, su matrimonio y sus hijos, así como el de la cantidad incalculable de personas que han escuchado a papá hablar o han leído alguno de sus libros.

Mira, acabo de graduarme de la universidad. Sé lo difícil que es pensar en términos de destino mientras se está en ella. Los destinos se miden década a década, mientras que el sufrimiento y la soledad se miden día a día, semana a semana. No sorprende, pues, que el lugar que ocupamos en la escala social en la escuela pueda atraer tanto y tan fácilmente nuestra atención.

Pero, ¿sabes? Por joven que sea, puedo ver ya los efectos dramáticos que mi temprana decisión ha tenido en mi destino. ¿Qué hubiera sucedido de haber decidido transigir en mis estándares a cambio de amigos? Hubiera privado a Dios de la oportunidad de proporcionarme ese espléndido grupo de amigos que *no* me presionaban sobre mis estándares a cada paso.

Tampoco me hubiera podido utilizar para ser de bendición a esos amigos. Recuerdo una noche en que íbamos en auto mi amigo Will y yo y, por casualidad, tenía conmigo un ejemplar del libro de mi papá *Prepare a su hijo para la batalla de cada hombre*. Mencioné que el libro acababa de ganar un premio Medalla de Oro, y Will respondió: «Alguien que sabe educar a un hijo como tú merece una medalla de oro». Will confirmó que mis decisiones tuvieron un impacto en su vida.

También estoy totalmente seguro de que hubiera estado pasando apuros con mi pureza con muchachas durante toda la escuela secundaria y la universidad, como casi todos los muchachos cristianos de mi edad, de no haber tomado esa decisión temprana de no hacerlo. No hubiera tenido ningún testimonio de victoria que contar, de manera que mi papá no hubiera pensado en pedirme que hablara con él en Glen Eyrie en Colorado. Sin esa oportunidad, mi padre no me hubiera pedido ser coautor de este libro, y yo no hubiera tenido esta oportunidad de contar mi historia.

¿Sabes qué es lo más increíble que he aprendido en cuanto a estas decisiones tempranas? Cuando eludimos estas decisiones por Dios, y comprometemos nuestros estándares y nuestro destino para conseguir popularidad y evitar sufrimientos, de todas maneras a la larga nunca obtenemos el resultado deseado. Decidir no hacerlo me resultó doloroso al principio, pero una de las cosas más sorprendentes que descubrí en la universidad fue que incluso los que gozaban de popularidad en la Johnston High también tenían sus sufrimientos. Muchos de mis compañeros de clase en secundaria llegaron a la Iowa State University como yo, y siempre que hablábamos de nuestra época en secundaria, admitían que también se burlaban de ellos.

Incluso los más destacados atletas y los mejores triunfadores en Johnston sufrieron desengaños. Siempre pensé que el rango social que ocupaban los hacía inmunes a la burla y al sufrimiento, pero me parece que estaba equivocado, y al escucharlo me hizo caer en la cuenta de que todo el proceso de popularidad de nada había valido desde el principio. Todos sufren penas en la escuela, y no hay forma de evitarlo, por mucho que uno se esfuerce. De haber cedido en mis estándares cristianos para situarme en un lugar más elevado en la escala social y con ello ahorrarme sufrimiento, de todas maneras no hubiera funcionado. El transar no hubiera hecho sino torpedear mi destino, y no hubiera obtenido nada a cambio por la pérdida.

La presión es un privilegio

Nunca me interesé mucho por los deportes, a no ser que uno considere que el *paintball* (bola de pintura) es un deporte (que sí lo es). Aunque mi único deporte en la secundaria fue la natación, sigo creyendo que podemos aprender mucho de las actividades atléticas. En cierta ocasión, cuando me estaba quejando de lo duras que eran nuestras prácticas en la piscina, mi papá repitió una cita de un preparador de lucha libre que figuraba ya en el Salón de la Fama de Iowa llamado Bob Darrah, quien dijo: «Siempre tendrán sufrimientos en la vida, pero por lo menos pueden escoger entre dos clases: el sufrimiento de la autodisciplina o el sufrimiento del pesar. Escojan bien, pero recuerden. El sufrimiento de la autodisciplina dura solo un momento. El sufrimiento del pesar dura toda la vida».

Pienso que estas palabras tuvieron mucho eco en el salón de lucha libre, pero también se aplican sumamente bien en el juego de salir con muchachas. Por ejemplo, en el caso de las mujeres, nunca tuve que enfrentar el sufrimiento del pesar. Como los luchadores campeones, acepté en cambio el sufrimiento de la autodisciplina en la escuela intermedia, y lo dejé todo sobre la colchoneta en el caso de mis relaciones. Nunca tendré que preguntarme, *¿Qué podría haber sucedido de haber caminado por completo con Dios en mi sexualidad y en mis relaciones con mujeres?* Ya sé que hubiera podido suceder porque *sí* anduve por completo con él, y cada momento disciplinado valió la pena.

Claro que también sufrí una pérdida, pero esto se da por sentado. La autodisciplina y la pérdida social siempre van de la mano en una nación sensual como la nuestra. La verdadera variable en la ecuación de la salida con muchachas será esta: ¿Eres tan hombre que puedes subirte a los hombros de Cristo y alcanzar todo lo que Él prometió a sus guerreros obedientes? ¿Lo arriesgarás todo por Él con el fin de proteger a sus chicas?

Si acabas tocando a tu novia en lugares donde no debes y besándola con tanta intensidad que por la noche, ya de regreso a tu habitación, revives esos recuerdos, no será porque Dios te haya en cierto modo abandonado. Él te ha dado todo lo que necesitas para andar con pureza con ella (2 Pedro 1:3-4). Tienes todo lo que hace falta.

Si fracasas, es porque todavía no has decidido mantenerte firme y proteger a las mujeres de tu vida, y no has tomado todo lo que Dios te ha dado y no lo has arriesgado todo por Él, con toda determinación. O sea, cuando se trata de muchachas, no has escogido la hombría. Ya es el momento de arriesgarte a obedecer.

Mi papá me dice que antes de que la estrella tenista Maria Sharapova ganará el campeonato de sencillos en el abierto de Australia en el 2008, la gran campeona Billie Jean King le envió un alentador mensaje de texto: «Las campeonas toman riesgos, y la presión es un privilegio».

Te animo con estas mismas palabras mientras luchas por tu destino. Estás destinado a ser campeón de Dios, y los campeones toman riesgos, como adoptar la vida de autodisciplina y sin concesiones cuando las tribunas a tu alrededor están llenas con quienes no entienden lo que te mueve. Los campeones no temen tomar la senda menos concurrida o decir no a los alimentos impuros en la mesa del rey.

Los campeones saben que la presión social no es una maldición. Es un privilegio sobrellevar la presión social en la pista central de Dios.

Sé un campeón de Dios. Toma riesgos. Arriesga obediencia. Únete a Él al comienzo del juego y asume el privilegio de la presión. Una vez hecho esto, los ojos del Señor estarán fijos en ti, y su poder se manifestará sin cesar para ayudarte. Lo mejor de todo es que evitarás esa confusión inquietante, irresoluta, que tan a menudo nace de hacer concesiones en la vida varonil, sobre todo cuando se trata de salir con muchachas y ser puro.

5

LA DOBLE MENTALIDAD

De Fred:

Muchos adolescentes ingresan a la pubertad con una resolución de permanecer vírgenes hasta el matrimonio, pero pocos adoptan la clase de compromiso radical que Jasen asumió. Suele ser la confusión de una mentalidad indecisa que debilita su resolución y les impide alcanzar su meta. Así sucedió sin duda en mi caso.

Claro que ya conocen cómo fue mi historia con mujeres. Pero créanlo o no, mis propósitos de pureza fueron tan genuinos como los de Jasen cuando ingresé al primer ciclo de secundaria, y por algunas razones muy buenas.

Mira, después del divorcio de mis padres, mi habitación estaba pared de por medio con la de mi madre, y muchas noches sus lastimeros llantos atravesaban el tabique. Tenía destrozado el corazón. No podía ser la mujer que mi padre deseaba, y por ello crecí sin un padre. Algunas noches, entraba sigilosamente a mi habitación, me tomaba de las manos, y buscaba con ansia mis ojos. «Siento mucho que no tengas a tu padre en casa», musitaba. «Y también me duele mucho que no puedo ser para ti el padre que necesitas. Estoy tratando, estoy tratando…». En esos momentos sentía desprecio por mi padre, y juraba que nunca trataría a una mujer de la misma forma, promesa que sentía en lo más profundo del alma.

Pero en séptimo grado, era el defensa estrella del equipo de fútbol de la Linn-Mar Junior High en Marion, Iowa. Y como jugador de fútbol, me invitaban a las mejores fiestas, incluyendo la que se celebró en la casa de Kathy Jhonson un viernes por la noche. Solo invitaban a los muchachos más populares, así que sin duda me sentía muy importante.

Como cualquier muchacho de trece años, sin embargo, también me sentía muy nervioso. Al ingresar a la casa, los padres de Kathy me acogieron con los brazos abiertos, lo cual me hizo sentir un poco mejor. Después de que el Sr. Johnson me hubo estrechado la mano, me condujo hacia la escalera que conducía a la sala de recreo en el sótano. «Ve a divertirte».

Bajé la escalera, y cuando llegué a la sala, todo estaba oscuro. Mis ojos necesitaron unos momentos para acomodarse a la tenue luz. Estaba extrañado. *¿Cómo podían divertirse con tan poca luz?*

Escuché algunas voces apagadas que salían de entre las sombras, y entonces me sorprendió la aparición repentina de Janice frente a mí como una gran tarántula. Todos los compañeros de clase estaban concientes de que Janine se había desarrollado ya en su parte superior, y al sonreírme y rozarme con astucia, comenzaron a sonar mis señales de alarma. Señalando hacia el dormitorio a su derecha, ronroneó:

—¿Quieres jugar a la escuela? Yo seré la maestra y tú puedes ser mi favorito. Te enseñaré todo lo que necesitas saber. Los buenos estudiantes en realidad aprenden mucho en mi clase.

—Ah, no estoy muy seguro....

Janice comenzó a hacer pucheros. Por encima de sus hombros, apenas si podía percibir a algunos de mis compañeros de clase, emparejados sobre los sillones. Algunos de ellos estaban ligando. Me sentí extraño al ver que se estaban besando frente a los demás. ¿Qué estaba sucediendo?

—Escucha, si te empeñas en mi clase, te daré una A —continuó Janice—. Lo único que tienes que hacer es estar dispuesto a aprender algunas cosas.

Janice no iba a renunciar a la oportunidad de enseñarme de manera tan fácil, y algo me dijo que su plan para la primera lección nos llevaría mucho más allá de besos a nivel elemental. Ni siquiera había hecho *eso* con una muchacha antes, así que por un tiempo me resistí.

—Uh…uh… me gusta Amy —balbuceé.

En ese momento, nuestra anfitriona, Kathy, se acercó para unirse a nuestra conversación. Fue la oportunidad perfecta para mi «maestra».

—¿Oíste lo que dijo Freddie? —le anunció Janice a Kathy. Le gusta Amy.

Las dos se miraron con una mueca gatuna.

—Ah, te *gusta* —dijo Kathy—. Creo que podemos hacer algo al respecto, ¿no es así Janice?

Sin más, las dos muchachas desaparecieron, y me alegró no tener que seguir hablando con ellas. Pasé de puntillas por entre varias parejas que se acariciaban, lo cual me avergonzó, y busqué un rincón vacío donde pudiera aparentar ser como una lámpara sin atraer la atención de nadie. No tuve suerte. En un instante, las dos muchachas me encontraron, con Amy en medio de ellas del brazo.

—No pudo huir —dijo Janice, relamiéndose las encías para aparentar serenidad—. Amy, Freddie acaba de decirnos que le gustas.

«*¡Madre mía!*». Quise que me tragara la tierra. Nunca antes había hablado con Amy, y sabía que estaba muy por encima de mi nivel. De hecho, estaba por encima del nivel de cualquiera. Amy era la muchacha más bonita en Linn-Mat, y todos lo sabían, incluyendo este cara de perro.

—Ah, hola, Amy —comencé lleno de confusión. Traté de encontrar algo ingenioso que decir, pero nosotros los debiluchos no pensamos con tanta rapidez bajo presión—. ¿Cómo estás?

Yo era el idiota más grande de este lado del Mississippi.

—Estoy bien —dijo Amy enderezando los hombros.

Se produjo en el grupo un silencio incómodo. Janice y Kathy

lo aprovecharon para abandonar el escenario, sonriendo todo el tiempo. Después de su salida, me miré a los pies antes de decir:

—Escucha, yo no…

—No te preocupes —dijo Amy.

Me estaba sonrojando.

—Voy a ver si hay algo para comer —dije.

Se me caía la cara de vergüenza mientras subía la escalera. Después de probar algunos bocados, me salí de la casa de Kathy esa noche, sintiéndome desmoralizado y como un idiota. No me gustaba para nada sentirme así, y comencé a preguntarme si no debía incorporarme a ese programa un poco más, a ese juego muchacho/muchacha. No quería volver a quedar como un estúpido frente a mis amigos.

Camino a casa, mi promesa de tratar a las muchachas con respeto y ternura ya no me parecía tan importante. En fiestas posteriores, comencé a alejarme de mi posición original, respetuosa, sobre cómo tratar a las muchachas, lo cual sirve para mostrar que un evento social doloroso en la casa de Kathy fue lo único que se requirió para debilitar mis estándares. Solo uno.

La primera vez que estuve a solas con una muchacha, la besé, y cuando me ofreció una base extra, muy pronto pasé por primera y me lancé directamente a segunda. Poco a poco, muchacha tras muchacha, me fui alejando más de mi promesa original. Cuando llegué a Stanford varios años después, me desperté una mañana con una muchacha medio dormida acostada junto a mí en mi cama de agua. De repente, una cruda oleada de revelación me sacudió la cabeza.

¡Me he vuelto como mi padre!

EL GIRO HACIA EL PECADO

Se podría decir mucho sobre ese deslizamiento desde la sala de recreo de Kathy hasta mi habitación en Stanford, y he dicho mucho al respecto en mis otros libros. Pero hay un aspecto crítico en el proceso de pureza que nunca antes he tocado, y ya es tiempo que lo haga. Con ese fin, toma un momento para imaginar mi dolorosa salida de la casa de Kathy esa noche hacia la mía. ¿Qué sucedió dentro de mí mientras discurría por las calles apenas iluminadas y aceleraba mi paso atravesando sombras de patios solitarios camino a mi casa?

Algunos podrían decir que esa noche hice un giro hacia el pecado, y sin duda así fue. Esos momentos conformaron la demoledora encrucijada que aplastó mi corazón y alteró el curso de mi vida y de mis relaciones por toda una década. Pero si se mira más de cerca, lo que en realidad hice esa noche fue alejarme de mi hombría. Esta es una distinción muy importante cuando se trata de la pureza. La batalla de todo hombre no es tanto una lucha por la pureza como una lucha por la hombría, una lucha por quién es uno y quién trata de ser.

El pecado sexual, pues, no es después de todo un boleto *de entrada* a la hombría, sino *de salida*.

Antes de esa noche en la fiesta de Kathy Jonson, estaba *pensando* como un hombre. En otras palabras, estaba pensando para mi bien y defendiendo mis estándares sin vacilaciones. Claro que era joven, pero había ponderado con cuidado cómo quería tratar a las mujeres durante mi vida. El dolor de mi mamá me había enseñado a distinguir el bien del mal, y como cualquier hombre de verdad, quería proteger a las mujeres con las que me relacionara viviendo con rectitud, sin importar lo que otros enseñaran. Eso es lo que hacen los hombres.

Esa noche, sin embargo, permití que otras voces dijeran lo que pensaban en cuanto a ese asunto, y acomodé mi mente de acuerdo con ello. Cuando llegué a mi casa y encendí las luces de la cocina, me vi un poco menos como yo y un poco más como ellos. Me acerqué al grupo y me alejé de la hombría, y me encontré pensando con ambigüedad en lugar de con una sola mente.

Más de treinta y cinco años más tarde, todavía me resulta difícil creer lo que sucedió esa noche. Después de todo, aborrecía la manera en que mi padre usaba a las mujeres. ¿Por qué me vendí con tanta facilidad después de una simple fiesta?

Después de todo, sé que soy un hombre, y los hombres no deberían caer con tanta facilidad. Hemos sido creados a imagen de Dios, y Éxodo 15:3 nos dice que «el Señor es un guerrero; su nombre es el Señor». Como hombres, hemos sido creados en esa imagen, para luchar por las grandes causas y para triunfar en la batalla. ¿Por qué, entonces, nos doblegamos con tanta rapidez ante la presión social?

He reflexionado acerca de esta pregunta. Lo extraño es que es porque somos hombres. El libro éxito de ventas de Simon Baron-Cohen *La Gran Diferencia* explica una diferencia clave entre el cerebro masculino y el femenino:

Las mujeres tienden a valorar el desarrollo de relaciones altruistas, recíprocas. Esas relaciones requieren buenas destrezas de empatía. Por el contrario, los hombres tienden a valorar el poder, la política y la competencia. […] Es más probable que los muchachos refrenden elementos competitivos que las muchachas […] y que consideren la posición social más importante que la intimidad. […] En un grupo, los muchachos muy pronto establecen una «jerarquía de dominación». […] Los muchachos dedican más tiempo a supervisar y conservar la jerarquía. Parece que les resulta más importante. […] Los muchachos tienden más a menudo a buscar oportunidades de ascender socialmente.

En un campamento de verano de estudio […], en cierta ocasión humillaron [verbalmente] a un muchacho […], *otros* muchachos (de baja posición) en la cabina se metieron para cimentar la posición todavía más baja de aquella víctima. Esto fue una manera de establecer su propia dominación sobre él. [...] La agenda social masculina es más *centrada en uno mismo* en relación con el grupo, con todos los beneficios que esto puede aportar [como las mejores invitaciones y las mejores muchachas], y protege la posición de uno dentro de este sistema social. [Los corchetes son míos, las cursivas están en el original].

Esto explica mucho, ¿no es cierto? Por esta razón el séptimo grado es tan brutal y por qué la posición y el rango pueden dominar la manera de pensar a lo largo de la escuela, aunque uno haya nacido con un corazón de héroe. También ayuda a explicar por qué un joven defensa estrella en lo mejor de su juego vendería sus estándares a la primera señal de problema social. Mi cambio respecto a las muchachas tuvo mucho más que ver con mi rango social ante los muchachos que con el deseo de besar a una muchacha.

En la casa de Kathy, no me importó lo más mínimo besar a alguna muchacha cuando comenzó la velada, pero cuando salí apresurado hacia mi casa esa noche, mi cerebro masculino me estaba gritando: *¡Pon atención! El lugar que ocupas en tu grupo está bajando de nivel.* Hice lo único razonable que pude en ese momento. Me incliné levemente ante el gran ídolo, pero lo más inquietante fue que cambié de parecer en cuanto a cómo iba a tratar a las mujeres a partir de ese día. Permití que mis pares, más que mis estándares acerca del bien y del mal, me definieran. Cambié de mentalidad.

En esta cultura sensual, llegar a la cima depende de concesiones, y por esta razón, no importa cuán sólidos sean nuestros principios cuando ingresamos. Si se permite que la multitud tenga voz al respecto, los estándares se han debilitado, como sucedió en mi caso. Uno ya no tiene una determinación inquebrantable en cuanto a las relaciones con muchachas, o con Dios, y es probable que uno todavía no lo haya notado.

¿Cómo evitar esto? Bueno, una cosa que *no se puede* hacer es liberarse de la condición masculina de nuestro cerebro, pero *se puede* cambiar su disposición. Jasen no tuvo que dejar de lado su cerebro para prescindir de los rangos sociales en la escuela. Solo pasó a centrarse en uno mejor: una jerarquía invisible que existe en la esfera espiritual que rivalizaba con la de la escuela. Ascender en la jerarquía visible genera acogida en la escuela, pero centrarse en la invisible aporta favor y honor con Dios.

Este es el mensaje crucial aquí. Las jerarquías mismas no son intrínsecamente malas. Es la mentalidad indecisa y esas creencias impías que se espera que uno asuma para poder formar parte del grupo las que condenan a la persona. Por esta razón hay que escoger ser un héroe de Dios lo antes posible.

Le pregunté a Jasen cómo llegó a pensar de manera tan diferente en cuanto a las relaciones románticas. Respondió: «Los grupos no me permitían ser yo, papá. No voy a permitir semejante cosa. Algo en lo más íntimo de mi persona dice no a todas sus formas de pensar».

Gracias a que muy temprano en la vida de Jasen quedaron excluidas las formas de pensar de los grupos, «ser yo» y «ser cristiano» siempre significó lo mismo en su vida. En su trato con las muchachas y la vida, su mentalidad era firme.

Este no es el caso de muchos de nosotros en estos tiempos. Para seguir cediendo ante los grupos, resulta fácil debilitar los estándares racionalizándolos, como lo hice yo camino a mi casa después de la fiesta de Kathy. Cuando lo hacemos, acabamos teniendo un trato poco firme con las muchachas, y «ser yo» y «ser cristiano» ya no significan lo mismo por mucho más tiempo. Al salir con muchachas, esto es devastador para la pureza.

¿Eres de doble mentalidad? Puedes estar muy seguro de que lo eres si te sientes confundido más o menos así: *¿Por qué no puedo frenar este pecado sexual con ella? ¡Después de todo, no soy cristiano! ¿Por qué no puedo dejar de tocar a mi amiga? Debería ser más espiritual y estar más cerca de Dios.* Aunque tengas la mente de Cristo y deseos de pureza, y aunque has recibido todo lo que se requiere para huir de tus deseos sexuales y para caminar puro con las mujeres (2 Pedro 1:3-4), tu segunda mente, la que racionaliza, está saboteando tus acciones, consiguiendo que tu cabeza y tus manos se muevan en la dirección equivocada siempre que estás a solas con ella.

Sin duda que haber renunciado a la popularidad hubiera sido bien beneficioso para mí en mi lucha por la pureza, como lo fue en el caso de Jasen. Evitar a personas como Kathy y Janice hubiera contribuido mucho a ayudarme a mantener intactas mis promesas y creencias originales, no cabe la menor duda.

Sin embargo, eso solo no hubiera bastado para descartar de mi vida por completo la doble mentalidad, y tampoco hubiera bastado en la vida de Jasen. Vemos que hay una segunda voz que activa esa segunda mentalidad que hay en nosotros. Sin duda que la voz de nuestros pares es muy intensa, pero también lo es la voz de los medios de comunicación. Eso significa que hay que tomar una decisión temprana más en cuanto a esos medios si queremos mantener un pensamiento recto en cuanto a las muchachas, como lo ilustra la siguiente historia.

Muestran la puerta

Lindsey era una de las muchachas inteligentes. Asistía a muchas de mis clases preparatorias de la universidad, y aunque no era la muchacha más guapa del grupo, sin duda alguna era atractiva e increíblemente simpática. Solía llevar todos los días a la escuela un collar con una cruz. No sé por qué pero eso me atraía, y si bien no era la muchacha más popular en el campus, su dulzura y pureza me sedujeron. Como la temporada de fútbol ya había concluido y la nieve seguía cubriendo la cancha de béisbol, disponía de algún tiempo, de manera que de algún modo reuní el valor para pedirle que saliera conmigo.

No puedo recordar lo que hicimos, pero terminamos en su casa y, en cierto punto, comenzamos a besarnos. Lo encontré muy excitante, y a ella parecía que también le gustaba. El problema fue, que no me detuve ahí. Al cabo de poco tiempo mis manos salieron a explorar.

De repente, como una leona amenazada, Lindsey me apartó, se me encaró y comenzó a gritar. «¿Quién te crees que eres para tocarme de esta manera? ¡Eres como todos los demás! Lo único que te interesa es aprovecharte, ¡cerdo! No te importo para nada».

Esta es la versión resumida, cuando menos. Como un cachorro que ha recibido golpes, me escabullí hacia mi carro. Me sentí avergonzado, pero no estaba del todo seguro de por qué. En gran parte, era una sensación de sobresalto. Ahí estaba esa muchacha que me gustaba y a la que respetaba tanto que por nada del mundo la hubiera herido, y sin embargo, me acababa de echar de su casa, obligándome a arrastrarme hacia mi carro lleno de confusión. *¿Qué había hecho?*

Todo lo que sabía era lo que *no había* hecho. La verdad es que no me había propuesto «aprovecharme» como me acusó. Estaba tan solo mostrándole mi afecto, creyendo que la manera de hacerlo era mostrándome interesado por su físico si las intenciones son serias. Debido al divorcio de mis padres, mis únicos maestros fueron Hollywood y los vestidores. ¿De qué otra forma podía pensar? Por retorcido que pueda parecer, con toda sinceridad pensaba que le *estaba* demostrando lo diferente y especial que era, y que *sí* me importaba.

Una vez más, esta historia es un ejemplo más de por qué hay que tener cuidado con lo que uno mira, y por qué los años de la adolescencia no son años para desperdiciar. Cuando se es joven, no nos podemos permitir el lujo de tomar el camino socialmente fácil inspirado en las películas. Es la edad de desarrollar un corazón heroico de manera que se puedan tomar esas decisiones difíciles, tempranas, que establecen de forma exacta quiénes somos como hombres.

De nuevo, no es solo esa voz que sale de la multitud la que sugiere una forma de pensar ambigua. Llenar la vida con televisión, películas y música también puede producir ese efecto. Como mi primera forma de pensar había prometido tratar a las mujeres con respeto, pensaba de verdad que *era* diferente de todos los demás muchachos, pero estaba equivocado. Mi segunda forma de pensar había asimilado algunas ideas irrespetuosas de Hollywood acerca de la forma cómo funcionaban las mujeres y las relaciones, y no tenía ni idea de que esto hubiera sucedido sino hasta que mis manos llegaron demasiado lejos con la pobre Lindsey.

Con el tiempo, todas esas películas y las fábulas de las duchas socavaron mi hombría y no tenía idea de ello sino hasta que mi mejor amiga de la universidad me hizo atar cabos.

Más o menos alrededor del tiempo en que tuve en Stanford esa revelación de que «me he convertido en mi padre», una muchacha encantadora había roto con Bryan. Sabía que seguía esperando arreglarse con ella. Pero a pesar de ello, después de esperar por un tiempo razonable, le pregunté si le importaría que le pidiera a ella salir conmigo. «Claro que no, adelante», me respondió, de manera que aproveché la oportunidad y pronto las cosas una vez más se salieron de todo control y acabamos por acostarnos. No pasó mucho tiempo antes de que la información le llegara a Bryan, y se enfureció. Según él, sus esperanzas de recuperar sus relaciones con ella ahora estaban destruidas.

Entró a mi habitación lleno de furia y descargó sobre mí una feroz retahíla de palabras. Cuando el bombardeo estaba llegando a su fin, sus ojos volvieron a mostrar su enojo. «¡En lo único que piensas es en ti mismo!», me gritó. «¡Cuando se trata de mujeres, todos tus pensamientos están en tus pantalones!».

Me sentí profundamente afectado. Sabía que lo había herido, y las palabras duras de un amigo suelen seguir recordándose por días y días, incluso por semanas. Pero cuando sus palabras siguieron perturbándome sin piedad por meses, supe que se trataba de algo más que de una herida emocional que se me había causado. Había rasguñado algo perturbador en lo más profundo de mi corazón.

En pocas palabras, ya había dejado de ser un hombre. Era un esclavo de mi satisfacción sexual. En el caso de muchachas y mi sexualidad, en realidad en mis pantalones estaba un segundo cerebro. Nada en mí era heroico, y ninguna mujer podía contar conmigo para nada. Cuando se trataba de nuestra pureza juntos, había perdido la batalla que todo hombre libra.

Dios nos pide que nos apartemos del pecado sexual porque este lo destruye todo a su paso. Yo era una prueba viviente. Mi fortaleza había desaparecido, al igual que mi resolución como hombre. Si tus oídos están siempre pendientes de la voz de la multitud y tus ojos están tan fijos en Hollywood como siempre, es muy probable que también hayas aceptado una nueva forma de pensar en cuanto a las muchachas y las salidas. Si no vigilas tus pasos, tu hombría se vaciará más rápido que un cambio de aceite en una rápida lubricación.

La prueba del Facebook

Si te pareces en algo a como yo era, desde luego, todavía no has advertido lo ambigua que es tu mente, ni cuánto de tu hombría te han robado las escalas sociales y los medios. Pero no tienes que preocuparte, porque algunas ideas genuinas pueden estar tan cerca como tu perfil en Facebook. ¿Qué revela tu perfil acerca de ti?

Quizá te puedo atar algunos cabos, como en cierta ocasión me lo hizo mi amigo Bryan en Stanford. Ve si puedes encontrar algo que falte en este perfil combinado de los hijos de tres pastores que dicen que quieren dedicarse al ministerio. Aunque no mencionaré sus nombres, todos ellos afirman que la Biblia es uno de sus libros favoritos, y que entre los otros están *Cómo oír a Dios*, *Salvaje de corazón* y *La batalla de cada hombre*. Entre sus intereses principales están su «vida con Dios» y «seguir a Jesucristo». ¿Música favorita? «Todas las formas de música dedicadas a mi Padre».

Vaya. ¡Qué valientes! Como soldados del reino de Dios, sin duda deben formar parte de las Fuerzas Especiales del Ejército, ¿cierto? También podrían pensar lo mismo hasta que examinan algunas de sus películas favoritas: *El caso Slevin*, *Gracias por fumar*, *Los rompebodas*, *Amor en juego*, *Pirados por la nieve*, *Tiempo de volver*, *Casi famosos*, *Virgen a los 40*, *Lío embarazoso*, *Hombre en llamas*, *El reportero: La leyenda de Ron Burgundy*, *Los infiltrados* y *Moulin Rouge*, ¡todas ellas clasificadas como para mayores de 13 años y restringidas debido a escenas sexuales o desnudez!

No he visto estas películas, pero gracias a ScreenIt.com, puedo decir que en estas películas se encuentra toda clase de depravación sexual imaginable. Pero antes de seguir, deseo advertirles que a continuación hay dos párrafos que para algunos pueden resultar difíciles de leer. No estoy tratando de ser provocador ni de intentar confrontar valores. Preferiría no incluir para nada estas descripciones.

Pero tengo un problema. Como he cruzado múltiples veces este hemisferio desafiando a hombres para que piensen en limpiar sus formas de entretenimiento, he descubierto que el efecto insensibilizador de la sensualidad en estas películas ha penetrado tanto en su conciencia, que ya ni siquiera lo advierten cuando se presenta ante sus ojos. En otras palabras, pueden ver películas como las mencionadas antes y considerarlas como «bastante limpias». Si no soy franco sobre estas películas y señalo los problemas en blanco y negro, quizá no entiendas lo que estoy diciendo. Y como es fundamental que lo entiendas, no me queda sino incluir los dos párrafos siguientes.

Así que, ahí van.

Coloca un DVD en tu reproductor y pasarán delante de tus ojos escenas como estas: Descripciones crudas de masturbación masculina y femenina; coitos; sexo oral; bromas obscenas acerca de cada una de estos actos supuestamente casuales y comunes; doble sentidos obscenos acerca de órganos sexuales; incontables primeros planos de entrepiernas; bailes provocativos en prostíbulos; doble sentidos vulgares de una mujer que le pide sexo con ansia a un hombre; referencias burdas al poder seductor de las bodas y los funerales; ninfomanía, tanto en palabras como en forma gráfica; innumerables imágenes sugerentes de todas las partes imaginables del cuerpo; una mujer tocando a un hombre por debajo de la mesa en una reunión formal en casa de sus padres; una mujer con poca ropa montando un toro mecánico de movimientos lentos en una forma muy sensual en un pendenciero bar público; innumerables modalidades de desnudeces y partes del cuerpo; eyaculaciones groseras; sistemas perversos de seducción; chistes groseros acerca de la naturaleza excitante de encuentros lesbianos; ocurrencias vulgares acerca de la sodomía; bestialidad; pedofilia y necrofilia; bromas sexuales sórdidas acerca de Jesús y su madre, María; y más referencias de mal gusto y frases inventivas en jerga que las que el tiempo me permitiría mencionar relacionando el sexo con la política, los negocios, la exploración del espacio, la construcción de carreteras, el uso de drogas, la música, la escuela secundaria, y muchos otros intereses, ocupaciones y pasatiempos comunes.

Podrán ver vívidas escenas de coito anal, y ver a una mujer sentada a horcajadas sobre un hombre mientras le busca la entrepierna y bromeando con lascivia de que no lleva ropa interior. Estará presente cuando una muchacha encuentra a su novio enredado con otra mujer, con solo bragas y sujetador, y luego se topará con algunos juegos sumamente sensuales como Dale vuelta a la botella y ver a algunos estudiantes que pagan a botones para que los dejen mirar por huecos para ver a parejas en actos sexuales. También escuchará a algún hombre entristecido que se lamenta de que si pudiera tener sexo con la muchacha que lo rechazó en la secundaria, podría exorcizar todos sus demonios. Luego se topará con una mujer que afirma que el sexo es un derecho humano básico y que ninguna mujer debería nunca permitir que su novio se interponga entre ella y un coito pasajero con un conocido.

Estas películas son entretenimientos que no están bien para un joven cristiano, y mucho menos en el caso de quienes estudian para ser pastores que alegan que su principal punto focal en la vida es Dios. Esas personas siguen todavía atrapadas en una fase de autocomplacencia, egoísta, en cuanto a su sexualidad y sus opciones de medios de comunicación y películas sexuales… y ni siquiera lo reconocen. ¿Ven lo fácil que es hacer desaparecer la hombría de alguien en sus propias narices? Esas personas forman parte de la siguiente generación de líderes de iglesias, y sin embargo están viendo, y riéndose alegremente de perversiones que harían que cualquier hombre de verdad se alejara y sonrojara.

¿Qué revela acerca de ustedes su perfil Facebook? Estamos viendo una epidemia de doble mentalidad en nuestra cultura hoy. Estos tres jóvenes ya no saben ni siquiera distinguir lo bueno de lo malo, y es evidente que ser estudiante para pastor ya no significa por necesidad ser un hombre de Dios.

Por demasiado tiempo, hemos aceptado esa forma de doble mentalidad, no dándole importancia, esperando que la gracia y el «ser relevantes» lo cubrieran. ¿Pero cómo pueden esos futuros pastores guiar a alguien a algún lugar que no sea su propio foso de transigencias? Dios dice lo siguiente a estos futuros pastores:

Curan por encima la herida de mi pueblo, y les desean: «¡Paz, paz!», cuando en realidad no hay paz. ¿Acaso se han avergonzado de la abominación que han cometido? ¡No, no se han avergonzado de nada, ni saben siquiera lo

que es la vergüenza! Por eso caerán con los que caigan;
cuando los castigue, serán derribados, dice el Señor.
   Así dice el Señor: «Deténganse en los caminos y
miren; pregunten por los senderos antiguos. Pregunten
por el buen camino, y no se aparten de él. Así hallarán
el descanso anhelado. Pero ellos dijeron: «No los
seguiremos». (Jeremías 6:14-16)

Si has venido aceptando esta clase de entretenimiento, quizá también te ha vuelto ciego:

Ve a este pueblo y dile: «Por mucho que oigan, no
entenderán, por mucho que vean, no percibirán».
Porque el corazón de este pueblo se ha vuelto insensible;
se les han embotado los oídos, y se les han cerrado los
ojos. De lo contrario, verían con los ojos, oirían con los
oídos, entenderían con el corazón y se convertirían, y yo
los sanaría. (Hechos 28:26-27)

Como nuestras actitudes no son diferentes hoy de lo que
fueron en los tiempos de Jeremías y Pablo, también debes
escuchar estas advertencias, al igual que esta: Si puedes ab-
sorber la inmoralidad fundamental de *Los rompebodas* hasta
los créditos finales sin apagarla, estás sexualmente pervertido. Tu mente se ha partido en dos, y no está para nada cerca
de vivir la vida de héroe a la que Dios te ha llamado. Es más,
tus posibilidades de permanecer puro con una novia en el
mejor de los casos son sombrías.
   Ante todo, en el caso de salir con muchachas, solo la profunda sexualidad de estas películas debilitaría en forma grave tus defensas:

Esas [películas] sensuales pueden intensificar tus
impulsos sexuales más rápido que lo que tomaría decir
«Haré el mío talla grande». Si no puedes controlar tus

impulsos sexuales, ¿de quién es la culpa? ¿Es de Dios, por haberte dado impulsos sexuales? ¿O es tuya, porque has apretado el pedal de la gasolina y has acelerado demasiado a menudo hasta sobrepasar la línea roja?

Tienes que tomar una decisión. No puedes alimentarte visualmente de las mismas películas que tus compañeros de escuela y esperar mantenerte sexualmente puro[2].

Lo visual es de por sí peligroso, es cierto, pero en el contexto de salir con muchachas, el peligro todavía *mayor* es que es probable que absorbas de estas películas, antes de que ni siquiera lo notes, algunas retorcidas fortificaciones enemigas de conceptos sobre las relaciones románticas, muy parecidas a la que explotó fuera de control en mi cita con Lindsey que me indujo a toquetearla para «mostrarle que me gustaba». ¿Qué son «fortificaciones enemigas»? Son actitudes de simpatía hacia el pecado en tu vida, los pilares del pensamiento ambiguo. Estos pilares proporcionan a Satanás sus puntos de apoyo de autoridad en tu vida. Y si has estado alimentándote libremente de los medios de hoy, tendrás que enfrentarte en tu vida con muchos de estos. Un ejemplo obvio de una actitud amistosa hacia el pecado sería este: *Tengo libertad en Cristo para ver todo lo que quiera porque Dios conoce mi corazón y porque su gracia lo cubre todo.*

¡Qué trampa tan traicionera! Esa mentira podría ser verdad si la gracia borrara tanto el pecado *como* sus consecuencias, pero no lo hace. Lo peor de todo es que si crees esa mentira, las películas corruptas que has estado viendo han creado *otras* peligrosas fortificaciones enemigas de conceptos en tu vida acerca de las muchachas y las relaciones. Esas pautas de doble mentalidad en algún momento superarán tus defensas cuando estés a solas con una muchacha, por mucho que anheles permanecer puro con ella.

Pensemos en algunos ejemplos de las mentiras que puede aprender de tu entretenimiento con concesiones:

- Si no besas, no es una cita amorosa.
- Si no tienes muchas citas, no sabrás lo que deseas en una esposa.
- Necesitamos expresar nuestra sexualidad, estemos o no casados. Así estamos hechos.
- Necesito adquirir experiencia sexual, o en mi noche de bodas pasaré vergüenza.
- Hay dos clases de muchachas: la clase con la que se tiene citas y la clase con la que uno se casa.
- El sexo prematrimonial no la perjudica más de lo que me perjudica a mí.
- Cuando se trata de sexo, las mujeres son como los hombres: también lo desean.
- Necesitamos saber antes del matrimonio si somos sexualmente compatibles.
- Conocerla sexualmente es la manera más rápida de llegar a conocerla bien.

Si en la actualidad crees algunas de estas cosas, detente a pensar. *¿Quién te enseñó estas cosas?* Tus maestros fueron esa multitud carnal en la escuela o algún conjunto corrupto de películas, y mientras estas fortificaciones enemigas se mantengan de pie en tu vida, tu pureza con tu novia se verá comprometida, porque reducirá tus defensas en algún momento.

¿Cómo reducen estas fortificaciones enemigas tus defensas? Toma la última afirmación de la lista anterior, por ejemplo *Conocerla sexualmente es la manera más rápida de llegar a conocerla bien.* Cuando las cosas se ponen tensas y la pasión se enciende, ya estás bien dispuesto hacia estas mentiras que el enemigo comienza a susurrarte desde el corazón de ese fortín, y luego comienzas a racionalizar: *Bueno, no es tan malo si esta noche llegamos demasiado lejos sexualmente. Conocerla sexualmente es la manera más rápida de llegar a conocerla bien, así que no sería una pérdida total incluso si dejamos que las defensas se debiliten un poco. No podemos sino aprender algo importante acerca de los dos como pareja. ¿Cómo puede ser tan malo que se acuesten* si presta un servicio tan útil para sus relaciones, ¿verdad?

Así es cómo piensa la persona de doble mentalidad, y a esto se debe que tantos hombres cristianos «serios» y «confiables» acaban por conducir mujeres más allá de los límites. Esas mentiras de doble mentalidad destruyen tu determinación como hombre, y llegarán a destruir tus relaciones románticas, una y otra vez. Las películas que escoges ver *sí* importan, por muy abundante que sea la gracia que recibes.

Escucha. No estoy tratando de atacar a fondo todas las películas. Tengo una enorme colección de DVD: centenares de títulos viejos y nuevos. No tienes que dejar de ver películas por completo. Lo que hace falta es que asumas la responsabilidad de tu futuro como hombre y que controles tus hábitos en cuanto a las películas que ves. No permitas que el populacho defina lo que ves. Mi norma básica es: si contamina, queda fuera.

Es obvio que la sensualidad visual contamina, pero también hay una dimensión más amplia, más sutil en esta contaminación que también hay que tomar en cuenta. El asunto es que los caracteres y actitudes descritos en esas películas a partir de los perfiles de Facebook que he mencionado antes existen *solo* en los rincones oscuros de la quimera de una mente torcida. Piensa en ello. En todo mi revoleteo alrededor de mujeres, hubiera visto por lo menos algunas mujeres como las obsesionadas con el sexo que se presentan en estas películas. Pero lo extraño es que nunca fue así. Y eso es porque, en su gran mayoría, lo que se dice es una fantasía que existe solo en los lugares oscuros de la mente de alguien.

El problema es que cuando vemos esta contaminación una y otra vez, estas fantasías se convierten en verdaderos bastiones mentales enemigos. Así fue como llegue a creer que era normal llegar demasiado lejos físicamente con Lindsey en nuestra primera cita, por ejemplo. Así es, llegué también a creer que si no había beso, la cita no era cita, y que nunca podría de verdad llegar a conocer a fondo a una muchacha sin acostarme con ella.

Cuando se trata de defender tu pureza en una cita, esa clase de contaminación mental es incluso más peligrosa que la profunda sensualidad en estas películas, porque ni siquiera sabes que está presente. Si quieres tomar en tus manos tu futuro como hombre y tu pureza con tus amigas, necesitas asumir control de tus hábitos en cuanto a las películas que ves y mantener a raya las mentiras y fantasías en tu vida. Necesitas dejar de pervertir tu idea de las mujeres y de las relaciones, y necesitas destruir esos fortines enemigos en tu mente y arrancar de tu vida esa segunda forma de pensar.

Jasen aprendió muy temprano a asumir responsabilidad en cuanto a su entretenimiento, y por esta razón comenzó a salir por su cuenta de las aulas en su primer año de secundaria. Eso mantuvo la sensualidad visual fuera de su vida y lo ayudó a evitar sobredimensionar sus impulsos sexuales. Pero todavía más importante para sus relaciones en las salidas con chicas, mantuvo al margen de su vida la doble mentalidad. Eso es muy importante.

De nuevo, piensa en ello. Tanto Jasen como yo comenzamos nuestra adolescencia con un profundo propósito de respetar sexualmente a las mujeres, pero acabamos kilómetros aparte. Yo deseé ser popular, y no asumí la responsabilidad en mi escogencia de medios, por lo que racionalicé cosas y desarrollé una doble mentalidad en cuanto a las mujeres. Jasen *sí* dejó de lado la popularidad y *sí* asumió la responsabilidad en su escogencia de medios, por lo que no creyó ninguna de las mentiras del enemigo que eran comunes en mi manera de pensar. Por esta razón, todas las muchachas que trató mejoraron por haberlo conocido, y yo no hice lo mismo con ninguna de ellas.

Es muy crítico recordarlo. Cuando se trata de la pureza sexual con las muchachas, serán las mentiras que creas en cuanto a las relaciones románticas las que te harán sucumbir la mayor parte del tiempo. Si quieres mantener firme tu pureza, necesitas arrancar dichas mentiras de tu vida: «Destruimos argumentos y toda altivez que se levanta contra el conocimiento de Dios, y llevamos cautivo todo pensamiento para que se someta a Cristo» (2 Corintios 10:5).

Ha llegado el momento de ser hombre, amigo mío. Mata a los traidores y renueva tu mente. «No se amolden al mundo actual, sino sean transformados mediante la renovación de su mente» (Romanos 12:2).

Desde mi perspectiva como padre de Jasen, lo más excepcional acerca de él desde sus primeros días de pubertad fue su decisión de rechazar las influencias contaminantes de la popularidad y el entretenimiento. Esos traicioneros bastiones mentales nunca lograron introducirse en su mente, de modo que las verdades de Dios prevalecieron por completo en su vida. En el curso de los años, creo que fue el factor primordial que lo mantuvo libre de tropiezos con las muchachas.

Quizá no hayas tomado las decisiones que Jasen tomó. Quizá esos bastiones mentales te mantienen atado, y no puedes mantener las manos quietas. Bueno, no te angusties, amigo mío. Yo me encontré en la misma situación. Todavía es posible derribar esos bastiones, como me ocurrió a mí.

Durante mi primer año como cristiano de nuevo en Iowa, una joven vivía en el piso de arriba en mi edificio de apartamentos. Tenía problemas con su novio y se sentía sola, de manera que bajaba a mi apartamento para hablar y ver TV tres o cuatro noches a la semana.

Me resultaba sumamente atractiva, y muchas veces, se acurrucaba junto a mí, llorando mientras me confiaba sus pesares. Sabía muy bien qué hacer para seducirla. Era emocionalmente vulnerable, y yo me mostraba sensible y amable en nuestras conversaciones, lo que toda mujer encuentra agradable en un hombre. Estábamos solos, y lo único que tenía que hacer era apretar un par de botones clave y hubiera sido mía.

Pero esta vez, no lo hice. No la besé, y nunca le falté el respeto en nada. Es verdad que no era exactamente prudente estar a solas con ella en mi apartamento, pero me mantuve firme. Con el paso del tiempo, se recuperó emocionalmente, y en cierto momento su novio le pidió que reanudaran sus relaciones. Hoy, han estado casados por veinticinco años, y estoy muy agradecido por haber escogido protegerla en sus momentos de debilidad.

Eso, desde luego, nos hace completar el círculo y llegar a las promesas de un joven que escuchaba los tristes lamentos de su madre a través de las paredes de su habitación. Después de todos esos años desperdiciados, por fin había comenzado a derribar esos bastiones mentales en mi vida. Por fin estaba llegando a ser todo lo que una vez prometí ser en cuanto a las mujeres. Y hoy, Dios ha completado lo que comenzó en mí en ese entonces, y soy todo lo que quiso que yo fuera como hombre.

Nunca es demasiado tarde para demoler tus *bastiones*, amigo mío. Solo tienes que saber dónde están en tu forma de pensar. Con ese fin, Jasen y yo (con alguna ayuda de Rose) nos ocuparemos de cada una de las nueve mentiras más comunes en los siguientes nueve capítulos, utilizando la verdad de Dios y nuestras propias experiencias para dejarlas al descubierto de manera que puedas completar esta tarea de demolición en tu vida.

También puedes salir victorioso. Es el momento de arriesgar obediencia, y es el momento de echar por tierra estos bastiones.

Ya dispones de las armas y del poder divino para lograr el cometido.

Ha llegado el momento de comenzar.

6

LA PROMESA DE DOLOR

Bastión falso #1: Nací sexual, y tengo que
expresarlo, sea soltero o no. Así estoy hecho,
y no es justo que Dios me pida algo diferente.

Conocí a Alex una mañana en un pequeño centro de retiros en la zona central de Iowa después de hablar a un grupo grande de hombres que pertenecían a uno de los ministerios en el campus de Iowa State. Se había quedado a la espera de que otros terminaran de hablar conmigo. Cuando el campo quedó libre, Alex se me acercó.

«He pensado muy en detalle acerca de este asunto de la pureza sexual. Estoy absolutamente seguro de que como Dios puso en mí una dimensión sexual, parece lógico que haya provisto una forma pura de actividad sexual fuera del matrimonio. ¿Querría por favor decirme cuál podría ser?»

Alex tenía un bastión mental enemigo bien fuerte. Hay que recordar que bastiones mentales son actitudes hacia el pecado o aceptación de la sabiduría de este mundo que conducen a seguir en nuestras mentes lo que sugieren las escuelas, los medios de comunicación y la cultura. Ya fuera que lo supiera o no, Alex estaba siguiendo este: *Nací con una dimensión sexual, y por tanto tengo que expresarla. Así estoy hecho.*

¿De dónde había sacado Alex esa forma de pensar? Sin duda que no de Dios, ya que Cristo fue crucificado para que pudiéramos pensar de otra forma: «Dios ha manifestado a toda la humanidad su gracia, la cual trae salvación y nos enseña a rechazar la impiedad y las pasiones mundanas. Así podremos vivir en este mundo con justicia, piedad y dominio propio» (Tito 2:11-12).

Alex parecía molesto y no podía llegar a creer la posición de que Dios lo había colocado como soltero en el sensual campus de Iowa State. Después de conversar al respecto por un tiempo, me agradeció el tiempo que le había dedicado y se dirigió a encontrarse con su novia en la cafetería. Mientras recogía mis libros y mi maletín para llevármelos al carro, mis pensamientos regresaron a una nota que había leído en uno de los tableros de anuncios de Iowa State después de que hablé a unos mil estudiantes acerca de la pureza en el campus Cyclone. El contenido de la nota me llamó particularmente la atención: «¿De que está hablando ese Fred? Somos animales. Estamos hechos para tener relaciones sexuales, y es tan natural como eructar. Lo mejor, pues, es disfrutarlo lo más que podamos».

No hay duda de que *sí* estamos bien hechos para ello. De hecho, pocos animales disfrutan tanto el sexo como nosotros. Pero si el estar bien hechos explica que el sexo sea satisfactorio, no indica necesariamente que sea bueno —o bueno para nosotros— fuera del matrimonio.

Y desde luego que no significa que debemos cambiar la norma de pureza que Dios ha establecido para dar cabida a nuestra hechura.

Esta actitud favorable ha ido introduciéndose poco a poco en la iglesia. A menudo he hablado acerca de la pureza en grupos de solteros y enseguida comencé a escuchar comentarios como: *¿Así que no debo tener ni una pizca de inmoralidad sexual en mi vida? Vamos, ¡Dios nos ama! No es posible que quisiera decir lo que afirmó en Efesios 5:3. Sabe que no nos casamos tan temprano en la vida como en los tiempos bíblicos, así que esos mandatos de no tener relaciones sexuales hasta llegar al matrimonio están totalmente pasados de moda.*

Vaya. ¡Creemos de verdad que Dios está sentado en el cielo, sonrojándose y meneando la cabeza de vergüenza mientras dice: *Bueno, eso sí que me tomó desprevenido, Gabriel! ¿Cómo iba yo a saber que iba a haber un lapso de tiempo mayor entre la pubertad y el matrimonio en el siglo XXI? De veras que quisiera poder borrar esa parte en Efesios donde les dije que evitaran el más mínimo indicio de sexualidad en sus vidas, pero ya es tarde. ¡Supongo que no me queda sino esperar que los iluminados no me hagan caso!*

Esta es una forma retorcida de pensar que no toma para nada en consideración el punto principal. Mientras recogía mis libros para llevarlos al auto, me maravillé una vez más de mi hijo Jasen. Era todo un hombre con el cual contar espiritualmente, y había llegado a estar dispuesto a sufrir casi cualquier cosa con tal de proteger su pureza sexual. Jace era soltero, hecho para el sexo, y viviendo en el mismo entorno universitario sensual que Alex, pero nada respecto al llamamiento de Dios a la pureza le pareció injusto. A diferencia de Alex, siempre tuvo un porte reposado y carente de confusión cuando conversaba conmigo acerca de la lucha general por la pureza sexual, y era obvio que había eludido el bastión falaz que abrió este capítulo.

Imagino que Jasen estaba ganando *su* batalla porque vio el cuadro más general en su primera lucha por la pureza. Quienes se centran en lo «injusto» de ser solteros con impulso sexual suelen acabar en una búsqueda obsesiva de cómo salirse de ello, pero no Jasen. Estaba tranquilo porque entendió que la batalla por la pureza tenía que ver con mucho más que mantener las manos limpias y los ojos y el corazón puros. Era en realidad una batalla por su hombría, lo más importante de todo lo que estaba en juego, y esto lo cambió todo para él.

Uno no entra en esta batalla solo para ser puro. Se hace para llegar a ser *uno mismo*, y todo lo que se tiene que ser como hombre.

Cuando me alejaba del campus ese día, de repente lo vi claro. *El sexo no es la entrada de uno a la hombría. Lo es el sufrimiento.*

Muchos cristianos creen que Dios nunca quiso que sus hijos sufrieran, pero no creo que eso sea verdad. Pensémoslo. ¿Creen que Dios lamenta el sufrimiento que soportó Jasen en su lucha con su propia voluntad durante esos días solitarios al comienzo de la escuela intermedia? Nunca jamás. De hecho, cuando el Señor vio la voluntad de Jasen de dejar de lado las escalas sociales por cumplir con los propósitos de Dios, ¡creo que el corazón del Señor dio saltos de alegría! *¡Excelente! ¡Mi hijo Jasen va muy bien encaminado!*

Ese sufrimiento ha sido siempre la entrada de cualquiera a la hombría desde el día en que Adán respiró por primera vez en medio del esplendor del Edén. Si alguien piensa que en el jardín del Edén no hubo ninguna clase de sufrimiento, está equivocado. ¿Recuerdan que Dios colocó el Árbol del Conocimiento del Bien y del Mal en el centro mismo del frondoso jardín? Dios no colocó el árbol en el rincón más remoto donde Adán no lo iba a estar viendo a diario, ni tampoco colocó alrededor del Árbol del Conocimiento una valla con alambre navaja en lo alto.

En vez de eso, Dios colocó aquel hermoso árbol con tentadoras frutas ante las narices de Adán como desafío a su voluntad, sabiendo que su mandato de *no* comer de esa fruta en algún momento conduciría a Adán a pasar de ser un hombre con gran potencial a ser un hombre totalmente maduro... si cada día su elección fuera la correcta. Esa elección era vívida y dura: Adán tenía que negar sus deseos inmediatos pensando en la promesa de Dios de una plenitud mayor en el futuro.

Si bien todo era perfecto en el jardín, Adán tenía que obedecer un solo mandato de Dios: no podía comer el fruto, o moriría. Dios puso a prueba de esta forma la voluntad de Adán de demostrar su carácter, y lo ayudó a llegar a ser lo que podía ser. Adán crecería al enfrentarse a diario con la pregunta de Dios: *¿Me escogerás a mí por encima de tus propios deseos?*

Esta clase de sufrimiento lo introdujo Dios en la vida del hombre desde el comienzo. La confrontación de la voluntad —y el sufrimiento que soporta nuestra carne en la lucha diaria por elegir bien cada día— es el instrumento de desarrollo que utiliza el Padre para conducir a cada uno de sus hijos a la hombría, y también es la forma en que cada uno entra en una intimidad más profunda con Dios que la que se tenía antes. La confianza se ahonda cada vez más, y es entonces cuando la paz alcanzada penetra en tu vida, como la paz que vi en Jasen.

Incluso hizo pasar por este proceso a su Hijo unigénito, Jesús.

En los días de su vida mortal, Jesús ofreció oraciones y súplicas con fuerte clamor y lágrimas al que podía salvarlo de la muerte, y fue escuchado por su reverente sumisión. Aunque era Hijo, mediante el sufrimiento aprendió a obedecer; y consumada su perfección, llegó a ser autor de salvación eterna para todos los que le obedecen, y Dios lo nombró sumo sacerdote según el orden de Melquisedec. (Hebreos 5:7-10)

En efecto, a fin de llevar a muchos hijos a la gloria, convenía que Dios, para quien y por medio de quien todo existe, perfeccionara mediante el sufrimiento al autor de la salvación de ellos. (Hebreos 2:10)

Ahora bien, seamos claros en cuanto a estos dos textos bíblicos. Cuando dice que Jesús se perfeccionó por medio del sufrimiento, no estamos hablando de pureza moral o de inocencia. Jesús fue inocente desde su nacimiento. Nunca pecó y nunca se profanó moralmente.

Con todo, el plan de Dios para Jesús fue el mismo que tuvo para un Adán inocente en el jardín: asumir ese maravilloso potencial humano sin pecado y, por medio de la confrontación de su voluntad, conducir su hombría hasta su máximo potencial como un hombre maduro y santo de carácter. Jesús, el postrer Adán (1 Corintios 15:45), completó el recorrido que nuestro primer Adán pudo solo comenzar.

En última instancia, Adán no se negó a sí mismo cuando se le ofreció comer de la manzana de Eva. Jesús se negó a sí mismo hasta la cruz misma.

De Jasen:

Se puede aprender mucho de Adán porque en la historia encontramos muchos puntos con los cuales conectarnos. Piénsalo. Durante tus años de desarrollo en la secundaria y en la universidad, estabas en un jardín paradisíaco muy parecido al Edén. A menudo los años hacia el final de la adolescencia y de joven adulto son vistos como un paréntesis entre la infancia y la «verdadera vida» que llega después de la universidad, y durante ese tiempo la mayor parte de las necesidades las satisfacen otros. La cultura espera que produzcamos muy poco de valor social y económico durante este tiempo. En *tu* Edén, incluso se espera poco de ti en lo moral, y la mayoría va descendiendo para satisfacer esas expectativas sin caer en la cuenta de lo que les cuesta en su desarrollo como hombres.

En resumen, ahí afuera hay muy poco que confronte nuestras voluntades. Sabemos que Adán tuvo su árbol en el jardín, pero cuál es *nuestro* árbol en *nuestro paraíso*? ¿Cuál es ese abrasivo crisol que nuestras voluntades deben superar?

No hace falta mirar ahora, pero es nuestra sexualidad. Está colocada ahí, llena de belleza en el centro de nuestro jardín, confrontando nuestra voluntad, tirando y atrayendo nuestros ojos y nuestro corazón, día tras día. El Árbol de la Sexualidad, por así decirlo, está situado en el lugar perfecto para ayudarnos a crecer mientras sufrimos y nos debatimos a diario con esta pregunta de suma importancia: ¿escogeremos a Dios por encima de nuestros deseos sexuales?

¡De ningún modo! Eso no sería justo de parte de Dios. Además, todo el mundo sabe que la abstinencia es una reliquia y totalmente imposible. Los tiempos han cambiado. Dios no lo ignora.

Quizá. Pero, ¿y qué si la cultura popular está equivocada, y Dios sabe con exactitud lo que está haciendo?

A menudo escucho a jóvenes que dicen: «Dios no hubiera hecho a las mujeres hermosas si no hubiera querido que las miráramos». Pero, ¿cómo podía Dios confrontar nuestra voluntad si las mujeres *no fueran* hermosas?

También oigo a otros que arguyen: «Dios no nos hubiera dado una inclinación sexual tan fuerte sin ninguna forma de satisfacerla».

Ah, ¿de veras? ¿Cómo podemos estar seguros? Bueno, la forma más rápida de juzgar si la posición de un hombre es adecuada es echar un vistazo a sus supuestos subyacentes. ¿Qué supuesto está presente en este caso?

Un Dios bondadoso nunca pediría a sus hijos que lucharan con la frustración o se negaran a sí mismos.

Lamento ser portador de malas noticias, pero ese supuesto es falaz y totalmente no bíblico. Un Dios bondadoso *debe* pedirnos que luchemos o no es para nada bondadoso. No hay ninguna otra forma de que crezcamos en Dios, y no hay pasos fáciles hacia la hombría.

Además, en nuestro mundo, ¿qué otra cosa podría confrontar nuestras voluntades con tanta efectividad? Casi todo lo demás ya está hecho y está de inmediato disponible para nosotros, e incluso nuestra vida cristiana nos exige poco. (¡Tratemos de vivir en Irán o China como cristianos!) Quizá el ministerio en su campus les pidió que se ofrecieran de voluntarios para limpiar el estadio de fútbol después de los partidos como locales como servicio a Dios. Quizá salen en un viaje misionero cada año (de ordinario pagado con donativos de otros). Se trata de proyectos valiosos, claro está, pero no exigen mucho de nosotros. Y sin duda alguna no exigen esfuerzos olímpicos ni un compromiso irrenunciable frente al intenso fuego enemigo, por lo menos no la clase de la que habló el apóstol Pablo:

> ¿No saben que en una carrera todos los corredores compiten, pero solo uno obtiene el premio? Corran, pues, de tal modo que lo obtengan. Todos los deportistas se entrenan con mucha disciplina. Ellos lo hacen para obtener un premio que se echa a perder; nosotros, en cambio, por uno que dura para siempre. Así que yo no corro como quien no tiene meta; no lucho como quien da golpes al aire. Más bien, golpeo mi cuerpo y lo domino, no sea que, después de haber predicado a otros, yo mismo quede descalificado.
> (1 Corintios 9:24-27)

Lo que Pablo tenía en mente es la clase de confrontación que haría crecer pelos en el pecho de un hombre. Se necesita esta clase de confrontación con nuestra voluntad para dar forma a nuestra hombría. ¿De dónde provendrá esta clase de sufrimiento en la vida?

Llegará a través de nuestra sexualidad, en especial durante los años de soltería. A pesar de la larga y difícil espera entre la pubertad y el matrimonio, la sexualidad masculina no es una maldición. Es una bendición, para que podamos llegar a ser completos en él.

¡Pero no es justo que Dios use de esta forma mi sexualidad!

¿Es injusto o solo es difícil? ¿Es malintencionado o es un acceso cariñoso hacia la hombría? ¿Es una tarea imposible, o es que no estamos dispuestos a pagar el precio de la pureza?

De Fred:

Si parece injusto, entonces ¿qué piensan del caso de Jasen, quien nunca pensó que fueran injustas las cartas que recibió para jugar? ¿Qué piensan de los otros jóvenes que se echaron al hombro sus armas y dirigieron su corazón hacia Dios hasta que sus determinaciones justas se convirtieron en hábitos?

Zachary nos cuenta cómo convirtió sus elecciones justas en hábitos:

> Desde mi pubertad me he sentido asediado por el pecado sexual, pero ahora utilizo los recursos que me enseñó en *La batalla de cada hombre*. He encontrado otro recurso que me ha resultado muy útil para mi batalla contra el pecado sexual, y quizá puede ayudar a otros. Cuando la tentación asedia mi mente, le huyo con solo bombardear mi mente con grandes cantidades de pensamientos diferentes hasta que simplemente me olvido de la tentación original. Por ejemplo, si siento un deseo apremiante de ver pornografía, dejo caer una especie de bomba racimo y comienzo a pensar en otras cosas una detrás de otra, más o menos así:
>
> - ¿Cuáles son los principales rifles de asalto del mundo y sus calibres?
> - ¿Cuál es el nombre de soltera de mi abuela, y cuántas letras tiene?
> - ¿Cuál es la definición del término *palabra*?
> - ¿Por qué no quiero participar en el deporte del monopatín?
> - ¿De qué se trata todo ese asunto de la danza interpretativa?
>
> Esto resulta especialmente útil porque los jóvenes tienden a centrarse solo en una cosa cada vez y también tienen el hábito de pasar con rapidez de una cosa a otra. He descubierto que a menudo me olvido de que estaba siendo tentado y continúo con mi día normal después de hacer esto. Mi papá utilizaba el mismo proceso cuando hace años dejó de fumar del todo y para

siempre. Se concentraba en las copas de los automóviles que pasaban u observaba una hoja de un ventilador de techo, olvidándose de la tentación por un minuto o dos hasta que sus ansias iban desapareciendo.

En mi caso, casi había perdido la esperanza de derrotar el pecado sexual, y como muchos otros, había renunciado a liberarme hasta que me casara. Pero después de leer su libro, sospeché que era una mentira, y pensé que el matrimonio no iba a facilitar más la lucha que era en el presente. Solo tenía que decidirme a hacerlo. Ahora estoy mejorando, y me siento más limpio y más cercano a Dios de lo que he estado experimentando por mucho tiempo.

Zachary dejó de pensar que su sexualidad era una maldición, y la disciplina que ha aprendido lo ayudará a convertirse en el héroe que estaba hecho para ser. Ha llegado a ser más de lo que jamás hubiera podido ser de otro modo.

No solo esto. Tengo la ligera sospecha de que Dios está alardeando por personas como Jasen y Zachary, del mismo modo que alardeó por Job: «¿Te has puesto a pensar en mi siervo Job? —volvió a preguntarle el Señor—. No hay en la tierra nadie como él; es un hombre recto e intachable, que me honra y vive apartado del mal» (Job 1:8).

Dios podía estar diciéndonos a todos: *Oye, ¿viste lo que hizo mi hijo Jasen? Renunció a la popularidad por mí, y ahora ¡velo! Ha madurado, y está haciendo realidad todo lo que yo había soñado para él. ¿Y qué me dices de Zachary? Quizá ha comenzado despacio, pero una vez que encontró cómo distraer su mente, comenzó a florecer. Todavía no hay muchos como él, pero está dando un buen ejemplo. Pronto habrán más como él.*

Cuando Dios te pide que no comas del fruto del Árbol de la Sexualidad, está enfrentándose a tu voluntad. Ya conoces su voluntad, y también sabes que te ha dado todo lo que necesitas para caminar en la naturaleza divina, como mantener puros los ojos, dominar tus pasiones sexuales mientras seas soltero, y hacer que todas las jóvenes que tratas sean mejores por haberte conocido. Tienes todo el potencial en el mundo porque tienes a tu disposición toda la gracia que necesites.

Cuando refrenas tu carne, *sí* experimentas sufrimiento pasajero, pero la fortaleza que adquieres te proporciona la sólida convicción de que Dios siempre es bueno, y que no está jugando con tu sexualidad. No ha estimulado tus instintos para burlarse. Antes bien, llegado el momento, verás que siempre Dios te satisface si sigues sus caminos en la sexualidad, y siempre colma los anhelos de tu corazón.

En resumen, ese fortín enemigo —*soy sexual de manera que tengo que expresarlo*— debe eliminarse. Cuando las cosas se pongan calientes y tensas con tu amiga, ¿cederás ante esta mentira por compasión hacia ti mismo? ¿Por qué no asumir una actitud receptiva hacia la sabiduría de Dios, en lugar de compadecerte y de aceptar la sabiduría del mundo? El heroísmo y la hombría son derechos de nacimiento que tienes como hombre de Dios, como lo fueron en el caso de Adán. Claro que Adán falló al escoger sus deseos por encima de los de Dios, al igual que nosotros a menudo escogemos a nuestras amigas —y sus cuerpos— por encima del Señor. Pero no tenemos por qué hacerlo.

De hecho, no podemos *permitirnos* seguir haciéndolo. Debemos esforzarnos más. El daño a nuestra cultura que han causado hombres cristianos que han esperado demasiado para entrar en la hombría ha sido desolador. Tus años como soltero no son desechables, y tu sexualidad no es una maldición injusta en tu vida. Ha llegado el momento de arrancar de tu pensamiento esa opinión firme, y también ha llegado el momento de una rebelión cultural contra el espíritu de Baal de modo que podamos detener el daño físico y emocional que ahora estamos derramando sobre nuestras jóvenes.

CUANDO LE HACEMOS DAÑO

Bastión falso #2: Cuando se trata de
relaciones sexuales, las mujeres son como
los hombres: también las desean. Además,
el sexo prematrimonial no las perjudica más
que a mí.

Pensemos de nuevo en este mito tan conocido. ¿Quién te
enseñó esto? ¿Los compañeros en el vestuario? ¿Los programas *Sexo en la ciudad* que se repiten en la televisión?

Desde luego que no fue la Biblia. La Palabra afirma que
hay diferencias considerables entre hombres y mujeres, y
uno tiene que dirigir, de acuerdo con ellas, las relaciones de
pareja. Si no toma en cuenta estas diferencias, su comunicación y sus relaciones con Dios se verán obstaculizadas: «De
igual manera, ustedes esposos sean comprensivos en su vida
conyugal, tratando cada uno a su esposa con respeto, ya que
como mujer es más delicada, y ambos son herederos del grato don de la vida. Así nada estorbará las oraciones de ustedes» (1 Pedro 3:7).

En el griego original, el término «más delicada» también
se puede traducir como «porcelana delicada», lo cual pienso
que es una traducción mejor en este contexto. ¿Cómo tratamos la delicada porcelana? Con cuidado, ya que valoramos
su condición delicada y la respetamos. No manejamos con

brusquedad la delicada porcelana ni la sometemos al chorro de la lavadora de vajilla.

No hemos escuchado muy bien. Tratamos a nuestras amigas como hojalata en un campamento, y pisoteamos su feminidad y sus almas. Esto es lo que me han dicho algunas jóvenes acerca de los hombres en sus vidas:

- Mi novio hace poco me dijo que ha venido teniendo dificultades con la pornografía. Tuve un gran problema al escuchar esto, en especial porque hemos estado saliendo por un año y medio, y todo lo que he conocido de él han sido sus elevadas normas morales. La principal pregunta que tengo es esta: ¿cómo puedo aprender a respetar a los hombres como solía hacerlo? Me cuesta mucho mirarlo y no pensar: «¿En qué pecado habrá caído?». ¿Por qué son tan morbosos los hombres?

- Siento como si las mujeres no fuéramos más que objetos sexuales para los hombres, y lo único que quieren es encaramársenos. Cuando pienso en relaciones pasadas que he tenido, veo que siempre era yo la que tenía que frenarlos para que no llegaran demasiado lejos. Si no les hubiera puesto el freno, hubieran estado más que dispuestos a llegar más lejos. Suelo desconectarme cuando me tratan como un pedazo de carne, como silbándome o mirándome de arriba abajo. Siento como si tuviera que ponerme todo el tiempo un grueso mameluco para la nieve para poder estar segura de no excitar a los hombres.

- Me acabo de casar con mi novio de la universidad, y acabo de descubrir que me ha estado engañando con pornografía. Mi autoestima está por los suelos. Estamos yendo a consejería, con la esperanza de reconectarnos como esposos, pero por el momento no puedo ni pensar en hacerlo porque me siento tan fea y repugnante. Ni siquiera me puedo cambiar de ropa en la misma habitación porque no puedo quitarme de la cabeza las imágenes que he visto en su computador.

Las mujeres aprenden muy temprano a resentirse por los hombres, y con razón. Se sienten desprotegidas y esto es culpa nuestra, no de ellas. Cuando la destrucción proveniente del espíritu de Baal descendió sobre nosotros, no nos mantuvimos firmes para detenerla, de manera que ahora nuestras esposas y novias están cosechando el torbellino con nosotros.

Mi misma hija Laura también lo percibe así. De pie, llena de satisfacción en su toga y birreta color púrpura junto con sus compañeros y compañeras de clase en la graduación de secundaria, en medio de risitas y de hablar de sus esperanzas y sueños, uno de los defensas estrellas ya tenía todo su futuro bien planeado. «Voy a la universidad con una meta en mente», dijo. «Voy a acostarme con todas las mujeres que pueda, y luego voy a encontrar una pura para sentar cabeza y formar una familia».

Cuatro años más tarde, Laura y yo estábamos sentados en un café Starbucks, conversando sobre su cercano traslado a North Carolina State para sus estudios de posgrado. «Papá, sé que me has dicho que hay hombres buenos y religiosos que están buscando una joven como yo, y deseo creerte», dijo. «Pero en todos mis años de iglesia, de grupos juveniles y de ministerios universitarios, nunca he encontrado un solo hombre que estuviera preocupado por su pureza sexual».

Este comentario nos debería hacer estremecer. No creo que Laura sea la única en sentirse casi desesperada ante la situación que hemos generado como hombres. ¿Qué hemos hecho? ¿Cómo pueden nuestras relaciones con las mujeres prosperar a la sombra de semejante oscuridad desenfrenada? Las mujeres necesitan hombres que estén totalmente comprometidos con la verdad y con la pureza, y profundamente dedicados a protegerles el corazón y el alma a sus mujeres. ¿Dónde encontraremos hombres así?

Nuestras novias y nuestras esposas son obras de arte de la porcelana más delicada de Dios, encantadoras a sus ojos. Cada una de las mujeres que llegamos a conocer es una hija del Rey y debe ser protegida, custodiada y tratada con la máxima dignidad y respeto. ¿Qué dice acerca de nosotros si abusamos de ellas con las manos, los ojos o el corazón? No somos héroes, sin duda alguna. Recordemos que hemos sido llamados a protegerlas, y por una buena razón. Los hombres y las mujeres son fundamentalmente diferentes en la forma de enfocar las relaciones íntimas.

Miriam Grossman, autora de *Sin protección*, es una doctora en un centro de consejería en una de las más reconocidas universidades de nuestro país. No escucharán esto en las noticias, pero dice que su oficina está llena de jóvenes brillantes y dotadas que buscan ayuda para situaciones de episodios de llanto, de noches de insomnio, de preocupación constante y de pensamientos de muerte.

Cuando cuenta la historia de Olivia, una estudiante de primer año de universidad, de dieciocho años, con las mejores notas de su clase de secundaria y con la intención de ingresar a la facultad de medicina, no se puede evitar ver cómo alrededor de nosotros se está destruyendo la «delicada porcelana» del Señor.

La Dra. Grossman escribe que Olivia era sin duda una estudiante muy buena, pero que había sido bulímica en el pasado, y vomitaba con frecuencia seis veces al día debido al sufrimiento emocional. Había comenzado con la bulimia en noveno grado, pero la había ayudado tanto la terapia que los episodios de comilonas y vómitos desaparecieron... hasta que llegó a la universidad.

Las presiones académicas no fueron el problema. Fue consecuencia de salir con compañeros lo que causó ese sufrimiento profundo en su alma. El fin de un romance desencadenó una recaída y así es cómo Olivia describió aquellas breves relaciones, que incluyeron su primera experiencia sexual:

«Cuando acabó, me dolió tanto», dijo, llorando. «Pienso en él todo el tiempo, y no he estado asistiendo a una de mis clases porque iba a estar él, y no puedo enfrentar verlo. Estaba tan poco preparada para esto. [...] ¿Por qué, doctora», preguntó, «por qué le dicen a una cómo protegerse el cuerpo —contra el herpes y el embarazo— pero no nos dicen nada de lo que causa al *corazón*?».

Olivia era una joven inteligente que hacía una buena pregunta. ¿Por qué los estudiantes reciben tanta información acerca de anticonceptivos, de una dieta saludable, de higiene del sueño, de hacerle frente al estrés y a la presión... pero ni una sola palabra acerca del estrago que el sexo promiscuo produce en las emociones de las jóvenes? No es porque no se disponga de investigaciones al respecto. (Cursiva en el original) [1].

La Dra. Grossman tiene razón. Verifiquen la investigación. ¿Manejan las muchachas las relaciones rotas igual de bien que los hombres?

Ni de cerca.

En un estudio reciente de 6.500 adolescentes, se encontró que las adolescentes sexualmente activas tenían por lo menos tres veces más probabilidades de sentirse deprimidas que las muchachas que no eran sexualmente activas[2]. En otro estudio de 8.000 adolescentes, dos investigadores concluyeron que «las muchachas experimentan un mayor incremento en depresión que los varones en respuesta a las relaciones románticas» y que «la mayor vulnerabilidad de las adolescentes a las relaciones románticas puede explicar las tasas más elevadas de depresión en adolescentes femeninas»[3].

En otras palabras, Olivia se sintió mucho más herida que el muchacho que la abandonó, y la valoración de la Dra. Grossman fue absolutamente terrible:

He visto a tantas estudiantes como estas, que se me acumulan en la mente, una multitud lastimosa de jóvenes confundidas, vulnerables, mal preparadas para la vida universitaria, que escogen mal y pagan precios elevados.

Ninguna dosis de Prozac o Zoloft va a resolver este problema. Estas jóvenes deben, si quieren lograr bienestar físico y emocional, cambiar de estilo de vida... ¿Es factible? Si se reconocen las consecuencias negativas de que todo esté permitido, la cultura del apareamiento cuestionaría la noción de que las mujeres son igual que los hombres[4].

Por mucho que les hayan enseñado a creer que los hombres y las mujeres son iguales en todos los aspectos fundamentales, espero que comprendan cuán falsa es esa noción. Las mujeres no son como los hombres. Los hombres no son como las mujeres. Y no solo nos dice esto la Biblia, sino que la ciencia moderna lo ha demostrado una y otra vez.

En cuanto a esto, algunas diferencias significativas en el cerebro entre hombres y mujeres juegan un papel enorme en nuestras respuestas diferentes al dolor en nuestras relaciones. Tenemos dos clases de cerebros, que Simon Baron-Cohen ayuda a desglosar en *La gran diferencia*. El cerebro sistematizador masculino («tipo S») se centra más en la clase y las jerarquías sociales, y explica por qué los hombres abandonan con tanta facilidad sus estándares ante la presión de sus iguales. El cerebro femenino tan empático («tipo E) explica por qué las mujeres sufren más que los hombres cuando se rompen sus relaciones:

Empatizar tiene que ver con sintonizar de manera espontánea y natural con los pensamientos y sentimientos de otras personas. [...] La persona con cerebro tipo E se preocupa constantemente de cómo podría sentirse la otra persona. [...] Las mujeres son más sensibles a las expresiones faciales. Son mejores en decodificar la comunicación no verbal, captando matices sutiles en el tono de voz o en la expresión facial, y utilizándolos para juzgar el carácter de la otra persona. [...] Otra diferencia es la preocupación que muestran las muchachas por la situación de sus amistades, y acerca de qué sucedería si su amistad se interrumpiera. Y la ruptura se utiliza más a menudo como la amenaza suprema: «Si no haces esto, no serás mi amiga». Las muchachas, en promedio, se preocupan más por la pérdida potencial de una amistad íntima. [...] La agenda femenina está más *centrada* en el estado emocional de *otra* persona (y establecen una amistad mutualmente satisfactoria e íntima). (Cursivas en el original)[5].

Las muchachas están más preocupadas que los muchachos por la pérdida de amistades íntimas. ¿Sorprende que las muchachas experimenten un mayor incremento en depresión ante los vaivenes de sus relaciones románticas? La agenda femenina está más centrada en el estado emocional de la otra persona. ¿No explica esto por qué las mujeres ceden con tanta facilidad a los lamentos del novio que trata de pasar por encima de los límites sexuales que ella ha establecido?

Pero hay todavía más en cuanto a esto. Los neurocientíficos han descubierto que en el apego a otros entran en juego células específicas del cerebro y sustancias químicas. Después de su ruptura, Olivia preguntó: «¿Por qué le dicen a una cómo protegerse el cuerpo —contra el herpes y el embarazo— pero no nos dicen nada sobre qué le causa al *corazón*?». Otra parte de la respuesta de Olivia puede encontrarse en una sustancia química que se produce en forma natural en el cerebro femenino llamada oxitocina. Esta hormona envía mensajes desde el cerebro de la mujer para muchas funciones: al útero para inducir el parto, para los senos para comenzar la producción de leche y otras cosas. Pero véase esta observación de parte de la Dra. Grossman:

Más relevante para mis pacientes en esta etapa en
sus vidas es que la oxitocina se libera durante la
actividad sexual. ¿Podría ser que la misma sustancia
química que fluye por las venas de la mujer cuando
da de mamar a su bebé, y promueve una dedicación
fuerte y desinteresada, se encuentre en la «asociación»
de mujeres universitarias con hombres cuya *última*
intención es establecer vínculos afectivos?...

La liberación de oxitocina puede estar «condicionada
de manera clásica». Al poco tiempo, todo lo que hace falta
para que se libere es ver al hombre. ¿Está Olivia dejando
de asistir a clase porque verlo generará un aumento
repentino de esta hormona, un torrente de sentimientos
angustiosos de apego? (Cursiva en el original).

Cuando se piensa en el tema de tratar a las mujeres con respeto y atención, esta es una diferencia crítica entre hombres y
mujeres que todos los hombres deben entender. Las mujeres
no son como nosotros. Están químicamente diseñadas para
establecer vínculos afectivos. Y cuando uno trata de sobrepasar sus fronteras sexuales, estamos provocando que experimenten fuertes sentimientos de apego y confianza que están
fuera de su control. Esta es la razón de que todo el concepto
de sexo casual o «seguro» suene increíblemente falso.

El sexo prematrimonial no solo está mal: es una maldad.
Alguien puede creer la mentira del sexo seguro, pero creerlo no hace que lo sea. Nuestra cultura nos ha vendido un
engaño, amigo mío. Como dijo la Dra. Grossman: «Guste o
no, la verdadera ciencia indica que la intimidad sexual inicia
un vínculo de confianza. Pregunten a Olivia, quien estaba
terriblemente desprotegida: no hay un preservativo para el
corazón».

¿Dónde nos deja esto a nosotros como hombres? Dios
creó estas diferencias y las conocía cuando escribió la Biblia,
pero nunca se tomó el tiempo para explicárnoslo. Se limitó a

pedirnos que tratáramos a nuestras hermanas como porcelana fina y evitáramos las caricias íntimas y el coito. Pensó que, como Él es nuestro Padre y lo amamos, obedeceríamos. Ese amor debería haber sido una razón suficiente buena para que lo obedeciéramos, pero para muchos de nosotros, no lo ha sido.

Pero ahora disponemos de una ventaja. Ahora tenemos la evidencia científica que sustenta sus mandamientos. ¿Será esto suficiente para que por fin cambiemos nuestra conducta?

¿Significará alguna diferencia para ti?

Pero, Fred, ella lo deseaba con la misma intensidad que yo. Hubieras debido estar ahí.

Yo he pasado por eso, y no niego que a veces sea verdad. Pero todo lo que demuestra esa explicación de que «las muchachas se descontrolan» es que están aceptando el espíritu de Baal junto con el hombre y aceptando los mismos bastiones mentales enemigos que el hombre. Esos espectáculos, películas, canciones e imágenes que tratan de convencernos que las muchachas deben ser las agresoras sexuales y tomar la iniciativa en las relaciones sexuales son total y completamente falsas, y que la idea de *Sexo en la ciudad* acerca de las mujeres que utilizan a hombres para explorar sus fantasías sexuales sin más apego que el de un contador público que llena un formulario de impuestos es total y absolutamente ridícula.

Como hombres, con frecuencia queremos creer esas mentiras, y supongo que por esta razón nos gusta el paraíso visual de los medios de comunicación en primer lugar, porque nos permite refugiarnos en una fantasía mental sensual donde nunca tenemos que enfrentarnos con las consecuencias de nuestras acciones ni con las realidades lamentables que siempre interfieren en nuestras diversiones. De ahí provienen los bastiones mentales enemigos, claro está, y por esto aceptamos con agrado la idea de que las mujeres sexualmente agresivas son normales y felices, y que el coito prematrimonial no las perjudica más de lo que nos perjudica a nosotros.

El problema es que no vivimos en la TV, y la «lamentable realidad» es que las mujeres fueron creadas para establecer vínculos afectivos con los hombres. No se despierta por medio de la exploración de sus fantasías sexuales, sino por medio de una relación empática y cariñosa con un héroe protector y compasivo que esté comprometido con ella y solo con ella. Así que, cuando te encuentres con una muchacha que lo desee tanto como tú, no pienses ni por un momento que la has enriquecido y satisfecho cuando le has dado lo que ella piensa que desea. Sin duda que así es como sucede en la pantalla, pero nuestra vida es real, y la vida real nos dice la verdad. Detrás de cada mujer promiscua y agresiva no hay un corazón feliz y juguetón, sino una herida del tamaño de Manhattan.

Esa herida suele provenir del padre. Adelante. Pon a prueba la teoría.

Los padres severos, indiferentes y deplorables son una maldición que va en aumento alrededor del mundo, y muchos de nosotros hemos vivido esas heridas degradantes en persona. Cuando los padres no son lo que deberían ser, todos sufrimos.

Mi hija Laura no hace mucho asistió a una fiesta de vacaciones con el grupo de jóvenes adultos en su iglesia cuando alguien sugirió jugar a *¿Preferirías?* Cada jugador escoge una tarjeta con una pregunta impresa que comienza con la frase «Preferirías…» y termina con dos escenarios entre los cuales escoger.

«¿Preferirías vivir sin música o vivir sin TV?»

«¿Preferirías besar una rana o comer un insecto?»

Todos se rieron mucho hasta que salió la siguiente tarjeta:

«¿Preferirías vivir en una casa de una sola habitación con tu familia por el resto de tu vida o nunca volver a ver a tu familia?»

«Yo fui la única persona en un grupo de trece que dijo que preferiría vivir en una casa de una sola habitación con mi familia por el resto de mi vida», explicó Laura. «Todos los demás dijeron que preferirían no volver a ver a su familia.

«Los que estaban allí comenzaron a sentirse incómodos. "Bueno, todavía podría hablar con ellos, de veras". Otros le quitaron importancia entre risas. "Vaya, ¿no sería horrible tener que aguantar vivir en una casa de una sola pieza con la familia para siempre?". Ese fue sin duda el sentimiento general en el grupo. Me sentí horrorizada. ¡No me podía imaginar no volverlos a ver a todos ustedes nunca más!».

Acepto que no estamos ante una encuesta científica. Pero resulta ser una crítica muy triste de cómo algunos jóvenes cristianos se sienten acerca de sus familias. ¿Podrían sus padres tener algo que ver con esa opinión generalizada? Quizá ahí hay una pista de lo que hay detrás del deseo creciente entre los muchachos y *también* las muchachas de tener relaciones sexuales…

¿Cuántas personas escogerían no volver a ver nunca a sus familias debido a heridas o a la fría indiferencia que han soportado de parte de quienes se supone que los aman mucho? Todo hombre necesita que su padre lo acepte como hombre y diga: «Ven, quédate junto a mí en este mundo de hombres, hijo mío. ¡Eres parte de este mundo!». Si no recibes la bendición de él, hay una buena probabilidad de que busques tu masculinidad en el mundo de las mujeres dispuestas y la pornografía.

Y toda muchacha busca en su padre la seguridad de que es preciosa. Si no lo escucha de él, se siente herida en lo más profundo del corazón, y su respuesta será muy parecida a la del varón herido. Recurrirá a los hombres para oír lo que no tuvo mientras crecía, como lo hizo Jennie:

> Papá tenía dos trabajos, y teníamos una granja
> grande que mantener. Mamá sufrió una crisis nerviosa
> cuando yo estaba en segundo grado. Tuvo que tomar
> muchas medicinas y se pasó la mayor parte del tiempo
> durmiendo durante mi infancia. Se ocuparon de todas
> mis necesidades físicas básicas, pero no de ninguna

necesidad emocional o espiritual. Nunca me hablaron de nada. Trabajaba en la granja, veía TV e iba a la escuela. Ninguno de los dos me dijeron que me amaban hasta que llegué a los veinte años, y entonces fue que supe de la crisis nerviosa de mamá.

Toda mi vida pensé que no me querían. Pensaba que no merecía ser amada. Fue para mí una novedad que Jesús sí pudiera amarme. De joven, me parecía que iba a ser una de las personas tímidas que casi se ocultan en el rincón más apartado del cielo. ¿De veras quiere Dios tener una relación conmigo? Qué pensamiento.

En algún momento entre octavo y noveno grado, perdí cincuenta libras y llegué a un metro setenta con 125 libras. Con un poco de maquillaje, podía muy bien pasar por una chica de 18 años. Antes de esto, ningún muchacho había mostrado interés en mí, pero vaya, todo comenzó a cambiar muy rápido. Me gustaba la atención. Lamentablemente, a los que atraía era a los muchachos con muy pocos principios morales o ninguno. Incluso hombres casados me buscaban. No les gustaba como persona a ninguno de ellos: les interesaba solo mi cuerpo. Me sentía como un corderito ingenuo conducido al matadero. Una vez salí con un muchacho que parecía sincero y bueno, pero, según recuerdo, me di cuenta que tenía una fuerte adicción a la pornografía. Llegué a la conclusión de que todos los hombres eran como ese y esa era la forma normal de vivir. Por fin, a los veinticuatro años, renuncié a todos los hombres.

Pero ella lo deseaba tanto como yo, Fred. Debería haber estado ahí.
No, no lo deseaba. Sus heridas emocionales lo deseaban, que la medicaran con lo único que asocia con consuelo, ese «sustituto del amor».

Lo que deseaba era un héroe. Deseaba un hombre que conectara con ella, no solo que se le apegara, alguien que por fin le dijera que era preciosa hasta lo más íntimo de su alma. No deseaba que se aprovecharan de ella y luego la hiriera algún hombre con deseos de hacer realidad sus fantasías cinematográficas.

Las heridas deberían aportarte un nuevo enfoque de las cosas. Incluso si una muchacha parece que de verdad lo desea tanto como tú, ¿debes complacerla? ¿Es eso amar? Escuchemos lo que dijo Katie:

> Tenía la sensación de que me preocupaba más la pureza sexual que a mi novio, y luego, sentí la responsabilidad de elevarlo a mi nivel. Por desdicha, en vez de ello fui yo quien cayó a su nivel. La verdad es que no le costó mucho lograrlo. Deseaba ser amada y aceptada, de manera que le permití que me arrastrara. Era más divertido tener relaciones sexuales que luchar contra el deseo de tenerlas, en especial debido a que a él de todos modos no le interesaba gran cosa la pureza.
>
> Ahora, sin embargo, desearía haber insistido más en mis límites, y también desearía haber sabido retirarme cuando me di cuenta de que él no estaba en el mismo plano que yo. Le perdí el respeto como hombre de Dios y, lo que es peor, perdí el respeto de mí misma como mujer de Dios. En nuestras relaciones sexuales no había nada honorable. Y para nada habíamos hecho partícipe a Dios de nuestra «diversión».

Técnicamente hablando, el novio de Katie no violó los límites de esta porque no sabía que ella los tenía, pero con todo *la* violó, porque los límites de Dios siempre están en su sitio para protegerla, ya sea que ella sepa que existen o no. Esas fronteras están ahí por una razón, y no debemos violarlas, incluso si ella abre las puertas.

De nuevo, Dios se enfrenta a tu voluntad, preguntándote: *¿Asumirás en forma personal y heroica el sufrimiento que se genera* *al controlar tu impulso sexual y al ser dueño de tu sexualidad, o ahondarás las heridas de mi hija y producirás más sufrimiento a las muchachas de tu entorno?*

Lo diré sin ambages: no tienes derecho a herir a tus hermanas, sin importar si están dispuestas o no. Debes estar por encima de esto, ser más honorable y asemejarte más a Cristo. Debes ayudar a tus hermanas a permanecer firmes mientras permaneces heroicamente con Él.

En principio, estoy consciente de que quizá no fuiste quien hirió a tu novia, pero sin duda eres hoy el responsable de sus heridas, porque eres el hombre con el que ella está ahora. Eres quien puedes convencerla de que es mucho más valiosa que el placer sexual.

Un joven se me acercó y me dijo: «Mi novia es una buena cristiana, pero en las dos últimas semanas me llama cuando sus padres no están en casa para pedirme que llegue donde ella porque desea tener relaciones sexuales. Cuando viene a mi casa, sube disimuladamente a mi habitación en el piso de arriba. Cuando subo a buscarla, me avasalla. ¿Cómo le digo que no debemos tener relaciones sexuales sin que eso la haga sentir frustrada o le rompa el corazón?».

¿Romperle el corazón? Este es el menor de los problemas, amigo mío. Estás destruyéndole sus relaciones con Dios, y la estás apartando de la única Persona que puede llenar el vacío de su alma. Tú eres quien debe tomar la iniciativa en este caso y dejar de tener relaciones sexuales con ella. Tú mismo.

Y, ¿qué si su padre no estaba ausente sino más que presente, quizá habiendo abusado de ella de niña? Esas mujeres se sienten horrible por dentro, y todo lo que quieren es una promesa de amor... el amor de alguien... el amor de todos. Presionando o aceptando la intimidad sexual con estas jóvenes vulnerables solo causa oleadas constantes de dolor y desesperanza que van a romperse en sus orillas emocionales con más violencia que antes.

¿Estás comenzando a entender de qué se trata la pureza sexual? No es solo cuestión de ser un buen muchachito y permanecer limpio excluyéndote. Es más cuestión de heroísmo sexual. Puedes tener un impacto verdadero en el reino de Dios, amigo mío, en tu propio patio.

¿No lo ves? En lugar de ser solo un joven más en la larga lista de quienes la herirán más, podrías ser el que abre sus ojos y la libera. ¿Eres un héroe para las jóvenes a tu alrededor?

Debes captar este cuadro general: la pureza sexual no es cuestión de lo que te estás perdiendo ni de si la gracia de Dios te cubrirá o no. Es cuestión de lo que estás llegando a ser como hombre.

Quizá resulte útil verlo de la siguiente manera. Si eres un defensor de línea en el entrenamiento y levantas pesas noche de por medio durante nueve largos meses fuera de temporada, no es cuestión de lo que te estás obligando a perder mientras tus amigos se están entreteniendo en la pizzería sin ti, ¿no es así?

Claro que no. Se trata de poder defender el lado ciego de tu mariscal de campo. Es cuestión de ser esa barrera destructora que puede romper al segundo equipo y amontonar los cuerpos en la línea de refriega. Es cuestión de ser ese bloqueador impenetrable que abre campo para que el último atacante marque.

Cada. Vez.

Así sucede con los héroes sexuales. No se trata de lo que se pierde el viernes por la noche en el cine con sus amigos o en el asiento trasero de su carro con su novia. Se trata de ser el guerrero que se mantiene firme frente a la tentación del enemigo, capacitando e inspirando a jóvenes puras a ser todo lo que han sido hechas para ser. Se trata de ser el hombre con los que los padres *desean* que sus hijas salgan, incluso si ellos mismos han fallado, e incluso cuando sus hijas han caído heridas delante de ti, completamente a tu merced. Se trata de *ser* cristiano, y no de solo parecerlo. Se trata de *ser* un verdadero hombre con quien Dios puede contar que triunfará por Él bajo presión, sean cuales fueren las circunstancias sexuales.

No, Jasen no fue el excelente atleta que tuvo que marcar la anotación vencedora en el mayor juego del año, como lo hice yo, pero fue tan heroico que las muchachas que estuvieron con él nunca salieron peor por haberlo conocido. Nunca fue lo suficiente popular para tener cuatro novias a la vez como lo hice yo, pero sí tan heroico como para nunca «practicar» sexualmente con una joven ni una sola vez en su vida.

No cabe duda que ser popular es muy bueno para el ego, pero ser heroico produce un verdadero impacto. Si eres un héroe, todas las jóvenes que conoces se benefician de haberte conocido, al proteger las emociones de todas y cada una de ellas.

¿Ofrecerás lo que una mujer en realidad necesita y anhela en lo más profundo de su alma?

Ha llegado el momento de examinar más de cerca esas necesidades.

LAS NECESIDADES DE ELLA

Bastión falso #3: Hay dos clases de chicas, la clase con la que uno sale y la clase con la que uno se casa. Pero de ser posible, hay que casarse con una mujer experimentada. Sabrá como mantenerlo a uno caliente por la noche.

E sta es la clase de forma de pensar que las mujeres *no* necesitan. Y una vez que has escuchado el clamor fiel y vulnerable del apasionado corazón femenino, este bastión enemigo te parecerá cada vez más superficial, frívolo y repulsivo, y desearás destrozarlo dondequiera que lo encuentres.

¿Qué *encontramos* en el centro del alma de una mujer? Mucho más que un deseo de mantenernos calientes por la noche. Si alguna vez uno quiere conquistar el corazón de una mujer, primero hay que encontrar qué la motiva. Esto es lo que pretendemos explicar en este capítulo para que te sirva de ayuda.

Dios apela al corazón de toda mujer y todo hombre: *Vengan y hagan realidad la vida para la cual los hice. Los dos son diferentes, pero eso es parte del plan.*

Una vez más recurrimos al autor John Eldredge:

Permítanme dejar de lado todo el debate de si es innato o adquirido —o sea, «¿es el género algo innato?»— con una sencilla observación. Los hombres y las mujeres son hechos a imagen de Dios *como hombres* o *como mujeres*. «Y Dios creó al ser humano a su imagen; lo creó a imagen de Dios. Hombre y mujer los creó» (Génesis 1:27). Ahora bien, sabemos que Dios no tiene cuerpo, así que la semejanza no puede ser física. El género debe estar en el nivel del alma, en los lugares profundos y perpetuos dentro de nosotros. Dios no hace personas genéricas, sino algo muy distinto: un hombre o una mujer. En otras palabras, hay un corazón masculino y un corazón femenino, que en sus respectivas maneras *reflejan o representan ante el mundo el corazón de Dios* (cursivas añadidad)[1].

El corazón masculino tiene la dimensión intensa, embravecida y heroica de la naturaleza de Dios. «El SEÑOR es un guerrero, su nombre es el SEÑOR» (Éxodo 15:3). Por esta razón el hombre necesita una batalla que afrontar y una aventura que vivir, un lugar para que el guerrero que hay en él cobre vida, y por ello crece con fuerza al ser un héroe para la persona amada.

El corazón femenino representa un aspecto más íntimo, marcadamente más suave y más delicado de la naturaleza de Dios, la dimensión de su corazón que anhela oír nuestras voces cuando nos mira a los ojos al acudir a Él. Es esa dimensión la que anhela desvelar su incomparable belleza a quienes la buscan con pasión. Al igual que su hermano masculino, la mujer necesita un lugar donde cobrar vida, un lugar donde esos anhelos esenciales de su corazón puedan ser satisfechos.

Ante todo, como lo comentan John y Staci Eldredge en su libro éxito de ventas *Cautivante*, toda mujer posee una belleza que anhela desvelar. El grito profundo del corazón de una niña es: *¿Soy atractiva? ¿Te fascino?* Es la clase de corazón que sacó de la cama a mi preciosa Laura a las dos de la madrugada cuando era muy pequeña para brincar y bailar ante el resplandor tenue como de luna de su luz nocturna, girando llena de felicidad en su flotante camisón de seda. Es la clase de corazón que condujo a mi Rebecca a improvisar dos baúles llenos de ropa de disfraces y accesorios espectaculares para cautivar al Príncipe Encantador —también conocido como papá— hace muchos años.

Pero el corazón femenino nunca se detiene ahí. Para ella, nunca es suficiente que la noten, por muy deslumbrante o seductora que pudiera ser. También anhela que se luche por ella, que su galante caballero en su resplandeciente armadura salga en su busca en forma apasionada, como un héroe que vive y respira solo por ella. Un buen amigo y compañero de estudios de Laura en cierta ocasión se le acercó para darle un beso en la biblioteca, sin duda tan fascinado por ella que ese día no pudo contenerse. Se sintió ofendida en lo más profundo de su ser, enfurecida en lo más íntimo, *¡Ni siquiera me buscaste! ¡Nunca luchaste por mí! ¿Cómo puedes pensar que te mereces mi beso?*

En resumen, el corazón de la mujer encarna toda la belleza, misterio y tierna vulnerabilidad de Dios que encontramos en Él en la Biblia y en los momentos de silencio que pasamos a solas con Él adorándolo. Anhela que su héroe la conozca, y anhela ser su escogida. Piensa: *¿Me encuentras encantadora? ¿Me buscarás? ¿Lucharás por mí, amor mío?*

Y una vez buscada y valorada, no solo desea cabalgar hacia el horizonte para vivir feliz para siempre, deleitándose llena de felicidad en los brazos de su héroe. Anhela ser conducida a algo mayor que ella misma, a alguna búsqueda que puedan compartir. Lo lamentable es que, con demasiada frecuencia, nosotros los hombres convertimos a las jóvenes mismas en el objeto de la búsqueda, como aquel corredor en la graduación de Laura que planeaba aprovechar la universidad para ir coleccionando universitarias como los cazadores persiguen codornices.

Jimmie cometió el mismo error: «Estuve presionando mucho a Tracy para que cediera en lo sexual, y cuantas veces se negaba, me enfurecía con ella. Deseaba tanto vivir la experiencia que tenían mis amigos con sus novias. Luego un día, de manera inesperada, por fin dijo que sí, y fue lo más estúpido que pudo haber hecho.

«Me sentí *tan* dichoso haciéndole el amor, pero una vez que terminamos, me sentí muy mal por haberla hecho hacer algo que sabía que en realidad no quería hacer. La presión de los compañeros prevaleció, y permití que esa búsqueda absorbiera mi relación con Tracy. Nos hemos prometido repetidas veces no volverlo a hacer, pero no podemos frenarlo, y ahora estamos perdiendo más y más el amor que nos teníamos».

Cuando nos equivocamos y convertimos a la muchacha —o su atractivo cuerpo— en la aventura que pasa a ser el centro de la vida, las relaciones comienzan de inmediato a deslizarse por la pendiente. ¿Por qué? Hemos perdido la entrada a su corazón. Ella necesita encontrar ese lugar donde estos tres anhelos esenciales de su corazón puedan ser satisfechos, esa relación en la que pueda cobrar vida y hacer realidad aquello para lo que Dios la creó.

Pero cuando llegas demasiado lejos sexualmente, lo has borrado por completo. Ya no buscas su corazón, y ya no está presente para ella la espléndida aventura de ser arrebatada por su amor. Peor todavía: ya que has desvelado su belleza física, encuentra que ya no te interesan esas maravillas más profundas de su alma que anhela desvelarnos. ¿Qué podría ahora frenar ese deslizamiento en sus relaciones?

¿Todas las jóvenes son así? Aunque a veces puede no parecerlo, pienso que así fueron creadas las mujeres. Sin duda que esos anhelos pueden quedar camuflados por sus heridas, y pueden vender su corazón y poner su cuerpo en nuestro camino. Como resultado de ello, puede pensar que es la única forma de conseguir el amor que desea, o quizá su corazón está sencillamente sepultado debajo de las mentiras y bastiones mentales enemigos que se oyen y ven en el canal Disney y Nickelodeon donde muchachas como Miley Cyrus la preparan para acosar sexualmente al amor que anhela con canciones como «*I've Got My Sights Set on You*» [Tengo los ojos puestos en ti]. Si ella ha visto el canal Disney por un tiempo suficiente, para entonces puede estar creyendo que su belleza externa es la única que tiene que desvelar, y en cuanto a sus ideas acerca de salir con hombres, puede estar pensando que compartir vidas significa compartir cuerpos.

Pero por mucho que los medios y la cultura que la rodean hayan podido impactar su forma de pensar, su corazón femenino sigue palpitando en armonía con el diseño de Dios, por débil que palpite. Su naturaleza esencial y sus anhelos siguen firmes en su lugar, así que si esperamos agradar a Dios y tratar con respeto y honorabilidad a las mujeres en nuestra vida, habrá que tratar su corazón de acuerdo con ello, sin importar cómo se vean las cosas en la superficie.

Si me hubiera quedado alguna duda acerca de cómo la naturaleza esencial de la mujer y sus anhelos siguen firmes en su corazón, se hubiera resuelto en una segunda visita al centro de conferencias Glen Eyrie en Colorado Springs para enseñar y conectarme con otro grupo de padres con sus hijos. Esta vez, llevé conmigo a Rebecca y le pedí que contara a los hombres presentes lo que la pureza sexual de ellos significa para el corazón y el alma de las jóvenes cristianas normales de su edad. Dos días antes, había marcado unas cuantas páginas en *Salvaje de corazón,* y sin darle importancia le di el libro y le dije: «Si tienes algún problema con la orientación que quieras darle a tu presentación, quizá podrías leer estas pocas páginas a modo de guía para tus pensamientos».

Diez minutos más tarde, se apareció en mi oficina y puso el libro sobre mi escritorio. «Gracias por el libro, papá, pero ya había identificado yo misma todos estos pensamientos».

Al parecer no necesitaba que le dijera para qué está viviendo, ¿no es cierto? ¡Claro que no! Ya sabe muy bien para qué está viviendo, porque está escrito en su corazón.

Esto es lo que les dijo a los padres e hijos presentes:

Deseo hablarles de qué significa su pureza para con las jóvenes con quienes están saliendo, pero permítanme comenzar diciéndoles que las jóvenes pensamos mucho acerca de nuestro futuro esposo. Viene a ser con mucho el principal sueño en la vida de toda joven. Sueña con un héroe valiente que la tratará siempre con respeto y la amará en forma total, alguien que la protegerá y guardará como un tesoro toda la vida.

Cuando tienes relaciones con una joven y estás queriendo ir más allá de sus límites sexuales o viendo pornografía, no le estás dando el respeto y el amor que ha estado anhelando todos los días de su vida, y estás destruyendo el anhelo fundamental de su corazón. Incluso cuando miras a una joven con una blusa escotada en el centro comercial, le estás enviando el mensaje de que no es suficiente para ti, de que no es el don más preciado que podrías jamás poseer, y de que no es lo que soñabas. Es un golpe terrible que aplastará muy rápido su espíritu, y destruirá su amor y respeto por ti.

Por otro lado, si le estás siendo fiel a tu novia y procuras mirarla solo a ella y evitar ver pornografía, su corazón te amará con locura. Gracias a los libros de papá, me doy cuenta de la lucha que enfrentan los hombres con la tentación sexual, y cuán brutal puede ser la batalla. Si mi novio pelea esa batalla y la gana, sería el dueño de mi corazón por el resto de mi vida, porque me daría cuenta de los sacrificios que ha enfrentado por mí y por nuestro Señor. Sería ese caballero fuerte y valiente que lucha por mi corazón y por nuestra pureza. Sabría a partir de entonces que podré contar con él para todo, ya que me demostraría su devoción y respeto no solo para mí sino también para su Padre en el cielo.

Recuerda esto siempre: una joven desea con toda su alma que luches por ella. Desea ser lo más importante en tu vida. Anhela que desees estar con ella, que la busques, y desea saber que vale tanto que asumes ese riesgo. Este punto es tan importante que no puedo insistir lo bastante en él. Las jóvenes no deseamos ser quienes buscan las relaciones. Dios les asignó esa tarea a ustedes, y ellas anhelan que ustedes tengan el valor de avanzar y ganarse su corazón.

Excelentes palabras, y bien dichas. Pero ahondemos un poco más en estos puntos. Como sé que las jóvenes son todo un misterio para los hombres, le pregunté a Rose si nos abriría su diario para que pudiéramos conseguir un cuadro todavía más claro de lo que Dios quiere que seamos en la vida de nuestras novias.

Echemos una ojeada a las cámaras secretas del corazón femenino. Veamos los sueños, la esperanza, la belleza.

Tres años antes de que Rose conociera a Jasen:

Esposo mío,

¡Este versículo es nuestra promesa! «En él también ustedes son edificados juntamente para ser morada de Dios por su Espíritu» (Efesios 2:22).

Ahora mismo, mientras escribo y tú estás haciendo lo que estás haciendo, ¡Dios nos está edificando para que un día nos unamos y seamos una morada para él! Esta misma semana, hace unos días, me topé con Éxodo 25:8, que dice: «Después me harán un santuario, para que yo habite entre ustedes». Nosotros somos desde ahora esos santuarios, pero estamos en ellos a solas con Dios, lo cual es hermoso. Nuestros años como solteros son vitales para nosotros y para nuestras relaciones con nuestro Dios.

Pero un día, llegaremos a ser uno y nuestros santuarios se unirán y él vivirá en nosotros ya juntos. ¡Qué día tan glorioso será! Creo que el cielo todo se regocijará y nuestro Padre estará cerniéndose sobre nosotros, tan complacido con sus hijos, ¡tan complacido por haberle permitido dirigir nuestras relaciones y ahora, nuestro matrimonio! ¡Qué promesa tan hermosa!

Te amo con todo mi corazón ahora mismo. Estoy esperando con ansias mirarte a los ojos y solo *saber* que eres el escogido. Me pregunto si ya te conozco. Estoy aquí, esperándote.

Sorprendente. Años antes de ni siquiera conocerse, Rose no solo estaba soñando con la persona con la que se casaría, sino que estaba esperándola con ansias y hablando con él en su corazón.

Recordemos su boda, la increíble presencia de Dios que se cernía sobre el templo para honrar su obediencia a él. ¿Cómo sabía que sería así? Porque conocía los deseos y anhelos que Dios tenía para ella y que había escrito en su corazón, y porque sabía que no iba a echarse atrás en cuanto a los sueños de Dios para esa niña hasta que estuviera en frente de su héroe, mirándole a los ojos con pasión.

Dos años antes de que Rose conociera a Jasen:

Querido mío, mi amor…

¡Te amo! Mandee se casó hace una semana, y me hizo pensar en ti. Me decía a cada momento cuán enamorada está de él, y hasta qué punto es su mejor amigo. Me tomó algo por sorpresa porque yo había idolatrado tanto el matrimonio que no me había dado cuenta de que se trataba de ser los mejores amigos de alguien. ¡Pero nosotros lo seremos!

Me gusta mucho no saber quién eres mientras escribo esto. Pero el Señor sí lo sabe. ¿No es gracioso? Sí, más bien frustrante la mayor parte del tiempo, pero esta noche es gracioso. Lo disfrutaré mientras dure.

¡Lo pasaremos tan bien juntos! Me cuesta esperar. Siempre he orado por tener una vida loca, una historia de amor loca. ¡Tú eres parte de ello! ¿Cómo será?

Amo mucho a Jesús, y me cuesta esperar amarlo contigo. Quizá ya es así. Quizá no, pero tú lo amarás.

Serás un hombre de la Palabra, un hombre verdaderamente según el corazón de Dios. Te ganarás su corazón, y desearás servirlo, no que Él te sirva a ti. El Señor te confiará su corazón. Se te conocerá como su amigo, un amigo de Dios. Y Él te mostrará su rostro y te mostrará los lugares profundos de su corazón. Esto te mantendrá humilde ante Él.

Anhelo amarte y servirte. Me estoy preparando. Ven pronto, mi verdadero amor. ¡Ven pronto!

Tu Rose

¿Puedes sentir la pureza de su amor, su pasión y su esperanza? Deseo que sientas el anhelo apremiante de Rose de ser arrebatada hacia una gran búsqueda junto con su héroe en el reino del Señor, y la preparación espiritual que estaba realizando para permanecer triunfalmente a su lado.

Tres meses después de haber conocido a Jasen, pero dos meses antes de su primera cita:

¡Oh Padre!

Pienso que de veras me gusta Jasen Stoeker. ¡Me gusta mucho! Es tan varonil, amable, divertido y bien parecido, y tiene un carácter sólido. ¡Vaya! Solo pensar en él me corta la respiración. De verdad que me gusta. Acabo de recibir su e-mail hoy en el que me cuenta de su

retiro de hombres. Lo llamó un fin de semana «varonil».
¡Mi corazón se volvió loco! ¡Eso es tan atractivo! De veras
que es un campeón. Podría fácilmente volverme loca por
él, Jesús. ¡Fácilmente! Es una maravilla.

Jesús, deseo a alguien precisamente como él.
Masculino. Amable. Divertido. De corazón tierno.
Abierto a aprender. Excelente comunicador. Estable.
Orientado a la familia. Fiel en las cosas pequeñas. Alto.
¡Cabello oscuro! ¡Piel morena! Pecho fuerte. Prudente en
lo financiero. ¡Ávido de más intimidad contigo!

Ay, Señor. Por lo que sé en estos momentos, ¡es
precisamente lo que deseo! ¡Ooohhh! ¿Podría por fin ser?
¿Quizá? El tiempo lo dirá. ¡Te amo, Señor, y amo todos
tus caminos!

Te amo,
Rose

P.D. Está bien, Señor, no tengo ni idea de si le gusto.
Es más, creo que tampoco él lo sabe. Sus e-mails son
tan amables y detallados, pero no hay en ellos la más
mínima sombra de nada que no sea más que amistoso.
¡Creo que nunca va a llegar a saber que me gusta tanto
si nunca me dice primero que le gusto! ¡Ja, ja!

¡Tú eres bueno, mi Dios! ¡Y tu amor por mí perdura
para siempre! ¡Hurra!

Rose estaba esperando sin aliento que Jasen la buscara,
aunque su corazón vivía agitado en su pecho. Después de
años de espera y años de hablar con él en sus sueños, su porte
real estaba por fin engalanando su escenario, pero incluso
entonces, permaneció fiel a los caminos de Dios, disciplinando
su corazón puro para seguir esperando un poco más. *¿Soy
cautivadora? ¿Me buscarás, Jasen, y lucharás por mí?*

Él tenía que ser quien saliera a su encuentro, por mucho que
ella ansiara su atención. Por eso se negó a coquetear y no le

dio la más mínima señal de su romántico interés. Claro que, cuando Dios lo quiso, Jasen sí salió a su encuentro y ganó su corazón.

De Rose:

Recuerdo que a menudo hablaba de mi futuro esposo con mis amigos y mi familia. Algunos pensaban que estaba loca si pensaba que ese hombre perfecto iba a caer del cielo para mí. Decían: «Nadie es perfecto, Rose. Estás situándote en una posición en la que tus esperanzas y sueños se frustrarán, o peor aún, ni siquiera llegarás a casarte porque ningún hombre es perfecto. Estás dejando pasar buenas oportunidades en aras de ideales ridículos, y pronto la realidad de la vida acabará por desilusionarte».

A otros les gustó mi posición, y se derretían conmigo: «Rose, ¡va a ser estupendo!». Sé que algunos de mis estándares ayudaron a que algunas de mis amigas elevaran los suyos, y en su corazón anhelaron la misma clase de romance que el mío. Claro que, hubo noches —y sé que todas las jóvenes pasan por lo mismo— en las que sentía la angustia de la soledad, y clamaba: *Señor, ¡tráemelo ya! ¿Por cuánto tiempo me mantendrás soltera?*

Pero me negué a dejar de soñar, y me negué a renunciar al clamor de mi corazón. Sabía que estaba por ahí. Eso no quiere decir que esperaba reconocerlo a primera vista cuando lo viera. Claro que siempre me preguntaba si sería amor a primera vista, y en un sentido, así fue con Jasen.

Pero, de nuevo, no fue *amor* a primera vista, en realidad no. Solo que percibí sus *cualidades heroicas* a primera vista. Pienso que fue porque había visto tanto que estaba *lejos de ser heroico* a lo largo de los años de salir con otros jóvenes que me resultó tan fácil ver lo maravilloso que era Jasen.

Solía tener una lista de las cosas que tenía que haber en la persona con la que me iba a casar. Me ayudó a tener un buen punto de partida en mi mente, pero con el paso del tiempo, mi lista se fue abreviando cada vez más hasta que se redujo a una sola frase: «¿Ama a Dios más de lo que me ama a mí?». Sabía que si tuviera esto, también amaría a Dios más que a sí mismo, y eso era todo lo que yo necesitaría.

Aunque se parece muy poco a una lista, era muy útil para descartar el carácter de un joven a la segunda cita… a más tardar. El punto es que un joven que sea popular atrae la atención de inmediato, y tengo que admitirlo, ser popular es agradable. El joven popular siempre sabe cómo vestir y cómo peinarse y sabe todas las cosas que conviene decir. En las citas una se lo pasa muy bien porque él siempre sabe los lugares divertidos adonde ir.

Pero a la hora de la verdad, una lo mira y se dice: *Esto está muy bien, pero ¿sabes qué? El Señor no es su primer amor. Quizá yo no conozca todos los lugares estupendos adonde ir, pero conozco al Señor, y lo amo, y quiero hablar de él. Quiero que el Señor nos exhorte, juntos. Quiero crecer…*

Es tan fácil cuando una puede reducir la lista a una sola pregunta importante: ¿ama a Dios más que a mí? Con ese filtro, no importa cuán maravilloso sea. Con ese filtro, no puede cautivarnos o cegarnos en forma total. Las pequeñas cosas siempre revelan el corazón, y no podemos dejar de verlas.

Digamos que estás con él y con sus amigos en el restaurante Applebee y oyes los chistes de doble sentido, inadecuados, que están contando, y observas cómo interactúa con la gente. Puedes darte cuenta de que no ama a Dios por encima de todo. Si hay niños pequeños en el lugar, ¿se coloca a su nivel para hablar con ellos, o piensa que son una molestia y no les presta atención? Cuando está en un grupo, ¿se sienta o se apoya en la pared, lanzando de vez en cuando un «Hola, ¿qué hay de nuevo?», o se mezcla con las personas, demostrando que está más preocupado por tratar a las personas con respeto que con parecer agradable? ¿Se presta a ayudar cuando hay cosas que hacer? ¿Habla con respeto de su madre cuando no está presente? ¿Protege a sus hermanas menores? Por mucho que te cautive su manera de ser, no puede ocultar las pequeñas cosas que revelan su carácter.

Un joven que ama a Dios más que a mí no saldrá conmigo para darse el valor que merece porque ese valor ya lo tiene en el Señor, y recurrirá a Él y lo servirá. Nunca saldrá con una joven solo por salir con alguien. Tendrá en mente una cierta clase de mujer, alguien que busca al Señor como él lo hace. En su mente no hay dos clases de jóvenes, la clase con la que sale y la clase con la que se casa. Hay una sola clase para él, la clase que vale la pena buscar.

Leerá libros cristianos y se interesará por aprender y madurar. Tendrá un corazón dispuesto a que lo enseñen, y dedicará tiempo a la Palabra y permitirá que el Señor escriba esas verdades en su corazón al dedicar tiempo a la oración. Su conversación reflejará también todo esto. Hará preguntas sugerentes como: «Oye, ¿qué te ha estado enseñando Dios?». También le interesará de verdad la respuesta, y no la utilizará solo como una frase cristiana bonita para ligar.

Esto es lo que para mí significa ser heroico. No son las cenas a la luz de velas ni el espléndido paseo alrededor del lago en un deportivo negro. Es más bien decirse: *¿Puedo buscar a Jesús con toda la intensidad que quiera con este joven, o tendré que refrenarme? ¿Puedo ser lo que Dios me pidió que fuera con este joven? Cuando se trata de liderazgo espiritual, ¿puedo seguir su ritmo, o será demasiado lento? ¿Es de verdad, de verdad, lo que deseo, y hace que el corazón me palpite? ¿Quiero que este joven sea mi mejor amigo por el resto de mi vida?*

Estas preguntas reflejaban los anhelos más profundos de mi corazón, y supongo que esto fue lo que hizo que resultara tan fácil descubrir a Jasen. Cuando Jasen todavía era «el hombre misterioso» en las páginas de mi diario, yo sabía que amaría a Dios con todo su ser y que yo podría admirar sus relaciones con el Señor. No hay muchos jóvenes así por ahí, pero es exactamente lo que es, y no podía pasarlo por alto.

Tiene dentro de sí un profundo manantial, y una de las cosas que más me gustan de él ahora es que es un hombre de obediencia. Va a vivir la vida, y va a acabar al final siendo el hombre que hace lo que dice que hará. Quedé asombrada cuando nos casamos porque esperaba decepcionarme al ir sabiendo más cosas de él. Después de todo, se dice que las cosas malas salen a la luz *después* de casarse, pero cuanto más lo iba conociendo, más me fui dando cuenta de que era mucho más de lo que jamás hubiera podido soñar.

Los jóvenes populares están bien y entretienen mucho, pero yo sabía que deseaba a alguien heroico. Claro que no todos mis deseos eran perfectos. Por ejemplo, al imaginar el día en que conocería a mi héroe, recuerdo que pensaba: *Bueno, ¡quizá tocará en una banda cristiana!* Como me gusta ser el centro de atención —en una forma correcta, desde luego— pensé como es natural que a él también le gustaría estar en el punto de mira.

Resulta que Jasen no está hecho así. Es más la clase de persona entre bastidores, pero es fundamental para el reino de Dios y para todo lo que está en su mano hacer. Como mujeres, nuestros ojos pueden buscar las cosas maravillosas de la vida, pero nuestros corazones sueñan con el caballero de brillante armadura.

A veces a las jóvenes cristianas les resulta difícil caer en la cuenta de que en su búsqueda del joven heroico, también están esperando que sea muy popular. El punto es que, si es heroico, es probable que no sea lo que ahora vemos como popular. Pero una vez que lo conocemos, ni nos preocupará. Nuestra definición de popular cambiará. Sé que la mía cambió después de conocer a Jasen y de descubrir que era todo lo que yo deseaba.

La mayor parte de las personas que conocen a Jasen no se dan cuenta de lo que en realidad es. Lo ven como un experto en computación, pero es mucho más que eso. Jasen solo tiene ojos para mí. No acarrea sobre sí una carga sexual que tenga que solucionar, y no desea otra joven cuando pasamos por algún momento difícil. En su mente, no hay en realidad ningún otro lugar adonde acudir. Algunos de mis amigos pensaban que nunca me iba a casar, pero ahora que Jasen está aquí, todos comprenden por qué esperé a un héroe.

De Fred:

¿Ves ahora por qué es tan fundamental ofrecerte una visión del corazón femenino? Es que nuestra cultura logra tanto cautivar tus ojos con la belleza externa de la mujer que no puedes ver el lugar sagrado de su corazón y alma que la mano amorosa de Dios ha esculpido en ella de una manera preciosa. Debido a esto, a veces resulta difícil ver a las mujeres que se cruzan en nuestra vida como hermanas en Cristo, pero es absolutamente indispensable que lo hagamos. Tu pureza depende de eso.

Ya has mirado en el corazón de una mujer y has captado los sueños, esperanzas y pasiones de Rose que brotan de los manantiales más íntimos de su alma. Ahora sabes que hay mucho más que depende de tu fortaleza espiritual y disciplina sexual con tu novia que lo que habías pensado. Ella anhela encontrar en su novio a un hombre a quien honrar y servir, a un hombre que puede guiar. Está ansiosa de encontrar un caballero brillante, un hombre íntegro y honorable y con convicciones, un hombre de la Palabra, de oración y de religiosidad. Se ha estado preparando espiritualmente por años para estar lista para donde Dios guíe sus vidas como pareja.

¿Te estás preparando espiritualmente para ella?

Como ves, no se trata para nada de hacer lo que debes hacer. Se trata de hacer lo que tu corazón heroico fue hecho para hacer. Cuando se trata de mantenerte puro con la novia con la que estás saliendo, no es cuestión de algo legal. Es algo que tiene que ver con el amor, amor por tu Padre, cuya naturaleza ella comparte, y amor por tu hermana y por ese corazón vulnerable que late por ti en lo más profundo de su ser.

No tienes derecho a tocarla, es verdad, pero detrás de esa norma hay algo mucho mayor. ¿Quién podría tener el descaro de utilizar a su novia para disfrutar un placer sexual egoísta después de haber escuchado el corazón de Rebecca y el de Rose? ¿No deseas ser digno de tratar semejantes dones invaluables con delicadeza?

Hace algún tiempo, oí que un joven cristiano se lamentaba de las relaciones que mantenía. «Sé que no tenemos un futuro juntos y debería romper con ella», decía, «pero quiero que nos mantengamos juntos por un tiempo más para seguir practicando».

Sé que esta forma de pensar es común, incluso entre cristianos. Pero dime: ¿Qué te parece a la luz del diario de Rose?

Patético y despiadado, ¿no es cierto? Ahora, lee de nuevo la opinión firme al comienzo de este capítulo: *Hay dos clases de mujeres, la clase con la que uno sale y la clase con la que uno se casa. Pero de ser posible, hay que casarse con una mujer experimentada. Sabrá cómo mantenerlo a uno caliente por la noche.*

¿Te parece superficial y tortuoso ahora?

Vamos, sabes muy bien lo que de verdad deseas de una joven. Sé digno de ello.

No te dejes llevar por la forma de pensar del mundo que te rodea. Derriba sus malignos bastiones y busca la mente de Cristo. Pídele a Dios que te revele de una manera más profunda el corazón femenino. Prepárate y sé digno de la belleza que ella desea revelarte.

Tienes todo lo que hace falta. Tú eres un hijo de Dios... y hasta que se enamoren y se casen, eres su hermano. Así que, protégela como tal.

LOS DESEOS DE ELLA

Bastión falso #4: Las mujeres desean a un
hombre popular con unos abdominales bien
marcados y una sonrisa que hace caer de
espaldas. Quieren un hombre que sabe lo
que quiere y cómo hacer que la pasen bien.

De Rose:

Voy a enfrentar esto sin rodeos. Eso *no* es lo que desea una
joven cristiana normal. Quiere un hombre que sea valiente, líder, con aspiraciones y cuyo corazón esté totalmente
comprometido con la obediencia, un hombre que esté dispuesto a asumir riesgos por el Señor sin garantías de cómo
va a resultar todo. No está buscando a alguien que lo tiene
todo bajo control ni a alguien que siempre sabe las cosas perfectas que debe decir. Solo desea a alguien que ame a Jesús y
que esté viviendo para Él.

Admito que en estos días estas cualidades en los hombres
son raras, pero no obstante son irresistibles—por lo menos
para jóvenes como yo. Estas cualidades hacen que valga la
pena escoger a un joven por encima de los que son populares porque tienen una hondura que esos jóvenes populares
nunca han entendido. ¡Y por encima de todo, esas cualidades hacen que sea absolutamente digno de una mujer pura y
consagrada que está *chiflada* por ti!

Eso es lo que deseamos en un hombre.

Así pues, ¿qué deseamos *de* un hombre?

Bien, el clamor más hondo que sale del corazón de toda joven es este: *¿Soy atractiva?* Desea que la busquen, y desea que su héroe la desee. Pero, ¿cómo podrá jamás saber que él la desea si es *ella* la que va buscando?

Quizá te preguntes cómo desea una joven que sea la búsqueda. Es una pregunta difícil. La búsqueda de una mujer es algo así como un partido de tenis, excepto que el hombre es el único que saca. Sacar la pelota puede ser cualquier cosa, como sonreírle a través del aula, iniciar una conversación con ella, pedirle salir con ella, cualquier cosa más allá de la esfera de una amistad ordinaria con ella.

Si ella está interesada, devuelve el saque, con lo que el punto sigue vivo. Se intercambian algunos golpes desde el fondo de la pista, se concluye el punto, y entonces él vuelve a sacar. De hecho, saca todas las pelotas hasta que resulta clara su dedicación a conseguir una relación permanente de noviazgo.

Algunos jóvenes pueden encontrar que esto es frustrante, como si en un set de tenis vieran que siempre tienen que sacar. Desde el lado de ella de la cancha, quizá desee que él sacara más a menudo y con más intensidad. Él quizá desee que ella devuelva sus lanzamientos con más precisión, o incluso que se decida a hacer algún saque.

Pero ella no puede responder a un saque —o iniciar un punto— hasta que él haya establecido su búsqueda, ya que esto constituye el fundamento para el futuro de sus relaciones. Este asunto de la «búsqueda» es muy importante para el corazón de la joven, y aunque no puedo ofrecerte las normas exactas que hay que seguir, hay tres cosas que una joven debe ver y sentir si la están buscando debidamente.

1. No sentirse confundida en cuanto a sus intenciones ya que se las has expresado con claridad desde el comienzo.
2. Debe sentirse segura, apreciada, respetada y pura. Posee una belleza que va a revelar, y el hombre debe ser digno

de ella. Tu valiente búsqueda refleja también tu liderazgo espiritual.

3. Debe saber que su corazón te ha cautivado, y que has tomado la decisión de ganarte ese corazón. Verá tu deseo de descubrir qué la mueve mientras vas explorando su corazón por medio de conversaciones y correos electrónicos.

Echemos un vistazo práctico a cada uno de estos tres puntos, para darte una idea de lo que una mujer necesita ver en tu búsqueda.

1. No sentirse confundida en cuanto a tus intenciones porque las has expresado muy bien desde el comienzo.

Las jóvenes han de saber qué está pensando el hombre cuando le pide salir con ella. ¿Qué es?

Hola, somos amigos, y me gustaría salir a cenar contigo para divertirnos. O, *Tienes las cualidades que deseo en la mujer con la que un día espero casarme, así que estoy comenzando la búsqueda que me permita conocerte.*

Les aseguro que es lo mejor para ustedes dejar bien claras sus intenciones, porque las jóvenes tienden a analizar al máximo todas las cosas con el fin de proteger su corazón. Se hacen preguntas como:

- ¿Es un hombre de Dios?
- ¿Voy a ser suficiente?
- ¿Qué pretende al pedirme que salga con él?

Voy a narrarte una historia para que veas cómo *no* se debe buscar. Cuando asistía a la Universidad de Northern Iowa, escaseaba el dinero para mis amigos y para mí a veces, así que ideamos esta frase que utilizaríamos cuando deseáramos ayudar a alguien pagándole su comida después de la iglesia. Uno de nosotros diría: «Ah, bueno, solo quiero ser de bendición para ti. No me puedes decir que no porque entonces estarías privándome de mi bendición de parte de Dios, que desea bendecirme porque te bendigo».

De esta forma, nunca nadie quedaba excluido de pasarlo bien en caso de estar corto de dinero. Todos nos sentíamos cómodos con esta frase y comprendíamos muy bien lo que significaba como signo de amistad entre nosotros. Cómodos, es decir, hasta que Danny utilizó esa frase para pedirme que saliera con él. Había estado sintiendo que lo había estado atrayendo por un tiempo cuando de repente me preguntó: «Rose, ¿puedes salir conmigo a cenar y para bendecirte?».

En este contexto, de repente me encontré entre la espada y la pared. Si se hubiera limitado a pedirme que saliera con él, le hubiera respondido: «No, gracias, no estoy interesada».

Pero no lo hizo así. Me preguntó: «¿Puedes salir conmigo a cenar y para bendecirte?». Las experiencias vividas con mis amigos me habían preparado muy bien para pensar: *Ay, no puedo decirle que no a esta persona porque la estaré privando de su bendición para mí.* De repente, su petición se había convertido en algo espiritual, y sentí que tenía que decirle que sí. En ese instante, me pareció poco espiritual e incluso cruel responderle: «¡No, me niego a permitirte que me bendigas!».

Pero, claro está, Danny era el que se estaba aprovechando de la situación. Sabía muy bien lo que estaba haciendo. Nunca me había sentido más manipulada. Habíamos sido amigos por bastante tiempo, y sin embargo, me tenía tan confundida que todavía no podía sentirme del todo segura de que no íbamos a salir solo como amigos.

Pero, una vez que entramos al restaurante, se confirmaron sus intenciones. Resultó ser una cita doble con una pareja de sus amigos más queridos, y si bien yo conocía a la joven, esto no era desde luego una especie de velada de cuatro amigos cristianos que salían a tomar un bocado. Fue una noche de sábado en todos los sentidos, una situación de cita doble desde el comienzo hasta el fin. Me sentí sumamente incómoda porque Danny estaba radiante debido a que había conseguido que aceptara salir con él.

Me estaba sintiendo bastante enojada con él porque me había engañado para tener esta cita doble. Bajo circunstancias normales, pienso que resulta de verdad simpático cuando un joven se siente nervioso en cuanto a invitar a salir a una joven, pero se arma de valor y de todos modos da el paso. Este tipo entró por la puerta trasera de una manera que hizo que me resultara imposible decir no a su frase «déjame bendecirte».

Pensé que le había transmitido el mensaje de que no estaba interesada en salir con él. Pero dos semanas más tarde, me llamó ¡para pedirme si podía volver a bendecirme! Esta vez dije:

—¿Qué quieres decir con esto, Danny?

—Bueno, ¿qué quieres decir con qué quiero decir? —dijo siguiendo al pie de la letra su artimaña—. ¿Puedo bendecirte?

—No lo creo, si lo que hacemos es salir en una cita.

—Solo quiero salir contigo y bendecirte, Rose —dijo, simulando inocencia.

El juego del gato y el ratón siguió hasta que por fin conseguí que dijera treinta minutos después: «Sí, te estoy pidiendo que salgamos en una cita», concedió. Por fin, transmitió con claridad sus intenciones. Por fin, pude decir no a alguien que estaba tratando a propósito confundirme en cuanto a sus intenciones.

Cuando digo que una joven desea conocer las intenciones del hombre desde el principio, es que desea saber si está pidiendo salir como amigos o en una cita de verdad. Si no son suficiente claros acerca de sus intenciones, están siendo cobardes y manipuladores para evitar ser rechazados.

Bueno. Cuando te detienes a considerar que la joven a la que buscas ha dedicado gran parte de su vida a soñar que un día un héroe la conducirá a una gran aventura, ser cobarde y manipulador no es el mejor camino para ganártela, así que no hagas nada que no sea heroico. Llama a la puerta con claridad y pide con valentía. Esto es lo que me gustó de Jasen.

Nunca olvidaré la primera vez que llamó para tener una cita conmigo y con firmeza preguntó: «¿Te gustaría salir en una cita conmigo, Rose? De verdad me gustas».

Sencillo, claro y fácil de responder. Y no tuve que preguntarme ni por un momento cuáles eran sus intenciones. Si deseas bendecir a una joven, regálale una tarjeta de compra para un centro comercial. Si deseas salir con ella, pídeselo.

2. *Debe sentirse segura, apreciada, respetada y pura. Posee una belleza que desvelar, y debes ser digno de ella. Tu valiente búsqueda refleja también tu liderazgo espiritual.*

La primera vez que me fijé en Dustin fue en un campamento de la iglesia para estudiantes de primer año de secundaria cuando mi íntima amiga Carrie se pasó toda la semana pendiente de él y de su amigo Billy. Nunca le conté a nadie que Dustin me pareció atractivo y divertido porque quise que Carrie fuera el centro exclusivo de su atención.

Fue diez años más tarde que un conocido de la iglesia me volvió a presentar a Dustin durante sus vacaciones de la universidad. Ese verano Dustin frecuentaba mucho la iglesia, y cuando planeé un viaje a una convención de oración en Minneapolis con mi amiga Heather, por alguna razón Dustin y otro amigo llamado Jim acabaron yendo con nosotras. Todos nos acomodamos en mi pequeño Kia Rio rojo y nos fuimos hacia las Ciudades Gemelas, donde pasamos mucho tiempo participando en la conferencia sobre oración y reuniéndonos con antiguos amigos.

Dustin flirteó mucho conmigo durante todo el viaje, pero yo seguí mi rutina habitual y no le di ningún indicio de que me agradaba su atención. Pero sí me gustaba su atención. De regreso hacia Des Moines, Dustin manejó por mí y yo me senté en el asiento delantero del acompañante. Heather y Jim se habían adormilado en los asientos de atrás.

Dustin y yo íbamos conversando entretenidos mientras los kilómetros iban pasando cuando, de improviso, extendió el brazo y me tocó la pierna, ¡bastante más arriba de la rodilla! Casi sufrí un infarto, y estuve muy cerca de decirle que no debía tocarme ahí, pero retiró la mano. Decidí esperar a ver si lo volvía a hacer. Gracias a Dios, no repitió esa osadía, de manera que lo dejé pasar.

No mucho después de este episodio, Dustin me invitó a una comida informal en la casa de nuestro pastor, y acabé sentándome en una mesa con él y sus padres. Los tres me estuvieron prestando atención especial hasta el punto que sentí que me iba a pedir volver a verme.

En vez de ello, lo único que me pidió fue mi dirección electrónica, mencionando que en pocos días iba a regresar a la universidad. Con todo, me sentí tan feliz de que deseara mantenerse en contacto conmigo, y esperé que siguiera buscándome porque él me atraía.

Me escribió un par de veces después de que hubo regresado a la universidad, y le respondí, pero ¡luego nunca más volví a saber de él! Tuve que recurrir a todas mis fuerzas para no volver a escribirle después de no responder a mi último correo electrónico, pero pensé que alguna otra persona en la universidad le había llamado la atención y que para mí fue ojos que no ven corazón que no siente.

Claro, Dustin se presentó con una novia a una convención de jóvenes a la que asistí en noviembre. Puedo asegurar que resultaban ridículos con sus manifestaciones públicas de afecto. Me sentí aplastada. Me senté junto a mi amiga Heather durante toda la conferencia, y esta me confirmó mi sospecha de que él estuvo mirando a menudo en mi dirección, quizá para que viera que tenía novia.

Hacia el final de la conferencia, tuvo el descaro de acercárseme y ¡tratar de hablarme como si nada hubiera sucedido! Me limité a decirle: «Hola, Dustin», y me alejé. Trató de acercárseme una segunda vez, pero Heather se interpuso y ¡literalmente lo cortó! ¡Quiero mucho a Heather! Me alejé mientras ella le bloqueaba el paso.

Pasemos rápido al siguiente verano, cuando Dustin regresó a casa de vacaciones y volvió a frecuentar la iglesia. Una noche, un grupo de universitarios se estaban dirigiendo hacia el restaurante Applebee's después de la iglesia, y Dustin me invitó a unirme a ellos. Después de preguntar quién más iba, acepté ir, sobre todo porque estaba buscando a jóvenes de mi edad para pasar un rato.

No fui en el mismo auto que él, ni hablé con él en el restaurante, y ni siquiera lo miré durante la cena. Quería que supiera que ya no me interesaba.

Me imagino que tenía demasiada confianza en sí mismo para su propio bien, e hizo un nuevo intento un par de semanas después cuando me dejó un mensaje de voz en estos términos: «Hola, Rose, soy Dustin. Me preguntaba qué vas a hacer esta noche y si te gustaría ir a ver una película o hacer alguna otra cosa. Llámame si tienes tiempo. Quizá no responda, pero puedes dejarme un mensaje».

Esto me dejó medio indecisa y medio interesada, como, *Bueno, no tengo nada mejor que hacer esta noche, así que pienso que contigo basta, Rose. A propósito, deberías sentirte honrada de que quiera pasar tiempo contigo.*

No hace falta decir que no mordí el anzuelo. Es más, ¡me sentí absolutamente horrorizada! Muchachos, tienen que recordar que el clamor del corazón de una joven es: *¿Soy atractiva? ¿Soy cautivadora?*

Ella no puede aceptar una respuesta a medias a estas preguntas del corazón. Tu búsqueda quizá sea un juego para ti y solo una manera de llenar tus horas vespertinas, pero para ella es para siempre. Dustin solo me hablaba cuando le convenía o cuando no había nadie más de por medio. Me sentí irrespetada y fea, pero agradecida de saber *una* cosa. Él no era heroico, y no merecía tener una relación conmigo.

Así que dejé pasar un tiempo antes de responderle. No se merecía una llamada telefónica, por lo que le envié un correo electrónico en estos términos: «Recibí tu mensaje telefónico el otro día con el que pedías que fuéramos a ver una película, y solo quería hacerte saber que no me interesa». Fue muy breve y al grano, y nunca más volví a saber de él.

Una vez más, las payasadas de Dustin demuestran cómo *no* hay que buscar a una joven. De haberlo hecho de la manera adecuada, me hubiera sentido segura, valorada, respetada y pura. Pero no fue así.

Primero, que no me sentí segura ni pura en ese momento en que me tocó el muslo. Recuerda que tu chica tendrá una belleza a revelar y estará verificando tu liderazgo espiritual. Manifestar esa clase de comportamiento atrevido introduce dudas en la mente de ella en cuanto a si tu carácter vale la pena, en especial si se da antes de que le hayas revelado tus intenciones.

Segundo, Dustin dejó mi corazón en vilo más de una vez, y eso lo consideré una falta de respeto. Me sentí como una presa más en su red, y para nada valorada. Recuerda que una búsqueda valiente y adecuada es reflejo de liderazgo espiritual y siempre debes dejar a tu novia sintiéndose segura y respetada. Si comienzas a andar tras otra chica, ten la hombría de contárselo. No la mantengas como un repuesto en caso de que la nueva chica en la escuela o universidad te falle.

3. Ella debe saber que su corazón te ha cautivado y que has sido escogido para ganarla. Esto lo irá viendo por medio de tu comunicación con ella.

Tu chica desea que hagas un esfuerzo máximo por demostrarle que es la única para ti entre mil otras posibilidades. Desea saber que has tomado la decisión de buscar su cautivador corazón y que definitivamente vas a hacer todo lo posible para estar con ella.

Un hombre verdadero no necesita señales de parte de ella de que se siente atraída hacia él antes de que esté dispuesto a arriesgar iniciar la búsqueda. Solo después de que esté segura de que has comenzado la búsqueda puede abrirte por completo su corazón.

De Fred:

Permítanme intercalar algo para decir que es muy bueno que Jasen fuera un verdadero hombre porque Rose fue una artista para ocultar sus señales. Como un experimentado entrenador de tercera base analizando las señales de Jasen, lo ocultó todo. Si te preguntas qué está pasando por la mente de una joven cuando se refrena así, a la espera de que el joven tome la iniciativa de buscarla, fíjate en cómo Rose se comportó al comienzo de sus relaciones.

Cuando Jasen comenzó a interesarse por Rose, se condujo como la mayoría de los jóvenes. No quería descubrirle su intención a no ser que supiera que ella estaba interesada. Pero cuando Jasen inició algunos tanteos, no sucedió nada. En cuanto a Rose, Jasen no iba a conseguir de ella nada que lo ayudara.

¿No tenía Rose ningún interés? Claro que sí. De hecho, confiesa que estaba muy prendada de él, y aunque no lo conocía muy bien, sin duda que lo quería. Pero tenía unas ideas muy firmes acerca de lo que es bueno y malo en la iniciación de las relaciones, y sabía que era mejor que el joven fuera el que tomara la iniciativa. Después de todo, él era el líder espiritual en esas relaciones. También sabía que una búsqueda laboriosa era saludable para el corazón del hombre.

Claro que sabía que Jasen deseaba sentirse bien y seguro en cuanto a las nuevas e inciertas relaciones que iniciara. Pero debido a los elevados motivos que tenía, Rose no podía permitirse el lujo de preocuparse por ello. Lo que buscaba era lo mejor para *él*, y también para ella, así que se condujo sobre la base de un conjunto único de normas. Por un tiempo se comportó como quien es difícil de conquistar.

Rose deseaba asegurarse de que el interés de Jasen por ella se originara en las pasiones *de él*, y no en las de ella. Deseaba saber —y que Jasen supiera— que la buscaba por buenas razones, y no porque ella le desplegaba la alfombra roja para que le resultara fácil.

En retrospectiva, trae a la mente un juego de escondite. ¿Por cuánto tiempo podría —debería— resistir antes de que por fin se rindiera? Nadie lo sabía. Pero les diré que nunca he visto a una joven ocultar tanto en toda mi vida. Incluso a mí me engañó, y esto dice ya algo, porque pensaba que ya lo había visto casi todo en la vida.

Jasen la abordó unas cuantas veces para conversar e inventó razones inocuas para enviarle correos electrónicos. La llamaba al celular con regularidad para saber cómo le iban las cosas, e incluso entró a formar parte del grupo de jóvenes en el que ella estaba, a pesar del recorrido de media hora en carro desde la Universidad Estatal de Iowa los jueves por la noche. Rose se mostraba sociable y amistosa, como con todos sus amigos del grupo. Pero en cuanto a enviar vibraciones de que esperaba que Jasen pudiera un día ser algo más para ella… olvídate.

Así que Jasen se fue retirando y puso en neutro su cambio de marcha por un tiempo. Como ella no daba muestras de interés por él, pensó que no le gustaba. Mantuvo conversaciones y correos electrónicos ocasionales, pero no siguió adelante con sus planes de pedirle que salieran hasta que pudiera pensar en un plan B.

Entre tanto, Rose se estaba muriendo por dentro. Por cierto, un día pasé por nuestra iglesia donde trabajaba como recepcionista y me detuve a conversar con ella. Jasen y yo descubrimos más adelante que, después de que me fui, Rose fue a ver a nuestro pastor y me señaló por la ventana cuando me dirigía a mi carro y le dijo entre lágrimas: «Estoy enamorada del hijo de ese hombre. ¡Y no puedo permitir que lo sepa!».

Nunca supimos esto sino hasta bastante después de que Jasen y Rose comenzaron a salir con regularidad porque, en ese tiempo, Rose estaba absolutamente segura de que el silencio y la pasividad eran sus mejores medios de asegurarse de que Jasen era el elegido. Cómo se contuvo bajo una presión emocional tan intensa, nunca lo sabré. Por fin, después de unas tres semanas más, Jasen arrojó por la ventana sus cautelas y puso las cartas sobre la mesa. Le pidió que salieran. Pensó que era mejor sufrir ahora un rechazo y seguir adelante que seguir por siempre al borde de la carretera en neutro. Una vez que dio a conocer sus intenciones de ganarse su corazón, comenzando con una invitación para salir a cenar, ella se limitó a sonreír, como diciendo: *Comienza el juego*.

Al cabo de siete meses, estaban frente al altar prometiéndose amor «hasta que la muerte nos separe». Y Brenda y yo nos ganamos una increíble nuera.

Así que, ¿qué piensas de la idea de Rose? Funcionó. En ese tiempo, hubiera apostado lo que fuera de que a Rose no le interesaba Jasen. Y sin embargo, tenía un interés apasionado por él. Pero debido a sus sacrificadas motivaciones, no lo podía expresar hasta que Jasen decidiera declarársele. Permanecer callada acarreaba algún riesgo porque por un tiempo el pobre Jasen tuvo que enfrentar a solas la confusión. Pero en la mente de ella, ese riesgo era precisamente lo fundamental. Descubrir lo que decidiría en el silencio era la única forma de asegurarse de que iniciaría sus relaciones con el corazón por completo dedicado a ganársela.

Si piensas que Rose es muy diferente de todas las otras jóvenes, piensa de nuevo. Como lo destaca la investigación de Jeff Feldhahn y Eric Rice en su libro *Solo para chicos*, las jóvenes desean en lo más profundo de su ser que el hombre demuestre su verdadera hombría. La búsqueda valiente de parte del hombre es un componente de esa prueba, y no te equivoques.

De Rose:

Cuando Jasen por fin anunció sus intenciones, fue bien heroico. No se limitó a pedirme que saliéramos. Hizo una lista de todas las cosas especiales que veía en mí, y mi corazón casi se paralizó. No podía creer lo que estaba oyendo.

Me dijo por qué era diferente de las demás jóvenes. «Tu carácter cristiano es magnífico, y eres la joven más consagrada que haya visto jamás. Si quieres saber la verdad, Rose, ni siquiera sabía lo que estaba buscando en una esposa hasta que te conocí».

Ahí estaba: exactamente lo que había estado esperando en medio de mi silencio.

Pero al mismo tiempo, ¡conseguí mucho más que lo que había esperado! Al oír esas palabras, casi me muero. Estamos hablando en realidad de algo muy serio. Pero, ¿sabes?, me gustó lo que dijo. Muchísimo. Así que no había ninguna razón para decirle no a salir con él.

Ahora bien, eso no significa que existe garantía de que vayas a obtener un sí de parte de una joven si sigues los pasos de Jasen. Pero te diré una cosa: sin ninguna duda te respetará como un verdadero hombre. Si le hubiera dicho no a Jasen porque no me interesaba en esa forma, de todos modos hubiera llegado a tener una opinión más elevada de él como amigo y como hombre, a diferencia del joven que solo pudo pensar en pedirme que saliéramos para así poder «bendecirme». Jasen, por otro lado, lo arriesgó todo por mí.

La verdad es que solo cuando declaras esa clase de búsqueda puedes abrir su corazón. No creo que se puede ser demasiado apresurado ni demasiado valiente en declarar esas intenciones, pero Jasen logró cambiar mi opinión al respecto después de concluida la cena y de pasear alrededor del lago Gray en nuestra primera salida.

—Rose —me dijo—, pregunté a mis amigos de la universidad si estaría bien que te hiciera la siguiente pregunta en nuestra primera cita. Todos me dijeron que no y dijeron que si te la hacía te asustaría.

El corazón comenzó a acelerárseme. *¿Qué podría ser?*

—Pero mientras caminábamos —prosiguió—, me di cuenta de que tengo que hacerte esta pregunta de todos modos porque pienso que es bueno que desde un principio tengamos las cosas claras de manera que ninguno de los dos tengamos ninguna confusión en cuanto a nuestras relaciones.

Se detuvo por lo que a mí me pareció como una hora, y el corazón me golpeaba como un martillo.

—Rose, ¿estás de acuerdo conmigo en que sigamos saliendo hasta que terminemos o nos casemos?

Me quedé boquiabierta. Me tomó algún tiempo procesar su pregunta antes de que por fin caí en la cuenta de que siempre tenía que ser cortés y contestar al pobre muchacho.

—Bueno, me parece bien —respondí sonriendo con recato. Pero por dentro estaba gritando, *¿¡¿¡¿¡QUÉ?!?!?!* *¡Esas dos posibilidades extremas son tan enormemente intensas! ¡Y ambas me asustan hasta morir!* No quería romper con el joven más estupendo que jamás había conocido. ¿Pero casarnos? ¿Después de haber estado con él en una cita por solo un par de miserables horas?

Pero de nuevo, me encantó. Necesitaba saber que lo había cautivado y que había decidido ganarse por completo mi corazón. Tu novia también necesitará saber esto, y si necesitas un poco más de comprensión de por qué, lee esta última historia.

Jasen y yo nos intercambiábamos muchos correos electrónicos como amigos antes de que comenzáramos a salir, y aunque no le daba señales, ya me derretía por él. Como me conocía muy bien a mí misma, sabía que tenía que proteger mis emociones frente a aquel fornido joven en una forma totalmente nueva. Sabía lo mucho que ya me gustaba y lo mucho que me dolería que se fuera tras otra chica, de modo que siempre que Jasen me escribía un correo electrónico, lo leía dos veces cuando lo recibía (que solía ser hacia medianoche), y luego lo volvía a leer una vez más a la mañana siguiente. En ese punto, me obligaba a borrarlo. No podía permitirme leer sus correos una y otra vez, o si no, nunca podría controlar mis emociones.

Después de haber comenzado a salir, Jasen mencionó un correo que me había enviado acerca de su abuela moribunda, y lloré cuando le dije que lo había borrado. (Mi computador borra automáticamente mis correos una vez por semana). Le expliqué que me gustaba tanto, y que me hablaba de cosas tan próximas a su corazón, que sabía que me volvería demasiado apegada a él si guardaba sus correos y los leía una y otra vez todo el tiempo, y por esta razón me obligaba a borrarlos todos. Se mostró sorprendido y elogió mi dominio propio.

Le dije que daría cualquier cosa por tener de nuevo en mis manos esos correos para volverlos a leer ahora que andábamos juntos. ¡Entonces me dijo la cosa más hermosa del mundo! Los había guardado todos, y me los iba a enviar de nuevo para que pudiera disfrutar leyéndolos otra vez, esta vez sabiendo que era mi novio.

Eso fue un final feliz para mí, pero lo importante que debes saber acerca de esta historia es esto: has visto que las jóvenes son más frágiles cuando hay rompimiento de relaciones, y has visto el motivo. Yo deseaba contar esta historia, pintar un cuadro de cómo es ese corazón frágil en la vida real, de manera que puedas entender por qué es tan importante tomar una decisión y declarar tus intenciones con claridad. La joven tratará con toda su alma de proteger su corazón hasta que tú le abras el tuyo por completo.

Sé valiente. Ve tras su corazón sin reserva y protégelo bien. Ella no solo está buscando un tipo maravilloso que sabe dónde está parado. Está buscando un hombre. Sé uno.

DECIDIR

Bastión falso #5: Necesito salir mucho con chicas ahora para poder conocer lo que deseo en una joven y cómo ganarme a mi novia cuando la conozca.

De Fred:

A penas después de haber sido salvo un año después de la universidad, regresé a Ankeny, Iowa, y comencé a asistir con regularidad a la iglesia por primera vez en años. Cuando di el primer paso para cruzar aquellas puertas macizas y adornadas esa primera mañana, me informaron de que había llegado a la hora de la escuela dominical. Un amable señor me mostró una lista de las clases para adultos a las que podía asistir según mi preferencia.

No tenía ni idea de lo que estaba haciendo, pero recorriendo con el dedo la lista de clases, me sentí atraído ante la descripción de la clase sobre el matrimonio que dirigía Joel Budd, el pastor asistente. Hacía poco tiempo que había caído en la cuenta de que casi todo lo que yo sabía acerca de las mujeres provenía de aventuras de una noche y de relaciones informales, de manera que de entre las innumerables cosas que Dios debía cambiar en mí, pensé que esta esfera de mi vida tenía que ser la más apremiante. Pasar de amorío en amorío me había hundido cada vez más hondo en el pecado sexual, y si bien me sentía agradecido de que mi estilo egoísta de vida me había por fin puesto de rodillas, sabía que incluso si deseaba salir regularmente con alguien, no podría reconocer a una joven que valiera la pena si la encontrara.

Así que dejé de salir con mujeres durante casi todo el año siguiente para recibir la enseñanza del pastor Joel. ¡Quizá fui el único hombre en la historia en asistir a una clase para parejas casadas por todo un año sin ni siquiera tener una aventura! En los nueve meses siguientes, escuché lo que el Señor me estuvo enseñando acerca de esa espléndida creación que llamamos mujer. La clase fue constante y completamente fascinante, y casi no podía creer cuán poco conocía yo de las mujeres después de todo ese tiempo que había pasado con ellas durante años.

Sospechaba que tenía algo que ver con mi educación. Aunque crecí en un hogar rodeado de mujeres —mi madre y dos hermanas—, su forma de pensar acerca de las relaciones era tan morboso y malicioso como el mío y, por lo que sé, ninguno de nosotros entendía que las mujeres son en verdad la gloriosa corona de la creación de Dios y que el Señor las hizo para que completaran a los hombres en formas infinitamente maravillosas. Tenía mucho que aprender y que olvidar de lo que había aprendido.

Por fortuna, estaba sucediendo. A estas alturas de la clase, el Señor había logrado que los deseos de mi corazón estuvieran rebosando de curiosidad, y poco antes de que se cumplieran los diez meses, elevé esta sencilla oración: «Señor, he estado en esta clase por casi un año y he aprendido mucho acerca de la mujer, y de veras que nunca he conocido a una mujer cristiana así. Por favor, muéstrame a una mujer que encarne estas características de consagración para que pueda yo ver cómo es en la vida real».

No estaba pidiendo una aventura, ni una novia ni una esposa. Solo deseaba entender mejor a las mujeres.

Dios respondió de inmediato a esta petición... e hizo mucho más que lo que yo jamás había esperado Una semana más tarde no solo me presentó una. Me *dio* una, la soñada, mi futura esposa, Brenda.

La verdad es que esto resulta divertido. Cuando joven, no comencé «esperando antes de salir con alguien», como lo hizo Jasen. De hecho, anduve en busca de jóvenes sin descanso, como un gerbo en su rueda de ejercicio. Pero a pesar de todos esos años de esfuerzo sin fin, nunca encontré a la joven de mis sueños hasta que abandoné mi incesante «práctica de andar con mujeres» y comencé a confiar que el Señor cumpliría sus promesas.

En cuanto a las promesas de Dios, ¿creemos en Él? De alguna manera, Jasen siempre lo hizo. Mi hijo salía por la ciudad con los amigos y las amigas de su grupo, pero durante la secundaria nunca salió a solas con ninguna. Una noche durante su último año, se lo pregunté.

—Así que, Jasen —le dije en un tono informal—, todavía no has salido con una chica a solas, y ya te estás preparando para ir a la universidad. Es más bien poco usual. ¿Alguna razón en particular?

—Es que no he hallado ninguna, papá —me dijo mirandome directo a los ojos.

Vaya, vaya. Tratándose de muchachas, tenía sus estándares y no tenía prisa. Sin duda dijo todo lo que importaba, pero la madurez de su respuesta me sorprendió tanto que no caí en la cuenta de cuán profunda era. Así que insistí un poco más:

—Bueno, algunos de tus amigos han tenido novias y todo eso. ¿Te ha preguntado alguna vez alguno de tus amigos por qué tú no sales con nadie?

—Sí, algunos. Jan me lo preguntó apenas hace un par de días. Pero me alegra que no suceda muy a menudo. Todo este asunto es en verdad molesto.

—¿Cómo así?

—Bueno, papá, las personas son raras con respecto a esto. Están convencidas de que la escuela secundaria es una especie de preparación para salir con muchachas. ¿Recuerdas al Sr. Peterson?

—Claro. El profesor favorito de todos.

—También es uno de mis favoritos. Pero a menudo lo oí hablar a los muchachos acerca de cuán importante es salir con muchachas en la secundaria. Yo no quería hablarle acerca de esto, pero un día él y un par de compañeros me acorralaron. Sabía que lo único que les preocupaba era yo, pero insistieron en que necesitaba salir con muchachas antes de ir a la universidad. Dijeron que sería una buena práctica para llegar a escoger una esposa.

Hizo una pausa y continuó:

—Los escuché con mucha paciencia, mientras en mi interior me estaba riendo. Yo me decía: *Si toda esta práctica es tan útil para aprender a escoger esposas, ¿por qué son tan altas las tasas de divorcio en este país?* Pero mantuve la boca cerrada. Cuando siguieron insistiendo, sin embargo, al final me sentí tan molesto que exploté: «¡Pero yo no quiero que practiquen conmigo!».

¡Tendrías que haber estado ahí, papá! —añadió riendo por lo bajo—. ¡Sus caras de pasmo daban risa! Todos me miraron. No creo que hubieran pensado jamás que cuando están practicando con las jóvenes, ¡ellas están practicando con ellos!

Al pensar de nuevo en esto, es probable que mi cara también mostrara asombro cuando me lo contó. Nunca había pensado en esto de esta forma. Admiré su sabia forma de pensar: había llegado por sí mismo a la conclusión de que no tenía que salir con muchachas para practicar, y mucho menos para pasar el rato.

De Jasen:

No hace falta para nada que salgas con muchachas para saber qué deseas encontrar en una joven, no importa lo que digan los demás. Salir con muchachas es demasiado serio para jugar con eso, debido al impacto duradero en tu vida y en las vidas de las jóvenes con las que sales. La mejor forma de encontrar a una joven es ajustar tus estándares a los de Dios y luego definir esos estándares con toda claridad en tu mente de manera que lo puedas reconocer cuando Dios la pone en tu camino.

Claro que no pretendo espiritualizar con exceso esto. Yo *estaba* buscando una joven cristiana pura, desde luego, pero también estaba buscando una joven que pudiera hacerme reír con facilidad, porque había visto lo magnifico que esto había sido en la relación de mis padres. No todo se trata de una «profunda seriedad espiritual».

Por otro lado, definir estándares debe tratarse menos acerca de escoger *nuestros* estándares y más acerca de armonizarlos con los *de Dios*. Demasiados hombres cristianos siguen simpatizando a ciegas con nuestras mentiras culturales, por lo que establecen estándares superficiales como «debe ser apasionada, debe poder tocar un instrumento, debe ser inteligente, debe ser una profesional y debe ser capaz de ganar mucho dinero». No tienes que escoger cualquier antiguo estándar que encaje en tus fantasías egoístas, solo para que puedas marcar este requisito en tu lista y decirme: *Muy bien, Jasen, ¡ya tengo mi estándar! Ya estoy listo.*

Los estándares de Dios deben determinar el proceso. Tienes que desear lo que Dios desea para sus hijos, o de lo contrario esos estándares no te ayudarán gran cosa en tu búsqueda. Aunque puede parecer algo extraño, una buena armonía con Dios me hizo mucho más fácil *evitar* salir con muchachas porque mi idea de la joven perfecta hizo que me resultara totalmente obvio que no había nadie en el entorno que diera la talla. Veía a muchas jóvenes agradables en los pasillos de la escuela, pero cuando se trataba de consagración, ninguna vivía abiertamente para Dios y ninguna parecía comprometida con algo que no fuera lucir bien o destacar en deportes, caminos seguros para convertirse en estupenda y popular.

Seguir esa línea me ayudó a no perder el tiempo con prácticas inútiles en el terreno de las citas.

Ahora bien, el Sr. Peterson me dijo que necesitaba salir con chicas durante la escuela secundaria para saber cómo salir con chicas en la universidad, «cuando importaba». Pero en cuanto a mí, siempre importaba.

No quería utilizar a jóvenes para practicar el noviazgo porque hubiera sido egoísta y perverso jugar con sus emociones para mis propios fines. Y además, sabía que las jóvenes también estaban practicando con los muchachos. Pensaba que esa era una buena fórmula para fracasar cuando se trataba de pureza sexual; y además, no quería tampoco salir herido. ¿Quién lo querría?

Desde luego que *deseaba* salir con muchachas. Las jóvenes me atraían, y salir con ellas parecía ser muy divertido. Pero es debido a ese intenso deseo que es tan importante comenzar a pensar como hombre muy pronto —en la adolescencia y primera juventud— para así enfrentarse con sinceridad a la realidad de las citas.

Y esta es la realidad: A los dieciséis años, ¿qué hace uno con una novia? Todavía van a transcurrir dos años para graduarse de secundaria y por lo menos cuatro años más para conseguir un diploma universitario. Esto son por lo menos seis años antes de estar en condiciones de sostenerse uno y sostener a una esposa, y a no ser que planeen casarse apenas salidos de la secundaria (que no es algo que recomendaría) y aceptar el primer trabajo que encuentren, van a tener que estar esperando muchísimo tiempo para hacer avanzar sus relaciones. Esto haría que fuera más probable que esas relaciones fracasaran en algún momento durante la secundaria, y debido a ello, no pensé que tenía sentido comenzar a salir con muchachas tan pronto.

No estoy afirmando que salir con muchachas sea pecado, pero estoy seguro de que pueden ahorrarse mucho tiempo y muchos problemas si esperan un poco más. A pesar de lo que todos dicen, esperar a salir con muchachas no condena a no saber cómo tratar a las mujeres. Te lo aseguro.

Quizá el aspecto peor en cuanto a tener novia durante la secundaria es que si bien se quiere avanzar hacia una relación más profunda e incluso consumarla con todos los privilegios físicos, Dios dice que no podemos hacerlo hasta estar casados. Los años de tentación que siguen conducen a menudo a que las cosas acaben mal.

Sería mejor disfrutar de la escuela secundaria sin todas las complicaciones interpersonales, porque la verdad es evidente: incluso si llegas a conocer a Miss Perfecta y a hacerla tu novia, en algún momento esas relaciones deben dejar de crecer porque no la pueden conducir a algo físicamente más íntimo. Si estamos comprometidos con la pureza sexual, de alguna forma hay que contentarse con decir no a las cosas físicas, incluso si están sintiéndose más cercanos emocionalmente. ¿Pueden sentirse satisfechos con seguir siendo amigos muy íntimos todo el tiempo, en esencia poniendo sus relaciones en animación suspendida por unos pocos años hasta que tengan más edad? Eso no sería fácil de conseguir.

Me mantuve puro con Rose durante nuestros siete meses hasta el matrimonio y, con nuestras defensas bien puestas, es probable que hubiéramos podido mantenernos por bastante tiempo más. Pero, ¿mantener una relación en animación suspendida por seis años? No, gracias. Esto hubiera sido mucho, *mucho* tiempo.

Deseo insistir en que no estoy aquí para decirte si debes o no tener novia durante la secundaria o incluso en los primeros años de universidad. Consigue libros que aborden el tema. Léelos. Pondera sus argumentos.

Estoy aquí, sin embargo, para decirte la forma de pensar que necesité para permanecer sexualmente puro desde la pubertad hasta el matrimonio, y creo que la práctica de salir solo con muchachas en la escuela intermedia y en la secundaria no contribuye para nada a la pureza.

De haber conocido a Rose en el noveno grado o el décimo, estoy muy seguro de que hubiera podido estar pensando: *Trataré de cultivar la amistad con Rose y hacer cosas con ella en grupos para mantenerme en contacto con ella. Con eso llegaremos a conocernos bien. Pero más allá de esto, todo lo que puedo hacer es confiar en que Dios me traerá a mi vida más tarde a alguien más de carácter o confiar en que Él hará que Rose siga cerca hasta que yo pueda comenzar a salir con ella dentro de unos años.*

Conozco a muchísimas personas que salieron con muchachas durante la secundaria solo para lograr que sus relaciones terminaran cerca de la graduación. Si lo pienso bien, no conozco ni a una pareja de mi escuela secundaria que mantuviera su relación hasta llegar al altar. Se trata de probabilidades terribles, mucho peores de las que encontrarías en Las Vegas. ¿Por qué vas a pasar por la secundaria tratando de superar probabilidades desoladoras como esas? No es como si no tuvieras otras cosas más importantes que hacer en la escuela en lo que te preparas para una carrera.

Mi hermana Laura llegó a entender esto unas pocas semanas después de estar estudiando con papá *Le dije adiós a las citas amorosas*. Después de que él contó algunas de sus accidentadas experiencias en esas citas en la secundaria y la universidad, Laura dijo: «¿Sabes, papá? He estado pensando que salir en citas debe pasar a ser una prioridad mucho más pequeña en mi vida. Podría impedirme llenar mi sueño de ser veterinaria, y esto no quiero que suceda. Salir con muchachos en grupos podría ser aceptable, pero el romance necesita esperar. En realidad no veo en qué me beneficia, y no quiero arriesgar mis emociones en estos momentos».

La forma de pensar de Laura daba en el blanco. Ahí afuera no había nadie para ella de todos modos, de la misma manera que no había nadie para mí. Sin embargo, un día habrá una persona especial de manera que mientras ella está esperando a que su héroe aparezca en el horizonte para buscarla, está buscando a Dios y anda en pos de los sueños que Él le ha puesto en el corazón.

Jóvenes protegidas

Una vez que hayas decidido dejar de lado la mentalidad de practicar y estés en una situación de poder salir con alguien como es debido, ¿a quién pretenderás?

No basta buscar una joven con la etiqueta de cristiana porque ese nombre ya no garantiza gran cosa en cuanto al carácter de la chica ni sus propósitos de pureza sexual. Más bien hay que buscar a una joven que esté en este mundo pero que no sea *de* este mundo. Garrett, en su primer año de universidad, aprendió esta diferencia de la manera más difícil:

Muy temprano en la vida decidí evitar la pornografía y la intimidad sexual prematrimonial. Y me mantuve. Sin embargo, no siempre he estado a la altura de los estándares de Dios de ni siquiera «un vestigio de inmoralidad sexual» en mi vida, pero estoy procurando lograrlo.

El problema es que tengo una novia. Siempre me deja tocarle el busto, pero después de algún tiempo el Espíritu Santo me convenció y llegué a persuadirme de que lo que hacía era malo. Cuando le dije a ella que no creía que lo que estábamos haciendo fuera justo a los ojos de Dios, me dijo que yo era demasiado estricto. Hizo muecas y lloriqueó, y llegó el momento en que cedí y lo volví a hacer.

Como ella *tiene la reputación* de ser una persona amable y buena cristiana, le mostré el versículo de la Biblia que encontré en *La batalla de cada hombre joven* donde dice que las caricias no son buenas. A pesar de ver la verdad bíblica ahí en blanco y negro, insiste en que no hay nada malo en los juegos preliminares. Resulta tan extraño como líder de nuestras relaciones ver que ella insiste tantísimo en estas cosas. La mayor parte de las veces me mantengo firme como un hombre y le digo que está mal y me niego a hacerlo, pero entonces siempre alega que la estoy «rechazando».

Garrett *necesita* apartarla de su vida. Debido al aumento de maldad en los medios de comunicación y en la cultura, el amor de muchos cristianos se ha enfriado. No han muerto al pecado (Romanos 6:1-14) y en vez de ello demasiados están cultivando las formas de este mundo, y permiten que los bastiones de tradiciones mundanas dominen su forma de pensar.

Así que, de nuevo, tienes que tener más cuidado en cuanto a con quién vas a salir. La novia de Garrett tenía la reputación de ser cristiana, pero la reputación no significa nada para Jesús, y no debería significar nada para ti en la búsqueda de la persona a la que pretendes, en especial si tienes el propósito de mantener la pureza sexual en tus salidas. Después de todo, muchas jóvenes cristianas tienen la reputación de ser puras, pero siguen buscando placer sexual a escondidas:

Conozco tus obras; tienes fama de estar vivo, pero en realidad estás muerto. ¡Despierta! Reaviva lo que aún es rescatable, pues no he encontrado que tus obras sean perfectas delante de mi Dios. Así que recuerda lo que has recibido y oído; obedécelo y arrepiéntete. (Apocalipsis 3:1-3)

No será su reputación, su familia, la iglesia o la escuela lo que la harán digna de ser pretendida. Serán sus obras.

Si ella no está de acuerdo con tus normas de pureza sexual, sus obras ponen al descubierto su corazón. Obedece a Dios y huye de ella (1 Corintios 6:18). Es la clase de persona que los hombres mediocres persiguen mientras con una amplia sonrisa dicen: *Esta es la clase de chicas con la que uno sale, no la clase con la que uno se casa.*

Si deseas permanecer puro, no hay dos clases de jóvenes para ti. Solo puedes salir con la clase con la que podrías casarte porque, como héroe en el reino de Dios, eres demasiado hombre y demasiado defensor de la verdad y del carácter de Dios para actuar de otro modo.

Ahora, yo tenía mis estándares en cuanto a qué buscaba en una joven, y no me tomó demasiado tiempo saber
que Rose satisfacía esos estándares. Su carácter era de mucha calidad y muy pronto confirmó todos mis estándares,
incluso cuando se trataba de qué películas ver. Sabía que
amaba a Jesús más que a sí misma, y aprendí que siempre
pondría nuestro matrimonio por delante de sí misma. También complementaba muy bien mis características, podíamos orar juntos sumamente bien, y nos divertíamos mucho
juntos.

Pero, ¿sabes qué? No hace falta tener una lista para descubrir a una joven de calidad para salir con ella, por lo menos
desde un principio. Solo se necesita escuchar una pequeña
frase. El caso es que la mayor parte de los jóvenes evitan a las
muchachas protegidas, pero en mi caso de hecho yo buscaba
una muchacha protegida, en especial con respecto a su consagración a Dios y la pureza sexual. Siempre que escuchaba a
un amigo en Cruzada Estudiantil que le ponía esta etiqueta a
una muchacha, lo tomaba como mi indicación de observarla
más de cerca. Oír que alguien era una muchacha protegida
solía ser una buena señal de que estaba escogiendo no hacer
las cosas que todos los demás a su alrededor habían racionalizado como aceptables. Tomaba una posición diferente, y yo
siempre pensaba que eso era muy bueno.

Siempre que los estándares de una joven despertaban mi
curiosidad así, comenzaba a frecuentar grupos en los que
ella estaba para buscar las otras cosas que estaban en mi
lista, y en especial para descubrir si era divertida. Estaba
dispuesto a pedirle que saliera conmigo para ver si su reputación como cristiana era genuina.

En citas como estas, es importante explicar nuestros estándares y nuestras creencias cuanto antes. De nada sirve
perder tiempo. Hay que decirle pronto y a menudo quiénes
somos, y ofrecerle un lugar en nuestra gran aventura desde
un principio.

Le conté a Rose cuáles eran mis estándares en cuanto a películas y teatros durante la primera semana de salir juntos, y le pregunté si estaría dispuesta a vivir según ellos si decidiéramos seguir saliendo y un día casarnos. Tenía que saberlo pronto porque eso era para mí una condición clave. Si hubiera dicho no, hubiera tenido que terminar nuestra relación debido a lo que significaban para mí esos estándares. Pero Rose aceptó sin más redefinir sus estándares para que armonizaran con los míos.

Lo mejor en cuanto a esa discusión es que una vez que planteé en forma abierta este asunto y lo pude quitar del medio, no quedó la más mínima duda de que ella era en verdad especial y muy diferente. Supe que era de la clase con quien salir en serio. No solo estábamos en la misma página al comenzar, sino que sabía que pensaríamos parecido al final si nuestras relaciones nos conducían hacia el matrimonio. No iba a haber confusiones.

Se gana mucho si se descarta del todo la forma de pensar de practicar citas, pero es importante entender desde un principio que no saldremos con la misma frecuencia de esta manera. Por alguna razón, algunos jóvenes creen que si comienzan a tratar a las mujeres con esta clase de heroicidad, de repente se convertirán en imanes para las jóvenes en la iglesia, pero no suele ser así. Patrick tuvo esto que decir:

En *La batalla de todo hombre joven*, se dice que las muchachas solo desean a un joven que puedan respetar, pero esto me ha molestado. Solo tengo quince años, pero tengo muchos problemas con las muchachas debido al hecho de que las que conozco me respetan mucho, pero no quieren tomarme en serio como un novio potencial. Dicen que «no me ven así».

Tal como lo veo es que las muchachas en realidad no desean a un muchacho que va a amarlas y respetarlas por quienes son. Desean a alguien a quien le guste su cuerpo porque les encanta la atención que entonces le presta. Quizá esto solo es verdad en el caso de las muchachas que conozco, pero me irrita sobremanera. No estoy tratando de usar a las muchachas, pero no obtengo nada en cuanto a romance a cambio de mi forma de actuar.

Mira, convertirte en rebelde en esa batalla contracultural frente a Baal te hará un héroe ante Dios al instante, pero no esperes que todas las muchachas que conozcas te encuentren heroico. Esta noticia en realidad no debe sorprenderte. Por un lado, muchas cristianas están debatiéndose con los mismos bastiones de opiniones retorcidas que nosotros y por esto quizá no pueden ni siquiera reconocer tu heroísmo como la respuesta al clamor de sus corazones, por lo menos no hasta que destruyan esos bastiones enemigos. Segundo, no todas las muchachas maduran al mismo ritmo. Rose me cuenta que a los quince años estaba loca por los muchachos, y aunque ahora está loca por mí, dudo de que me hubiera encontrado muy atractivo en mi segundo año de secundaria. En otras palabras, algunas de las muchachas en el ámbito en que te mueves quizá necesiten crecer un poco antes de que puedan ver el valor que tienes.

Lamento tener que informártelo, pero ser heroico no es la forma de acelerar las cosas en el frente romántico, amigo mío. Es probable que ralentice las cosas. Pero a largo plazo, eso es bueno: la paciencia es el prerrequisito para descubrir a quien pretender.

En cuanto a lo romántico, la pregunta para el hombre héroe no es si se está volviendo atractivo para muchas mujeres. La pregunta es: *¿Estoy pendiente de los propósitos de Dios cuando ando tras sus chicas, o estoy pendiente de los míos?*

Matt respondió así a esta pregunta: «He decidido que ya he dedicado demasiado tiempo tratando de conseguir que las muchachas se fijaran en mí. ¡Necesito dejar de lado todo esto para deleitarme en la gloria de Dios mientras trato de estimular a los muchachos y las muchachas a mi alrededor!».

Matt ha descubierto que es un error que los muchachos traten de hacerse atractivos a *todas* las muchachas. Solo se debe ser atractivo para las puras, las llamadas muchachas protegidas. Recuerden, será tan divertida y loca por la vida como las otras una vez la encontremos, al igual que Rose y mis hermanas Laura y Rebecca. Pero también recuerda que muchas de estas muchachas pueden estar esperando a llegar a la universidad, para salir en citas de manera que si te les acercas heroicamente como un joven de diecisiete, dieciocho o diecinueve años, te puede llevar bastante tiempo antes de conectarte de manera profunda con una de ellas. O sea, por ahora están fuera del mercado, pero esto está bien, porque los verdaderos hombres son pacientes y también tienen otras prioridades mientras están en la escuela. Podemos llenar nuestro tiempo de muchas otras formas divertidas y satisfactorias mientras esperamos. Yo me divertí mucho en la secundaria y en la universidad sin salir con muchachas.

La falta de práctica tampoco me hizo tropezar. Cuando por fin conocí a Rose, sabía muy bien qué tenía que hacer para ganármela, incluso sin toda esa práctica. Por muy cursi que parezca, durante esas primeras citas importantes, lo que más necesitaba saber en cuanto a conseguir que una muchacha se sintiera especial surgió de lo más profundo de mi alma, de mi creciente amor por ella. Cuando necesité más consejos, tuve a buenos amigos cristianos a quienes acudir, y estos me enseñaron todo lo demás que tenía que saber según iba presentándose la necesidad. Así que, según resultó, yo siempre tuve la razón, y el Sr. Peterson había estado equivocado. Nunca necesité ninguna práctica para saber cómo ganarme a mi futura esposa cuando la encontré. Y tampoco lo necesitas tú.

En estos días, un joven que ande buscando la muchacha de sus sueños a menudo va revisando mujeres de la misma forma que un muchacho rebusca manojos de hierba en su búsqueda de un trébol de cuatro hojas de la buena suerte. No se trata de cantidades ni de suerte. Dios nos ofrece una forma mejor:

Confía en el Señor y haz el bien ... Deléitate en el Señor, y te concederá los deseos de tu corazón. Encomienda al Señor tu camino; confía en él, y él actuará. Hará que tu justicia resplandezca como el alba; tu justa causa como el sol de mediodía. Guarda silencio ante el Señor, y espera en él con paciencia; no te irrites ante el éxito de otros, de los que maquinan planes malvados. (Salmo 37:3-7)

No tienes que pasar por pesadas prácticas de dos por día en el terreno de las citas para determinar lo que necesitas en una joven, y no hay que hacer pasar a una procesión de muchachas por el dolor de tus «pruebas» para prepararte para *alguien* especial. Dios promete concederte los deseos de tu corazón con tal de que esperes con paciencia —y con pureza— ante él. No te preocupes, incluso si todos tus compañeros cristianos andan rondando como el resto del mundo, supuestamente practicando sus destrezas. Estate tranquilo y espera confiado.

Entre tanto, puedes dedicar mucho tiempo a las muchachas codeándote con ellas en grupos de amigos. Todos nos divertimos mucho de esta manera, y aprendí mucho acerca de las muchachas, sin pisotear sus emociones ni tratando de aprovecharme de ellas en el proceso.

Sobre todo, utiliza tus años de soltería para llegar a ser la clase de hombre digno de la mujer de tus sueños. Mientras esperas con paciencia a que el Señor colme los deseos de tu corazón, aprende a deleitarte en Él. Busca la senda que te tiene reservada. Desarrolla tus dones, y prepárate para la carrera para la que te ha creado. Sobre todo, no olvides que Dios no entregará a sus corderitas escogidas a hombres mediocres. Así que no hay que practicar con noviazgos. Practica más bien la hombría. Ella no tardará en estar buscando esa prueba, así que debes estar preparado para cuando llegue el momento.

¿Qué más estará buscando? Lo analizaremos en el capítulo siguiente.

CHISPAS

Bastión falso #6: Las buenas relaciones
sexuales son clave para desarrollar un buen
romance, y cuanto más tengan, más sabrás si
ella reúne condiciones para el matrimonio.

De Fred:

Permíteme eliminar esto de una vez: Las buenas relaciones sexuales no fomentan el romance, sino al contrario. Quizá no hay ningún otro mito más dominante, más morboso y más destructor de las relaciones que este.

Muchos jóvenes piensan que no se puede medir el romance y la química con la novia a no ser que compartan una vida sexual activa. ¿De qué *otra* manera se medirían las chispas que saltan entre ustedes?

Ante todo, la verdadera medida del romance y la química en unas relaciones radica en hasta qué punto satisface los anhelos esenciales del corazón femenino:

1. ¿Soy atractiva?
2. ¿Lucharás por mí?
3. ¿Me conducirás a una gran aventura con Dios que poda mos compartir juntos?

Si se examinan de cerca estas preguntas se descubrirá cuánto peso tiene una relación física en fomentar un verdadero romance y una química fulgurante.

1. ¿Soy atractiva?

Si el sexo prematrimonial es con lo único con que se cuenta para tener unas relaciones románticas, el contacto íntimo debería fácilmente llenar el corazón de una joven y conseguir que siempre se sintiera atractiva, siempre cautivadora. Brianna nos dijo que en estos días dudaba de esto en ambos casos:

> Mi novio y yo participábamos en forma activa en la iglesia: yo trabajaba en la oficina de la iglesia, ambos estábamos muy involucrados en nuestros grupos universitarios, y fungíamos como líderes juveniles y líderes en cultos. Cada domingo por la mañana, nuestro sentimiento de culpa era muy agudo porque cada sábado por la noche se saturaba de lujuria, pero nunca parecía que hubiera una razón lo bastante convincente como para que lo detuviéramos.
> Como mujer, ansiaba muchísimo que me desearan y me amaran de verdad, y por esto cada vez que nuestros intercambios sexuales se acentuaban mucho, lo que deseaba hacer era acurrucarme junto a él para estar muy cerca y oír que me decía que me amaba. El problema es que una vez que él conseguía lo que deseaba, ya no sentía más la necesidad de intimidad.
> Es extraño. Cuando vivíamos con una actitud pura en nuestras relaciones, él estaba dispuesto a hacer lo posible para que yo me sintiera atractiva y especial, pero una vez que comenzábamos los contactos físicos, todo eso desaparecía.

Vaya. La química no se intensificaba con sus incursiones al sexo prematrimonial, ¿no es así? Parece que mientras más se conectaban físicamente, menos ella lo conocía a nivel emocional. No se sentía encantadora esas noches de sábado, aunque él la abrazara, y no se sentía para nada cautivadora en la iglesia a la mañana siguiente.

¿Estamos frente a una aberración? No lo es según mi experiencia, ni según la experiencia de innumerables lectores con los que he hablado en el curso de los años. Pero, examinemos el segundo anhelo para ver hasta qué punto nuestra pasión física constituye una medida de química genuina.

2. ¿LUCHARÁS POR MÍ?

Si el sexo prematrimonial fuera una poción concentrada y rica para lograr una química electrizante en una relación romántica, sería un arma irresistible en las manos de los guerreros de Dios para vincular sus corazones con las encantadoras y piadosas mujeres que pretenden. Pero la poción fue más bien un veneno para Jack:

> Espero tener algún día una hija, y caí en la cuenta no hace mucho en forma muy vívida de que no quisiera que nadie tratara a mi hija como yo he estado tratando a las mujeres: desvistiéndolas en mi mente, deseándolas con lujuria y conduciéndolas a hacer cosas que normalmente no hubieran hecho.
>
> Me es muy fácil persuadir a una joven para que vaya más allá de lo que desea, y se sienta agradecida por ello. Por fin he comenzado a sentirme culpable acerca de esto. También he caído en la cuenta de que Dios no va a ayudarme a que conozca a la joven con la que quiere que me case hasta que no modifique mi conducta, porque no quiere que trate a una hija suya de esa forma.
>
> Sin duda que me duele pensar así. Una joven de mi dormitorio vio hoy en el suelo de mi pieza un ejemplar de *La batalla de cada hombre joven* y comenzó a reírse de mí por leerlo, pero dentro de mí me sentí irritado. Las personas no suelen darse cuenta de lo que el sexo prematrimonial causa a una persona y a sus relaciones. Ya no tengo amistad con *ninguna* de las jóvenes con

las que tuve relaciones íntimas. Con ninguna. Casi las odio. Las relaciones sexuales fuera del matrimonio son increíblemente destructivas.

Sin el compromiso inquebrantable de un matrimonio sólido, el sexo es como esa densa nube que se cierne sobre un terreno ardiente abrasado por el sol, que promete lluvia abundante, pero que de repente sigue su curso sin haber dejado caer ni una sola gota de esa lluvia refrescante que uno esperaba. Las relaciones sexuales prometen química, y uno puede prácticamente sentir el estallido fulminante cuando uno encuentra la mirada de ella y se acurrucan juntos. El problema es que es una ilusión. La química genuina nunca se produce, la lluvia nunca cae, y el paisaje polvoriento de sus relaciones sigue tan seco como huesos.

3. ¿ME CONDUCIRÁS A UNA GRAN AVENTURA CON DIOS QUE PODAMOS COMPARTIR JUNTOS?

Caleb y Lori comenzaron una gran aventura, pero los sueños murieron cuando *Lori* se convirtió en la aventura, tal como lo describe Caleb:

> El año pasado, comencé a salir con la mujer de mis sueños, y tenía la certeza de que me casaría con ella. En los primeros dos o tres meses, nos limitamos a besarnos. De veras. Su padre podría haberse sentido muy cómodo de haber estado presente en todas nuestras interacciones.
>
> Bueno, pienso que hubiera debido proponerle matrimonio entonces porque pronto comenzamos a tantear límites juntos. Después de un par de veces comencé a sentirme muy culpable, y dejé de dedicar tiempo al Señor. Eso solo empeoró las cosas, claro está. Quiero decir, ¿cómo puede uno superar la tentación sexual si huye de Dios?

En los cinco meses siguientes, entramos en el hábito de dormir en forma regular en la cama de uno de los dos. Poco a poco, una nube comenzó a cernirse sobre nuestras relaciones. Aunque antes me había sentido libre de pasar tiempo con ella, sentía tan tensas nuestras relaciones que tuve que romper con ella, aunque la amaba muchísimo y deseaba casarme con ella.

Cuando se trata de romance, el aspecto físico de las relaciones tiene mucho menos peso que el que la mayoría piensa. El único impacto que tiene en nuestra química como pareja es destructor. A pesar de la avalancha de sabiduría convencional que nos llega de nuestros ríos culturales crecidos y contaminados, el sexo prematrimonial *perjudica* el desarrollo natural de las relaciones humanas románticas.

Pero, ¿cómo? ¡Conocer a una joven sexualmente es la forma más profunda de conocerla!

No, señor. No es verdad. Examinémoslo más de cerca. ¿Qué se aprende de una joven en la penumbra con esta experiencia física mutua?

Cómo es su cuerpo y cómo responde a las caricias. Solo eso.

Muchos dicen que mientras más a fondo se conoce a una joven físicamente, con mayor celeridad se conocen sus sentimientos. Suena bien, pero esas incursiones físicas no enseñan nada acerca de sus sentimientos. Lo que *en realidad* se aprende son cosas que acosan a la mente más tarde cuando uno trata de permanecer puro para Dios.

¿Y qué nos aporta de todos modos ese conocimiento? Todas las jóvenes responden a las caricias más o menos de la misma manera, así que todo lo que aprendemos es la única cosa acerca de ella que no difiere de ninguna otra joven que vayamos a encontrar. ¿De qué sirve entonces? ¿Cómo puede esto conducir a una conexión mutua más profunda? Las relaciones sexuales prematrimoniales no enseñan absolutamente nada útil acerca de lo que hace que ella sea única. No revelan nada del genuino valor de su alma. Más bien, cierran la única forma que queda para averiguar esas cosas esenciales y únicas acerca de ella: dedicando tiempo a hablar y vivir la vida juntos.

La gente también *dice* que las relaciones sexuales prematrimoniales abrevia el tiempo hasta llegar al altar, pero lo más sorprendente es que de hecho hacen que sea más probable que nunca se llegue al altar. ¿Por qué? Porque estudio tras estudio muestra que el acto prematrimonial provoca un cortocircuito en el desarrollo natural de las relaciones. He vivido esta experiencia una y otra vez.

¿Por qué sucede? Al comienzo , el joven se centra en la maravilla de la persona toda, y esto hace que se interese en su personalidad, sus sueños y pensamientos, y se deleite en quién es ella. Pero una vez que ha dado el salto hacia la cama, el punto focal central de las citas pasa a ser encontrar un lugar tranquilo para repetir esa experiencia intensa antes de que concluya la noche, donde se pueda y cuando se pueda. Esto resta mucho valor a la verdadera intimidad de sus relaciones al quitarle el tiempo necesario para desarrollarla, y se atrofia el desarrollo de un buen romance y una buena química.

Por esta razón, no me sorprende para nada la historia de Abby. «Tengo dieciocho años, y estoy tratando de superar mis relaciones de cuatro años con Keith», contó. «Pensé que un día nos casaríamos. Nos habíamos conocido de toda la vida, ¡y siempre me sentí muy enamorada de él. Cuando llegué a los catorce años, mi sueño se convirtió en realidad cuando me pidió que fuera su novia. Nos divertimos mucho, y nuestras relaciones fueron estupendas hasta que tomamos la peor decisión de nuestras vidas: tener sexo prematrimonial. ¡Necio, necio, necio! Desde ese momento todo comenzó a deteriorarse. Se me rompió el corazón hace dos meses cuando rompió conmigo por nada. No sabía qué hacer ni adónde ir. Solo quería morirme».

Si uno ha sufrido una serie de relaciones rotas, es probable que piense que se debe a que todavía no ha encontrado a la joven adecuada. ¿De veras esta es la razón? ¿No sería que estuvo inyectando el veneno del sexo prematrimonial en relaciones tras relaciones, y las mataba con sus propias codiciosas manos una y otra vez? Es muy posible, amigo mío.

Si quieres de verdad que perduren esas chispas con tu pareja, si deseas de verdad conocer a fondo a tu novia, evita a toda costa el sexo prematrimonial. Cuando el placer sexual se convierte en tu objetivo, compartir tu alma siempre ocupará un lugar secundario. Pensarás que la estás conociendo mejor, pero todo ello no será sino un espejismo destructor. Sin ninguna duda, el peligro mayor de las relaciones sexuales fuera del matrimonio no es el riesgo de contraer una enfermedad de transmisión sexual o un embarazo, sino la ilusión de cercanía e intimidad que conlleva.

Por más de doce años, Brenda y yo enseñamos clases prematrimoniales en nuestra iglesia. Calculo que conocimos y aconsejamos a doscientas parejas. En todos los casos, lo que más me sorprendió acerca de esos tórtolos fue con qué regularidad se engañaban acerca de la química y la profundidad de la conexión que tenían en sus relaciones.

En la primera clase dedicamos gran parte de la noche a que las nuevas parejas se conocieran. Brenda y yo les hacíamos algunas preguntas para ayudar a que hablaran de sí mismas y sus relaciones. Casi todos decían con entusiasmo: «Nunca conocí a nadie con quien me haya identificado tanto, con quien pueda en realidad conversar como nunca antes, alguien que siento como si lo hubiera conocido de toda la vida».

Claro que sabíamos algo también. Todas las parejas habían llenado un cuestionario acerca de sus relaciones para el pastor que las iba a casar, y en él había algunas preguntas difíciles a las que tenían que responder con la verdad. De sus respuestas, sabíamos que prácticamente todas las parejas en nuestras clases habían estado en algún tipo de actividad sexual, y lo común era que dos terceras partes de las parejas ya habían tenido relaciones sexuales.

Pero en las dos semanas se producía un cambio interesante después de entregarles el cuaderno de ejercicios de Norm Wright *Antes de decir «sí»*. Casi todas las parejas se sentían consternadas ante lo que el cuaderno revelaba acerca de sus relaciones en unos pocos capítulos iniciales. Sus sentimientos iban en este sentido: «Por muy unidos que nos sintamos, no puedo creer que hayamos hablado tan poco de las cosas críticas que debemos saber de la pareja para el matrimonio. No teníamos ni idea».

Toda su alabada intimidad era un espejismo. Descubrieron que su «química» se basaba más en la engañosa euforia de acariciarse y la impresionante ilusión de los momentos de intimidad robados que en una conexión genuina de sus corazones y mentes. No en balde nuestras tasas de divorcios en los primeros años de matrimonio están tan altas. Se despierta uno una mañana y de repente cae en la cuenta: *Pensaba que conocía a esta mujer. ¿Cómo me pude equivocar tanto?*

Poco antes de mi conversión, estaba iniciando el cuarto año de relaciones con una mujer. Desde luego que éramos apegados —incluso hablábamos de matrimonio— pero me corroía una sensación de profunda soledad que no podía quitarme. Más o menos en esa época conocí a una estudiante francesa de posgrado que me invitó a almorzar, y estaba tan ansioso de liberarme de esa soledad que acabamos en la cama esa misma tarde —y muchos días más— en los meses siguientes. Luego conocí por mi trabajo a una joven de la zona de Palo Alto, muy pronto también comenzamos a buscar todas las oportunidades que podíamos de pasar tiempo a solas.

Alguien pensaría que mi soledad habría desaparecido ya, pero no era así. De hecho, si conocer a una mujer físicamente hace que sea mucho más fácil conocerla como persona, esos días hubieran debido ser los más felices, más excitantes de mi vida. Pero les aseguro que no fue así.

Toda esa «conexión» con ellas me dejó sintiéndome como que no estaba conectado con nada, ni siquiera con estas mujeres. No podía entenderlo. ¿No eran las relaciones sexuales la forma más rápida de conocer a alguien? Lo cierto era que me sentía como un gerbo en una rueda, corriendo cada vez más rápido, pero sin llegar a ninguna parte. A pesar de todas esas relaciones, me sentía incluso más solo, en una forma opresiva.

Era como tratar de apagar la sed con agua salada. ¿Por qué no funcionaba? Porque el placer sexual fuera del matrimonio es un espejismo. No proporcionaba ninguna conexión. El romance y la química que parecían tan reales no eran sino la abrasadora ilusión de volver a estar en los brazos de la otra persona. Qué ilusión tan cruel.

Es inquietante pensar que todavía puedo describirles cada detalle de sus cuerpos, todavía podría llevarlos adonde solían vivir, dado que había pasado tanto tiempo con ellas a solas en sus habitaciones. De habérmelo preguntado entonces, hubiera jurado que conocía muy bien a estas mujeres.

Pero si me preguntaran hoy que compartiera una cosa que hizo que sus corazones palpitaran de gozo, una cosa acerca de sus sueños para el futuro, no podría decírselos. De hecho, aunque me estuvieran apuntando a la cabeza con una pistola, en este momento, ni siquiera podría decirles sus nombres.

De Jasen:

Como presidente de mi dormitorio, sabía que muchos jóvenes del piso se acostaban mucho con sus novias. Todos pensaban conocer a la novia muy, pero que muy bien, pero rompían con ellas después de un año o de un año y medio cuando por fin descubrían quiénes eran y caían en la cuenta de que no les gustaban para nada. El sexo dominaba sus relaciones, y ese punto focal físico les impedía descubrirlo antes.

Siempre me parecía sorprendente esta clase de cosas. Aquellos jóvenes desperdiciaban todo ese tiempo y energía entregándose a alguien que ni siquiera sabían que no les gustaba.

Nunca encontré que esto tenía sentido, pero sin duda muestra cuán poderosa puede ser la ilusión de la química.

De Rose:

Algunas de mis amigas —bueno, quizá debería llamarlas conocidas— insinuaban que nos sentiríamos muy atrasados en cuanto al desarrollo de nuestras relaciones cuando nos casáramos porque no habíamos tenido relaciones antes. Pero hoy siento que no haberlo tenido nos ofrece una ventaja respecto a la mayor parte de las parejas. Sabía que Jasen era la persona que deseaba porque *no habíamos* tenido relaciones sexuales. No solo esperaba que fuera la persona o suponía que era la persona. Sabía con exactitud qué estaba consiguiendo, y ni siquiera una vez nos preocupamos de si habíamos o no engañado a la pareja acerca de la hondura de nuestra relación. Esto fue así porque no permitimos que las relaciones sexuales —y sus ilusiones— ocuparan un lugar en nuestras vidas.

Además, evitar el aspecto físico de la relación hizo que todo lo demás fuera más fácil. Podíamos sencillamente relajarnos y comunicarnos en cuanto a nuestras citas sin enfrentar la frustrante inquietud que conlleva estarse preguntando si satisfaríamos o no esos deseos físicos esa noche y si podríamos encontrar el lugar. Me encantaba la libertad que tenía para descubrir quién era él, qué lo motivaba, cuáles eran sus sueños y qué aspiraba ser.

Desde luego que me emocionaba cada vez que pensaba que un día tendría relaciones sexuales con Jasen, pero también deseaba saber con exactitud antes de casarme en qué me iba a meter, y sabía que eso tomaría mucho tiempo para hablar y contarnos nuestras cosas. No quería casarme con él solo porque nos sentiríamos más a gusto entre nosotros en la cama, y deseaba saber con seguridad que me estaba escogiendo por quién era yo en mi interior, y no por lo que yo le diera sexualmente.

De Jasen:

Ni una sola vez hemos lamentado nuestra posición contraria al sexo prematrimonial, aunque hubo tiempos, antes de que conociera a Rose, en que me pregunté si mis estándares de pureza echarían a perder mis posibilidades de encontrar una excelente química con una joven. Después de todo, lo que siempre oía acerca de esto por parte de amigos y compañeros era que ya nunca nadie espera, y lo único que escuchaba de parejas a mi alrededor era cuánta química electrizante había entre ellos en sus citas.

No podía evitar preguntarme si alguna vez experimentaría esa clase de química si seguía haciendo las cosas a mi manera, pero no tenía por qué haberme preocupado. Era bien apasionante salir con Rose, y no era algo mojigato que no nos proporcionaba diversión. La química era tan electrizante como lo que había visto entre mis amigos.

De hecho, la atracción física es más fuerte hoy *porque* nunca antes habíamos podido hacer nada sexual. Pienso que el efecto del sexo prematrimonial en la química de las relaciones es algo así como comprar un auto nuevo. Es terrible salir para adquirir un vehículo atractivo y resplandeciente y dejarse convencer por todas las llamativas campanitas y silbidos presentes rodeadas de esa gloriosa nube con olor de carro nuevo, pero una vez que lo has estrenado por unos días y probado todas sus impresionantes características, es como, *Bueno, está bien, ha sido divertido. ¿Y ahora qué?* Pierde algo de su lustre a tus ojos.

Pienso que sucede algo parecido con las relaciones, en especial cuando uno ve a una muchacha muy atractiva en la escuela y al poco tiempo está experimentando todo lo que puede ofrecer físicamente. Pronto pierde su lustre porque lo nuevo se ha debilitado y su atractivo se ha vuelto demasiado familiar. Después de unos pocos meses más, uno se aburre porque esas características nuevas y sensuales que posee eran todo lo que siempre fue el centro de las relaciones. *¿Ahora qué?* No queda nada que hacer sino mirar alrededor en busca de la siguiente atractiva modelo.

Esto no fue un problema para nosotros porque nuestra química nunca giró alrededor de nuestros cuerpos. Sin esas cosas físicas sí se desarrolla una química interpersonal sólida. ¡El misterio, la excitación y la gratificación diferida constituyen la esencia misma del romance! Lo mejor de todo, a diferencia de la química sexual que se debilita con el aburrimiento, nuestra química parecía aumentar todo el tiempo en que salimos y continuó creciendo durante todo el noviazgo hasta el día de la boda. Ese deseo físico fuerte y el misterio que rodea al acto sexual siempre subsistieron en nosotros, y esa chispa siguió destellando hasta el mismo altar.

Algunos podrían describir nuestro recorrido como aburrido, pensando que nuestros estándares eliminaron toda la diversión de nuestra vida. Pero disfrutamos mucho nuestro tiempo juntos, en todo momento, y nos encanta cómo se han desarrollado las cosas en nuestro matrimonio.

Tenemos la esperanza de que decidas estimular la química con tu novia como lo hicimos nosotros, sin llenar sus días y noches con todas esas pasiones físicas. Si sigues la senda que seguimos, tendrán que llenar el tiempo que estén juntos con otras cosas, por lo que me permito darles algunos consejos. En nuestras primeras citas, a veces nos resultó difícil pensar de primera intención en algo divertido que hacer, de manera que me senté con Rose a elaborar una lista de citas que nos parecieran interesantes y divertidas, y que nos mantendrían a la vista de otros para evitar que la tentación sexual esté presente en nuestra mente.

Deben sentarse para elaborar una lista propia, claro está, pero valdrá la pena que repasen algo la nuestra:

- Pasear por el campus
- Visitar las Colonias Amana

- Visitar la Feria de Iowa
- Participar como extras en una filmación
- Volar un papalote
- Ir a un picnic
- Ir a un parque estatal
- Ir a un paseo en auto
- Ir a comer «burritos»
- Ir a la Casa Internacional de Oración
- Ir a patinar
- Sacarnos fotos en una cabina fotográfica en un centro comercial
- Ver una buena película
- Jugar a un juego de mesa
- Visitar las casas donde crecimos
- Salir en una doble cita con ambos padres
- Salir en una doble cita con un pastor y su esposa
- Hornear un pastel
- Ir a un paseo largo en bicicleta
- Ir a un parque de diversiones
- Visitar el Centro de Aplicaciones de Realidad Virtual en ISU
- Dibujar/pintar retratos mutuos
- Ir a la librería Barnes & Noble para hojear publicaciones
- Ir a patinar sobre hielo
- Ir a un concierto, representación musical o teatro
- Ir a un picnic cerca del aeropuerto para ver aviones
- Ir a una producción escolar o a un evento deportivo
- Pasear bajo la lluvia, patear charcos, beber chocolate caliente
- Aprender juntos una nueva destreza
- Preparar una comida gourmet
- Pasar un día tomando fotos con cámaras desechables
- Seguir a una persona al azar sin ser descubiertos
- Ir a una biblioteca y escoger libros para leerlos entre nosotros

- Alquilar disfraces para ir a un restaurante
- Ir a hacer canotaje
- Escuchar «nuestra canción» en un lugar nuevo
- Ir a nuestra boda juntos (¡agregando el día en que me declaré!)

De Fred:

¿Qué define una relación de salidas regulares? ¿Cuál es la diferencia entre unas relaciones de salidas regulares y una simple relación?

Algunos creen que el besarse y el sexo. De vez en cuando, recibo correos electrónicos de hombres que me dicen que han asumido una posición nueva en favor de la pureza en las relaciones con sus novias, ante lo cual las muchachas responden: «Eso no basta. Necesito que me toques más o no parece que estemos enamorados». En estos días nuestra cultura cultiva con mucha facilidad estos reductos del enemigo en nuestro modo de pensar. Mientras que para Dios esta es una actitud horrenda, muchos cristianos acogen con simpatía la mentira del Enemigo de que el aspecto físico de sus relaciones debe tener mucho peso a la hora de escoger su pareja.

No estoy de acuerdo con que los besos y el sexo son los que definen la diferencia entre una relación de citas regulares y una buena amistad con una joven. La diferencia la define la química romántica, química que se desarrolla a partir del propósito de conocerse mutuamente. ¿Se puede tener una química romántica sin convertirse en física? ¡Claro que se puede! Como hombres, todos nosotros haríamos bien en valorar esa clase más misteriosa y profunda de química que nuestras novias y esposas parecen que entienden de manera implícita.

No puedo evitar recordar lo que escribió Rose en su diario dos años antes de conocer a Jasen: «Siempre pido en mis oraciones una vida apasionada, una historia de amor apasionado».

¿Se puede tener una historia de amor apasionado y una química romántica apasionada sin relaciones sexuales? Rose se ha ofrecido a contar unas cuantas historias de los días de citas de ella y Jasen. Dejaré que el lector juzgue:

Lugar: Palmer's Deli & Market, West Des Moines, Iowa
Fecha: El primer mes de estar saliendo

Era la primera vez que iba a Palmer's Deli, y me sentí avasallada ante tanta carga sensorial. Había cuatro filas separadas para pedir sopas, ensaladas, bocadillos y acompañamientos, e incontables tableros con confusos menús en todas las paredes y vigas. Pero de alguna manera, todos se las arreglaban para que les llenaran sus platos y tazones mientras avanzaban hacia una sola caja. Me resultó imposible decidir qué pedir, de manera que me alegró dejar que Jasen tomara la iniciativa.

Estábamos de pie junto al mostrador de sopas, y Jasen estaba pidiendo cuando levanté la mirada hacia él. ¡Me sentí impresionada por su buena presencia! Todo en mi entorno desapareció por completo mientras me derretía, pensando para mí, *¡No puedo creer que esté saliendo con él! Es tan lindo, tan maravilloso, amable, dulce y cortés. No puedo creer que yo esté saliendo con él y no ninguna de estas otras muchachas. Es tan atractivo.*

Lo siguiente que supe es que Jasen me estaba mirando y sonriendo. Los sonidos del restaurante empezaban a aumentar poco a poco cuando volví a la realidad porque el hombre del mostrador de sopas me decía, «¿Señorita? ¿Señorita? ¡Perdón, señorita!».

Me di la vuelta para mirarlo inexpresiva. Rompió a reír, y también Jasen. Había estado como en las nubes mirando a Jasen... ¡y me habían atrapado! Me sentí terriblemente avergonzada y traté de no darle importancia, pero Jasen no me siguió la corriente. No podía en absoluto dejar pasar semejante oportunidad de burlarse de mí y, claro está, se estaba sintiendo muy especial.

—¿Me estabas mirando, Rose? —dijo, con un guiño.

Y su sonrisa arrebató mi corazón de nuevo. Me sonrojé más de lo que lo había hecho en toda mi vida, y ¡le levanté su autoestima para todo el año! Le dije que me sumí en mis pensamientos acerca de lo atractivo que era y que literalmente no había oído nada en el restaurante por varios momentos. Solo pude oír mis pensamientos y mi corazón que latía con fuerza. No hace falta decir que sigue gustándole mucho oírme contar esa historia... una y otra vez. Y otra vez.

Lugar: Centro de Des Moines, Iowa
Fecha: Primer mes de estar saliendo

Estábamos caminando por los pasos elevados en el centro de Des Moines cuando le pregunté si podíamos bajar a la calle para mirar desde abajo el Edificio Principal de cuarenta y cuatro pisos porque me gusta estirar el cuello para ver cuán alto es.

Cuando ya estábamos abajo, recordé de repente que había oído decir a amigos que es muy divertido acostarse en la acera para admirar el edificio. Le conté con entusiasmo mi idea a Jasen y cómo siempre había deseado hacerlo pero que nunca lo había hecho. ¡Antes de que me diera cuenta, me tomó la mano y se dejó caer de espaldas en la acera! Me quedé boquiabierta al ver lo que había hecho, y de repente tiró de mi mano para que me acostara como él.

¡Me sentí extasiada! Estuvimos acostados por unos minutos, riendo. Muchas personas pasaron junto a nosotros, mirándonos con ojos de incredulidad. Me encantó su sentido de aventura, pero, ¿saben lo que más me gustó? ¡Saber que lo había hecho por mí!

Lugar: Casa de Rose, Ankeny, Iowa
Fecha: Dos meses después de nuestra primera salida

Poco después de haber conocido a Jasen, me di cuenta muy pronto de que sus correos electrónicos seguían una pauta: siempre parecía que me escribía hacia la medianoche. Tenía que levantarme temprano para ir al trabajo, por lo que me iba a dormir, pero me quedaba con la portátil en la cama. Alrededor de medianoche, o bien me despertaba de forma automática o, como sucedía la mayoría de las noches, seguía despierta hasta las doce solo pensando en Jasen y esperando su correo, mirando cómo el reloj avanzaba hacia la medianoche.

En cuanto llegaba la medianoche, me apresuraba a conectarme para buscar un correo suyo. Incluso ahora, todavía siento que el corazón se me agita cuando pienso en ver su nombre en letras oscuras, negrillas, indicando que había un correo esperando. Una vez que nos comprometimos, le pedí a Jasen que me enviara uno de sus correos una segunda vez, para que así pudiera dejarlo sin abrir en mi casillero de entrada porque esto me permitía ver siempre su nombre en esa letra oscura, negrilla y experimentar esa sensación especial. Hasta la fecha, espero con ansia abrir mi casillero de entrada para recordar cómo era recibir sus nuevos correos en el comienzo de nuestras relaciones.

Extracto de uno de los primeros correos para Jasen (esperé a dárselo después de casarnos, pensando en que era demasiado lo que revelaba tan temprano en nuestra relación):

> Eres tan increíble, Jasen. Le agradezco tanto a Dios que me haya permitido salir contigo, y hoy tuve una toma de conciencia más profunda. Hoy Tony vino a la iglesia para reunirse con el pastor Dave para consejería. Tony comenzó a buscarme el otoño pasado, y estoy muy segura de que sigo gustándole porque una vez me dijo

que le había gustado desde la primera vez que me vio en primavera hace poco más de un año, casi enseguida que regresé de Kansas City. Por fin, se animó a comenzar a buscarme ese otoño.

Le dije entonces que no estaba interesada en tratarlo más que como un amigo, pero mi familia y mis amigos me sugirieron que por lo menos le diera una oportunidad porque es cristiano, tiene un buen trabajo y goza de una buena reputación, todas las cosas que ayudan a ser un buen esposo. Por fin acepté salir con él en enero, y pasamos juntos el fin de semana, saliendo el viernes por la noche, el sábado por la noche, y luego para almorzar el domingo. Se pareció mucho a los fines de semana que tú y yo pasamos juntos.

Jasen, ahora estoy casi a punto de llorar cuando escribo esto. En este momento, el está sentado en la sala contigua a la mía. No podría sentirme más distante de él, y no podría desear que estuviera más lejos que lo que deseo que esté ahora mismo. Tú estás en Cedar Rapids, y no me podría sentir más cercana a ti. Pienso que no podría desear que estuvieras más cerca a mí que lo que deseo que estés en este instante.

Cuando nuestro maravilloso fin de semana comenzó el viernes por la noche, incluso antes de que llegaras a mi casa (en realidad, desde que me llamaste el martes para pedirme que saliera contigo), ¡no pude impedir que los nervios se apoderaran de mí! Cuando cenamos en Lone Star el viernes por la noche, ¡comí más esa noche que lo que había comido en toda la semana desde el martes por la noche! No podía comer porque estaba tan emocionada y nerviosa, y llena de ilusión. No podía esperar verte. Me tomó tres horas arreglarme para ti, y casi me desmayé cuando vi que te acercabas por el camino de entrada a mi casa.

Cuando Tony vino a recogerme en nuestra primera cita
en enero, sentí temor. Casi me vestí con una sudadera
porque no tenía ningún deseo de arreglarme para él.
Estaba nerviosa, pero era un nerviosismo espantoso.
Cuando me recogió, el corazón no se me agitó en lo
absoluto.

Salimos, y hablamos, y fue entretenido porque yo soy
buena para que las personas se sientan cómodas, pero
a mí me tocó hacer la mayor parte del trabajo. Él hizo
preguntas, y sostuvimos una buena conversación,
pero me sentí como que estaba ahí para cumplir una
obligación, y no sintiéndome como una princesa. Ya
habíamos hecho planes para salir con otra pareja después
de la iglesia la noche siguiente, ¡y no tenía ganas de ir!
Me incomodaba verlo en la iglesia, me incomodaba que
viniera a sentarse a mi lado después del culto, y luego me
incomodaba que orara por mí en el altar.

Detesté cada segundo. Cuando tú oraste por mí esa noche
en que lloré en la iglesia, no me hubiera podido sentir más
segura. Pero cuando Tony me puso la mano en el hombro
para orar por mí, no me sentí para nada bien, aunque
sabía que en su corazón me adoraba. En verdad que sí.

En realidad es una gran persona, y hubiera sido un buen
partido para mí a los ojos de muchas personas, pero mi
corazón no sentía nada. Recuerdo que clamé a Dios para
preguntarle por qué no permitía que me enamorara de
Tony, porque era como el cuarto excelente joven cristiano
que había rechazado. Me sentía molesta por mi decisión
de permanecer soltera, porque deseaba mucho un esposo.
(A propósito, él acaba de salir de la oficina del pastor
Dave y pasó junto a mi escritorio y me sonrió. ¡Y yo miré
la fotografía que te tomé!).

Pero mi corazón no permitía que lo escogiera, ni a
ninguno de los otros. Recuerdo que me sentía tan
desesperanzada y temerosa porque lo que más había

siempre deseado era ser adorada y querida, y ahí estaba un gran hombre de Dios que me ofrecía precisamente eso. Pero cuantas veces lo estuve mirando durante ese fin de semana con él, me di cuenta de que en mi corazón se albergaba un profundo deseo del que no estuve consciente hasta ese momento.

¡Deseaba adorar a alguien! Deseaba estar totalmente chiflada por uno de los hijos de Dios. Deseaba volverme absolutamente loca por el hombre que estuviera chiflado por mí. Y cada vez que lo miraba, sabía que no estaba loca por Tony. Traté de lograrlo, pero no pude traicionar a mi corazón.

Así que fui a su casa, y le dije que no podía salir más con él y que nunca iba a ser más que una amiga. Se sintió desolado y yo también, pero recuerdo que me sentí tan libre después de salir de su casa para regresar a la mía. Libre, pero aterrorizada al mismo tiempo, porque me di cuenta de que le estaba pidiendo a Dios algo tan enorme, específico, prácticamente imposible: darme un hombre por el que estuviera absolutamente loca.

Incluso antes de llegar a mi casa decidí dejar de estar buscando a un hombre, y en su lugar decidí dedicarme a las misiones. Pensé que si Dios deseaba poner un hombre en mi camino, lo podía hacer, pero como esto hubiera requerido un milagro ya iba a tratar de hacer que sucediera algo por mi propia cuenta. Pensé que le tomaría a Dios por lo menos tres años para hacer que sucediera en mi vida algo de semejante magnitud.

Entonces te conocí a ti, Jasen. Ni siquiera se necesitaron tres meses. Todavía no tengo ni idea de hacia dónde va todo esto, pero sí sé que mi corazón se está volviendo loco de nuevo, y que después de todo no he acabado sola por el resto de la vida. No tuve que resignarme a uno de los excelentes jóvenes de mi alrededor. ¡Dios puso en el camino al mejor!

Tú eres lo que siempre he deseado. Todavía no sé si serás mi esposo, ya que esto lo tiene que revelar Dios en algún momento en el futuro, pero sí sé que si esto no es nada más que una amistad, siempre te veré como un regalo de Dios. Eres un soplo de aire fresco procedente del cielo, que le asegura a mi corazón que volveré a amar de veras y ser amada. Conoceré y me conocerán. Oh, ¡cuánto oro que seas tú! Tú eres todo lo que deseo, Jasen. ¡Sí, todo, hasta tu cabello negro y tu pecho fuerte!

No lamento haberles dicho no a los otros, y no lamento las noches solitarias, llenas de temor, preguntándome si acababa de dejar pasar al último hombre que me adoraría en la vida. No lamento haberme arriesgado así, sobre todo desde que te he conocido.

Gracias por interesarte en mí, y gracias por pedir a nuestro Padre que te confíe mi persona. Todavía no sé si responderá sí o no, pero confío en Él con todo mi corazón, y confío en Él con el tuyo. Deseo que te sientas tan abrumado con su bondad, y si yo formo parte de eso, sería el mayor honor de mi vida, apenas por debajo del honor de pertenecer al Señor mismo.

De todos modos, solo deseaba hacerte saber lo que pensaba de ti este día y estoy asombrada por quien eres. Eres un héroe, Jasen. ¡Y me siento absolutamente honrada de haberte conocido!

Tu amada,

Rose.

Así que Rose ha contado sus historias. ¿Qué piensas? ¿Puedes tener una historia de amor loco y una química romántica loca sin relaciones sexuales?

Al parecer, la química romántica *no* nace de la pasión aguda, tensa, de no puedo dejar de tocarte en las horas de la noche, no importa lo que hayas oído. La química genuina se va produciendo a medida que tu carácter puro, irresistible y heroico responde al ansia más profunda del anhelante corazón de ella. *Sí, eres encantadora, y lucharé para buscarte a ti y no a mis pasiones, de manera que pueda conocer cada detalle íntimo de la cautivadora belleza interna que puedes develar.*

De nuevo, el consenso que existe en el mundo está equivocado, y postrarse ante el ídolo Baal no ofrece más química que promesas vistosas y vacías. Así que, ¿qué vas a hacer? Más pronto o más tarde, Dios pondrá a prueba tu voluntad cuando te encuentres con tu mujer frente al árbol en medio del huerto. *¿Me escogerás a mí y mi bendición prometida, o preferirás el cuerpo de esta? ¿Derribarás ese mito que se interpone entre nosotros y lo que sueño para mi hija? ¿O preferirás tu propio camino?*

Sus promesas son verdaderas, así que escoge bien. Si lo haces, asegúrate de invitarla a que se te una en tu aventura. De esto hablaremos en el capítulo siguiente.

12

PREPÁRALA BIEN

Bastión falso #7: Uno no se puede permitir
ser demasiado insistente o rígido en cuanto a
sus estándares y límites en sus relaciones. Lo
que se consigue con esto es que uno le
parezca débil a ella, y además, ella tendrá
toda una serie de opiniones al respecto. Si
está lista y dispuesta para algo físico, herimos
sus sentimientos y la alejamos cuando nos
negamos. ¿Cómo puede uno influir en ella en
cuanto a Cristo después de que se haya ido?

De Fred:

¿Quién te enseñó esto? Dios nos enseña algo diferente. Si
queremos influir en ella para bien, tu primera responsabilidad como testigo cristiano es obedecerlo: «Huyan de la inmoralidad sexual» (1 Corintios 6:18).

La obediencia es siempre nuestro mejor testimonio, y establecer límites —o líneas de demarcación— es nuestra manera más rápida de huir de la inmoralidad sexual.

¿Cuán intenso es tu deseo de permanecer puro? Si eres heroico, protegerás esas relaciones con todo tu corazón, mente
y fuerza. Y eso significa que establecerás los límites desde un
principio. Cuanto antes mejor.

Tienes que entender cómo funciona el cuerpo. Cada acto sexual tiene como fin arrastrarte cada vez más hacia el siguiente en lo que el cuerpo se prepara para el coito. Hay solo un límite muy tenue entre un besito, un beso, besuqueos intensos, y el avance de uno a otro se produce de forma sumamente rápida. Créeme a mí y a miles de millones de hombres más que te han precedido: un simple abrazo frontal o la mano de ella puesta con inocencia en tu pierna puede desencadenar la avalancha.

Resulta triste y también penoso cómo muchos solteros cristianos me han dicho: «¿Por qué no pude parar? Ya lo he hecho casi todo con mi novia a excepción del coito. ¿Qué pasa con mi voluntad?».

No pasa nada con su voluntad, porque el sexo prematrimonial tiene muy poco que ver con la voluntad una vez que se encuentran en el asiento de atrás de su carro, muy acurrucados. Una vez que el cuerpo toma las riendas, se acabó todo, porque para cruzar aceleradamente los límites está formado el cuerpo. En lo más profundo, tu voluntad se une al motín, esperando con toda intensidad que ella dé la luz verde para hacer caer sus pasiones al precipicio.

La voluntad debe entrar en juego mucho antes, cuando todavía puedes preparar tus defensas con antelación y frenar el rebelde cuerpo para que no avance. No hagas caso a estas verdades y allá tú.

Toda defensa para ser útil debe comenzar con una discusión muy franca entre tú y tu novia acerca de cuáles van a ser los límites en sus relaciones. Y si no sabes lo que ella piensa, la caída es casi inevitable. Como héroe, saber lo que ella necesita que protejan debe ser la fuerza disuasoria más sólida de que dispones contra las influencias del cuerpo. De no establecer límites firmes, irán de tropiezo en tropiezo bajo el calor del momento tratando de adivinar dónde están los límites, racionalizando todo el tiempo.

Hablen de estos límites lo antes posible, pero la mayoría de los hombres nunca llegan a hacerlo. Otros esperan demasiado por temor de parecer débiles, como un mariquita, o de alejar a la muchacha desde un principio. Pero recuerda: un hombre cabal busca la aprobación de Dios, no de las mujeres. Si la joven no responde de manera positiva a tu planteamiento de discutir los límites, ya no tiene nada que ver con tu hombría. No es la mujer con la que quieres estar. Después de todo, eres un héroe de Dios sexualmente puro que busca cierta clase de mujer, y Dios está contigo en esa búsqueda. Te tiene reservada otra joven en algún lugar, así que confía en Él. Es hora de ser hombre y avanzar.

¿Recuerdas el punto que Rose incluyó en su lista de cualidades que tenía que encontrar en el hombre con quien se casara? Caso de que lo hayas olvidado, es este: ¿Ama a Dios más de lo que me ama a mí?

Eso puede utilizarse como una buena pregunta para cualquiera, de modo que aquí está: ¿Amas a Dios más de lo que amas a la joven con la que sales? Si el corazón femenino de ella es normal, eso es lo que más desea en un hombre, y nada te hará más atractivo que declararle con valor las normas según las cuales vivirán. Esa es una forma de mostrarle que amas a Dios más de lo que la amas a ella, pero también es una buena manera de excluir a las jóvenes que pondrán en peligro tu pureza delante de Dios. No hay nada más peligroso para tu pureza sexual que salir con una joven que no le da importancia a esto y es mejor que descubras ese peligro al comienzo.

Al igual que muchos, quizá pienses que una conversación semejante resultará chocante u horrible. A juzgar por la conversación que sostuve no hace mucho con un conocido llamado Josh, también él había estado lejos de esta forma de pensar. Josh, estudiante de último año de secundaria, me dijo que había estado saliendo con una joven cristiana por siete meses.

—Hemos estado teniendo problemas con nuestra pureza —me dijo—. La razón principal es que me ha dado vergüenza decirle que ciertas cosas que hacemos me provocan pensamientos lujuriosos. Algunas parecen cosas tan pequeñas, como besos prolongados. Pero, ¿sabe qué hice la semana pasada? Le dije que durante el siguiente mes quería que nos abstuviéramos de contactos sexuales para ver adónde eso pudiera llevarnos espiritualmente. También le confesé que me había resultado demasiado difícil conseguir que mi mente no tropezara y que estuviera tratando de elevar los límites en cuanto a mi pureza sexual.

—¡Tremendo! —le dije—. ¡Así se hace, Josh!

—¡Todo esto me ha sorprendido tanto de veras! —agregó radiante—. No puedo expresar cuán libre me siento y cuán mucho más hombre me siento. De repente mi autoimagen ha mejorado enormemente.

Dios está renovando la imagen mental que tiene Josh de su hombría a la de un héroe que lucha por su Rey, lo cual no debería sorprendernos. Es un hombre, y su responsabilidad es definir los estándares. Siempre te sentirás hombre cuando estés haciendo lo que corresponde a un hombre. Así está hecho tu corazón.

Esto no quiere decir que todas las jóvenes entenderán tu pasión por los caminos de Dios, claro está. De nuevo, en estos tiempos, incluso la mente de las jóvenes cristianas han sido distorsionadas por el toque de Baal. Alec le comunicó a su novia no hace mucho que tendrían que dejar de tocarse y acariciarse porque el Señor estaba cambiando su manera de pensar acerca de la pureza sexual. «Se enojó conmigo, y no fue para nada comprensiva», dijo Alec. «Dice que no puede seguir conmigo a no ser que vuelva a ser el de antes».

Alec no esperaba para nada semejante reacción de su novia. «Dice que todavía quiere seguir saliendo conmigo, pero que por ahora no puede enfrentar estar cerca de mí sin tocarme», explicó.

El dilema de Alec ilustra de nuevo por qué es importante tener estas conversaciones sobre límites al principio de las relaciones. Conozco a demasiados jóvenes que tienen miedo de que sus normas conducirán a una ruptura, así que las van posponiendo, pensando: *Bueno, si podemos estar saliendo por bastante tiempo, encontrará en mí suficientes cosas buenas que le gusten y aceptará mis estándares. Mejor así que no que me deje plantado ya.*

Se un hombre. Sigue adelante y permite que ella te diga que sus relaciones fracasarán o que desea salirse de ella. Claro que esto dolerá, pero si eres un hombre de principios, esos estándares son una coraza protectora para ambos. Necesitas una mujer que esté de acuerdo contigo, y no alguien que acepté tus normas contra su voluntad. No importa cuán atractiva sea. Confía en que Dios pondrá en tu camino a una muchacha excelente, alguien con un corazón femenino más sensible.

Una joven con corazón cristiano debe aceptar esta conversación sobre los límites por lo que es en realidad: una cálida invitación a disfrutar la aventura con su novio. Cuando explicas de manera clara tus estándares, le estás ofreciendo la oportunidad de incorporarse a una aventura que es más grande que ustedes dos, además de una oportunidad de crecer con Dios como nunca antes. Carrie aprovechó la oportunidad, y la está pasando en grande:

Me estaba sintiendo infeliz en mis relaciones con mi novio, Seth, porque no podía controlar su pasión sexual cuando estaba conmigo, pero *La batalla de cada hombre joven* cambió por completo mi perspectiva en cuanto a los hombres, y comencé a comprender la enorme lucha con la que se enfrentan cada minuto de su vida. No tenía idea de que incluso la más pequeña cosa podía significar una diferencia, como si yo me ponía una camiseta gruesa o un camisa ajustada. Comencé a darme cuenta de que había muchas cosas que yo podía hacer para ayudar a Seth en su lucha por la pureza. Comenzamos a hablar mucho acerca de este asunto de

la pureza, y comencé a considerarlo responsable y a
estimularlo y a orar por él sin cesar.

Entonces Seth confesó que había estado viendo
pornografía en Internet. Aunque esto fue un momento
decisivo para nosotros, confesé que oírle decir esto
me había herido muchísimo, como que me estuviera
engañando. Después de todo, salir regularmente con
alguien es un mini-matrimonio, para mí.

Lo bueno es que decidimos enfrentar esto juntos.
Ahora, siempre que Seth debe ingresar a Internet para
algo, me llama para informarme que se va a conectar, y
oro por él hasta que vuelve a llamar para decirme que se
ha desconectado.

Sé que ninguno de los dos somos perfectos, pero
cuando comparo dónde estamos hoy con dónde
estábamos hace unos pocos meses, veo un absoluto
milagro de Dios. Seth y yo hemos vuelto a sentirnos
felices asumiendo juntos el control de nuestros
problemas y aprendiendo a depender de Dios, lo cual
ha significado toda la diferencia del mundo.

No sé si el «mini-matrimonio» de Carrie y Seth acabará
alguna vez en boda, pero sé una cosa con toda seguridad:
al hablar temprano con Carrie de sus luchas, Seth la dejaría
mucho mejor que antes de conocerlo. Su dramática aventura ha sido una pasantía invaluable para Carrie porque está
aprendiendo a confiar en Dios en oración como nunca antes,
y está aprendiendo a ser un día una tremenda ayuda para su
esposo, idea que es bíblica: «Luego Dios el Señor dijo: "no
es bueno que el hombre esté solo. Voy a hacerle una ayuda
adecuada". […] Por eso el hombre deja a su padre y a su madre, y se une a su mujer, y los dos se funden en un solo ser»
(Génesis 2:18, 24).

La palabra traducida *ayuda* en Génesis significa «ayuda
como contraparte». Así que, ¿qué hace quien ayuda? En el

matrimonio, el papel de la esposa es ayudar a ascender a su esposo —estimularlo, apoyarlo, animarlo— para que alcance grandeza cristiana con todo lo que esta implique. En esencia, significa que la esposa nunca permitirá que su esposo descienda a un nivel más bajo. Por el contrario, lo ayudará a ser un hombre de Dios.

La novia puede desempeñar el mismo papel en una relación regular, y deberíamos hacer todo lo posible para animar también a nuestra novia a ser nuestra ayuda. Una joven cristiana normal aprovechará la posibilidad de ayudarnos. Uno de los clamores más profundos de su corazón es ser conducida a una espléndida aventura con su héroe mediante la búsqueda de Dios juntos, y fue de veras creada para ser una ayuda y una interlocutora influyente en sus relaciones románticas con su hombre.

Por esta razón no debes demorarte en invitarla a entrar contigo al campo de batalla de la pureza. Ahora bien, sigo creyendo que es mejor que las personas a quienes rindas cuenta sean hombres, como lo presenté en *La batalla de cada hombre joven*, pero al mismo tiempo, tu novia juega un papel peculiar y vital en tu vida porque está tan cerca de ti. Necesitas su ayuda, y le encantará ser parte de una gran búsqueda con Dios. Amy ha decidido conseguirlo:

Después de leer *La batalla de cada hombre joven* estoy decidida a ayudar a Brian a que sea el hombre que sé que últimamente desea ser cada vez que susurra: «Detenme si estoy yendo demasiado lejos» o «Dime si te sientes incómoda. No permitas que te haga sentir que vales menos».

Esa es la convicción de su corazón, y deseo estar segura de que termina con esa misma convicción. Estoy de verdad comprometida a que ambos tengamos relaciones puras entre nosotros y con Dios. En primer lugar, he hecho una lista de salidas que podemos aprovechar para conocernos mejor, salidas que también nos mantendrán a la vista pública y a salvo de tentaciones sexuales. Mi lista incluye patinar sobre hielo, preparar galletas en mi cocina (donde por lo menos uno de mis padres y tres hermanos menores estarán cerca) salir a cenar y a ver una película con otra pareja que respetemos.

Deseo hacer todo lo que pueda por él. Brian reúne todas las cualidades en mi lista para ser mi futuro esposo, pero la verdad es que seguiremos solteros hasta nuestra boda, y todavía falta. Si acabamos por no casarnos, deseo dejarlo más puro y mejor para la joven con quien llegue a casarse. ¿Estoy en el buen camino?

Amy, tengo tres respuestas para ti: ¡Sí, sí y sí!

Algunos autores te dirán que no hables de esos temas, por temor a que conversar con todas las cartas sobre la mesa acerca de asuntos sexuales podría acelerar la actividad sexual, pero esto me parece sumamente simplista, en especial cuando se toman en cuenta las diferencias entre hombres y mujeres. Las mujeres son diferentes de nosotros, y seremos un gran misterio para ellas. Sin tu guía, ella no estará en condiciones de ayudarte porque ni siquiera sabrá cuando está siendo inadecuada. Debes decírselo, como lo hizo Jake. Así fue su experiencia:

He estado saliendo con una cristiana maravillosa de una fe sólida como una roca. Aunque hemos establecido límites claros y bien definidos —nada de besos en el sofá, no estar a solas en mi apartamento— a veces las cosas se salen de las manos, no hasta un grado terrible, pero lo suficiente como para pensar que seríamos más fuertes como pareja cristiana si pudiéramos eliminar esas cosas en nuestras relaciones.

Le he dicho a ella que algunas cosas —como las blusas muy escotadas o besos en el cuello— me derrumban, pero puede resultar penoso tratar de hablar de todo lo que dispara al hombre. ¿Recomendaría darle *La batalla de cada hombre joven* un día para que lo lea y así pueda entender mejor cómo funcionan los hombres?

Claro que sí. Y mientras ella lee ese libro, debías leer *La batalla de cada mujer joven* de Shannon Ethridge de manera que puedas entender mejor qué *la* dispara. Ella no puede ayudarte a no ser que lo entienda, y si no le pides que lea *La batalla de cada hombre joven* o este libro, *Héroe,* es probable que vayas a seguir haciendo lo de siempre que hace tambalear. No puedes darte ese lujo, así que enséñale. De nuevo, esto forma parte de ser un héroe, y esto forma parte de que ella acabe siendo mejor por haberte conocido.

13

HUYE

Bastión falso #8: Una conexión física genera una conexión emocional. Definir límites a lo físico impide que las relaciones progresen.

De Jasen:

S i crees en este bastión, has estado escuchando demasiada psicología popular.

Si no existen límites, esa conexión emocional que se va profundizando desembocará en un charco espeso de sensualidad, y si has tenido aunque sea algo de experiencia en salir con chicas, sabes que eso es verdad. También sabes que sumergirse en ese charco no profundizará la conexión emocional sino que la debilitará. Si deseas una relación sana y cada vez más profunda con tu novia, necesitan límites.

Respetar los límites forma parte de todas las relaciones sanas, incluyendo tu relación con Dios. Es una señal de amor y respeto:

La voluntad de Dios es que sean santificados, que se aparten de la inmoralidad sexual; que cada uno aprenda a controlar su propio cuerpo de una manera sana y honrosa, sin dejarse llevar por los malos deseos como hacen los paganos que no conocen a Dios. [...] Por tanto, el que rechaza estas instrucciones no rechaza a un hombre sino a Dios, quien les da a ustedes su Espíritu Santo. (1 Tesalonicenses 4:3-5, 8)

No respeté ni seguí los estándares de Dios de pureza sexual con el rigor que lo hice porque *tenía* que hacerlo. Seguí los estándares con rigor porque estaba bajo la gracia y lo *quería*. De esto se trata cuando se tienen relaciones. Respetar los límites es un acto de amor.

Mi primerísima prioridad en establecer defensas sexuales era el simple deseo de obedecer a Dios y proteger su nombre y su carácter, y esto es lo que me condujo a definir límites adecuados, incluso cuando no salía con nadie. Pero una vez que conocí a Rose, quería verdaderos límites por una segunda razón de amor. Sabía que Rose había salido muy herida de un anterior pretendiente, y yo no iba a poner en riesgo su corazón, por mucho que el mundo dijera que necesitábamos darnos oportunidad a que creciera nuestra conexión emocional. No quise entregarme sexualmente a una atractiva joven para luego romper con ella, y sabía que ella tampoco lo quería. Los hombres cabales entienden que el verdadero amor requiere verdaderas defensas.

Claro que desde el momento en que la conocí pareció como que resonaban campanas de boda, pero también sabía que ningún hombre puede estar cien por ciento seguro de que acabará casándose con su novia, por muy intenso que sea el sonar de las campanas. Mi padre dijo que no debía caer en la vieja excusa *De todos modos voy a casarme con ella, así que ¿por qué no acostarnos?*

Lo que ha prevalecido es que los hombres cristianos han jugado un papel deficiente en cuanto a defender la pureza de sus novias, de manera que pensé que debía intensificar mis defensas por encima de las normas tradicionales de la iglesia en cuanto a castidad y a respetar al sexo opuesto.

La castidad no llega suficientemente lejos. Aunque no iba a tener relaciones carnales antes del matrimonio, también había una serie de cosas más que *podía* hacer y seguir siendo técnicamente virgen. No quería eso de «todo excepto...» fuera del matrimonio. En cuanto a respetar al sexo opuesto, suena bien, pero en estos días el término «respeto» casi no sirve de nada cuando se trata de definir las defensas en una relación seria. ¿Recuerdas aquello de «te respetaré por la mañana»?

Bien, ¿qué significa respeto? Una cosa que sí sé es que es demasiado fácil racionalizar lo que significa respeto en el calor del momento porque puedes estar pensando: *Sí, la respeto,* mientras están haciendo algo que lamentarán. Además, ¿qué ocurre si la joven con la que estás no se ha fijado límites a sí misma? Ahí no hay gran cosa que respetar, ¿no es así? Podrías sentir que no hay ninguna veda o que todo es aceptable.

Sin defensas claras y prácticas, resulta demasiado fácil ir deslizándose por las resbaladizas pendientes una y otra vez. En cuanto a mí, quería defensas prácticas que Rose y yo comprendiéramos y que yo, como líder, pudiera aplicar con facilidad a nuestra relación. Sobre todo, quería permanecer totalmente al margen de esos momentos calientes.

Cuando se trata de establecer defensas prácticas genuinas en *tus* relaciones, sugiero que dejes de pensar en respetar al sexo opuesto y lo sustituyas con la frase «huir de situaciones peligrosas». Hay que recordar que huir toma en cuenta en forma directa la sabiduría de Dios al respecto: «Huyan de la inmoralidad sexual. Todos los demás pecados que una persona comete quedan fuera de su cuerpo; pero el que comete inmoralidades sexuales peca contra su propio cuerpo» (1 Corintios 6:18).

Pero huir de las situaciones peligrosas también logra mucho más que esto, porque enfrenta de manera práctica y directa al principal culpable de tu pecado sexual. Esto no lo logra la idea de respetar al sexo opuesto.

Piensa. En la mayoría de los casos, un hombre no ataca y supera los límites de una mujer porque haya experimentado un descenso repentino y catastrófico en su cociente de respeto. No, la mayor parte del tiempo es porque ha experimentado un repentino aumento en la temperatura de su cuerpo.

Desde una perspectiva práctica, se ha colocado con intención o sin ella en una situación mala, como estar ambos a solas y sin nadie cerca. Si están a solas en la casa de sus padres o en su apartamento, pronto hay abrazos y besos, luego más toqueteos, y ¡zas! Sin casi darte cuenta, los motores están tan revolucionados que conducen muy rápido a la zona roja en que la lujuria se apodera de uno y lo saca con violencia de la vía, como un tren de carga descarrilado.

Demasiado tarde para huir de la inmoralidad sexual.

Por esta razón prefiero la instrucción concreta de huir de situaciones peligrosas más que la idea general de respetar a la mujer. Hay que evitar a toda costa el apasionamiento y huir *antes* de que acaben en el sofá con ella sin nadie más alrededor.

La verdad es que todos podemos cometer errores en una situación peligrosa.

Está muy bien pactar con la novia que seguirán siendo castos y que se respetarán siempre. Pero es mucho mejor acordar que no pasarán ningún tiempo a solas fuera de la vista de otros. Ahí es donde está el verdadero peligro.

Así es cómo un amigo de la familia llamado Danny enfrentó esta situación de «tiempo a solas»:

Establecí algunas reglas para mantenerme lo mejor que pude al margen de situaciones semejantes. En la práctica, esto significó que no iba a estar solo con la persona con la que salía. Claro, no llevé esto hasta sus últimas consecuencias. Por ejemplo, podía ir en carro con ella. Por otro lado, si estábamos sentados en el carro, hablando, tenía que ser en un lugar como el camino de entrada a la casa de sus padres, no en un camino vecinal de enamorados. También establecí la regla de que no podía estar a solas en una casa con la joven con la que salía.

Mantuve estos estándares cuando salí de la casa de mis padres porque sentí que era prudente y honraba mucho a Dios. Claro que resultaba mucho más fácil cuando estaba viviendo con mis padres. Podía decir: «No puedo hacerlo porque mis padres no me dejan». Ahora tenía que cumplir con estos mismos estándares por mi cuenta. Pero ¡qué estándar tan excelente!

Me acabo de casar, y les digo que estoy bien contento de que me mantuve firme, en especial cuando Lisa y yo nos comprometimos. Puedo pensar en varias ocasiones en nuestras relaciones cuando, sin este estándar de vivir con firmeza en nuestras vidas, hubiera sido fácil perder la pureza.

Antes de casarnos, Lisa y yo nos permitíamos muchas veces quedarnos sentados en el carro para hablar en el camino de entrada a la casa de mis padres. (Aunque yo ya no vivía ahí, a menudo íbamos de visita). Los vecinos siempre nos miraban a hurtadillas por las cortinas de la cocina. Siempre los saludábamos con la mano, ¡pero nunca nos devolvían el saludo! Dios bendiga a esos vecinos. Sin duda eran como si nos fueran a pedir cuentas, nos gustara o no. Estoy seguro de que mi madre hacía lo mismo, ¡pero por lo menos nunca de una manera obvia!

Antes de conocer a Rose, nunca pensé mucho acerca de lo peligroso que puede ser para la pureza pasar tiempos a solas con la novia. Pero una vez comencé a salir con ella, de repente me di cuenta de los peligros. Resultó obvio que la mejor manera de evitar colocarnos ambos en situaciones peligrosas era que yo estableciera los límites lo antes posible en nuestra relación.

Sostuvimos una importante conversación al principio cuando se hizo evidente que, sí, algo especial estaba sucediendo. Lo primero de todo, decidimos que solo podíamos estar solos juntos en lugares públicos. Eso significaba, por ejemplo, que podíamos estar a solas juntos en un parque donde la gente podía pasar cerca, o en restaurantes, que están llenos de gente. Pero no nos permitíamos estar solos en, digamos, el sótano de nuestra casa, que no es un lugar público y donde resultaría poco natural que alguien se apareciera, a no ser que tu padre sea el autor de *La batalla de cada hombre joven*. (Solo estoy bromeando, papá).

Claro, en cuanto uno establece un límite, en ese momento comienzan los desafíos, pero eso está bien. Los desafíos brindan otra oportunidad de mantenerse firmes y liderar como hombres.

Ben se enfrentó a una oportunidad como esta. «La idea de permanecer en público me parece muy buena. Pero, ¿qué de subir en bicicleta de montaña por senderos alejados o atreverse a caminar alrededor de un lago en una montaña o en un bosque? Me gusta el aire libre. Estoy totalmente de acuerdo en que no sería una buena idea estar completamente a solas en una casa, porque esto sería buscarse problemas serios. Pero me encanta la naturaleza, y ahí es donde suelo ir para divertirme con mis amigos. ¿Por qué no podría hacer lo mismo con mi novia? Solo deseo poder salir a solas con ella, como lo hago con mis otros amigos. ¿Es aceptable, o es arriesgado?»

Cuando se trata de desafíos a los límites establecidos como en este caso, hay que hablarlo con la novia para asegurarse de que están de acuerdo, y luego hay que tomar las precauciones adecuadas. Rose y yo no hubiéramos hecho lo que Ben sugiere porque queríamos estar a solas en lugares públicos donde es probable que hubiera otras personas, y creemos que la idea de Ben es un riesgo mucho mayor para su pureza de lo que piensa.

Sin embargo, no hay problema con que un hombre esté a solas con su novia en medio de la naturaleza, siempre que ambos sepan cuáles son los límites y ambos entiendan que no hay nadie alrededor a quienes tengan que rendir cuentas. Solo aconsejo que levanten defensas. Defiendan los puntos débiles, pero luego vayan a .disfrutar de Dios y de todo lo que ha creado. Vivan la vida en forma abundante, pero vivan dentro de sus estándares de pureza. Vayan a pasear por colinas alejadas en sus bicicletas de montaña. Pero si esto llegara a crear problemas, deténganse. Si no, diviértanse. En resumen, lidera en tus relaciones como un hombre.

SEAN CREATIVOS

Cuando surjan situaciones como estas, sin embargo, no te apresures a tirar la toalla y a hacer excepciones. Tienes que querer tomar una posición y mantenerte firme durante todo el noviazgo, porque lo más fácil es ceder siempre. En esos momentos, deja que entre en juego tu creatividad.

Uno de esos desafíos se nos presentó a Rose y a mí un fin de semana unos cinco meses antes de casarnos. En el verano, vivía a unas dos horas de distancia de la casa en Cedar Rapids durante un programa de práctica en Rockwell Collins, una compañía aeroespacial y de defensa. Cada fin de semana, viajaba a casa para visitar a Rose. Al mismo tiempo, mi abuela Gwen estaba con un cáncer terminal, y su vida discurría por los últimos dolorosos meses que conducían a una terrible muerte. Cuando falleció a mediados de junio, mis padres quedaron totalmente exhaustos.

De manera inesperada, mi papá decidió que la familia necesitaba alejarse para darle un respiro a mamá antes de ocuparse de la casa y los bienes de la abuela. Así que cargó el carro y envió a toda la familia a Florida para que pasaran unas semanas de descanso y relajación. Yo no pude ir debido a mi pasantía, y por casualidad, la familia de Rose acababa también de irse a acampar por una semana.

Se pueden imaginar el problema que surgió.

Cuando llegué a la ciudad ese fin de semana para ver a Rose, la casa de nuestros respectivos padres estaban vacías. Habíamos planeado ver una película favorita en una de las casas, pero como ambas familias habían salido de la ciudad, tendríamos que estar solos en las casas. No teníamos adónde más ir, o por lo menos eso parecía. Pero ahí es cuando nuestra creatividad tomó las riendas.

—Tengo una idea —dije—. Sabes muy bien cómo son nuestros vecinos que siempre están trabajando en sus jardines, y hay docenas de transeúntes que pasan por la acera frente a nuestra casa, ¿cierto?

—¿Bueno…? asintió curiosa.

—Bien, ¿qué te parece si vemos la película en el garaje? Puedo subir para traer la televisión y el DVD al garaje, y puedo traer una mesita para las palomitas y las sodas. Me di cuenta de que papá sacó el asiento lateral de la furgoneta la semana pasada. Podemos colocarlo frente a la televisión como si fuera un sofá. Si abrimos la puerta del garaje y colocamos el sofá en dirección a la calle, nuestro «teatro doméstico» será tan público como cualquier otro teatro. ¡Mucha gente pasará por delante!

—¡Eso es maravilloso! ¡Hagámoslo! —dijo con entusiasmo.

Costó algo trasladar el televisor hasta el garaje, pero todo salió muy bien. Mantuvimos todas las luces encendidas, a propósito, de manera que incluso después de la puesta de sol, las personas que pasaban por enfrente podían mirar y vernos.

Nos divertimos mucho riendo y saludando a la gente en su paseo nocturno, y deberían haber visto algunas de las expresiones en sus rostros. La cara más cómica, sin embargo, fue la de mi padre el fin de semana siguiente cuando introdujo la camioneta por el camino de entrada, solo para encontrar a Rose y a mí acomodados en un nuevo teatro donde solía estar su área de parqueo.

Ser creativo no resulta tan difícil si nos apegamos a la regla de lugares públicos. La mayor parte de las citas conllevarán de todos modos hacer cosas divertidas juntos en lugares públicos, como ir a un centro comercial o pasear en trineo o patinar. Se puede volver complicado si les gusta ver DVDs como a nosotros, pero incluso esto no debería resultar demasiado difícil con tal de que la familia esté en casa y no se encierren en algún dormitorio o sótano. Nosotros siempre hemos visto DVDs en la sala familiar donde muchos Stoeker están entrando y saliendo.

Podríamos haber ido a un dormitorio en el piso de arriba o al sótano, pero eso hubiera hecho que sintieran como una violación de la intimidad —incluso con la puerta cerrada— cualquiera que subiera o bajara las escaleras. Nunca nos situamos en un lugar donde habría significado que alguien se sintiera raro al topar con nosotros. Esa fue la manera más fácil de evitar tentaciones y de no hacer nada físico entre nosotros.

Lo mejor de todo es que la mayor parte del tiempo seguíamos estando lo bastante «solos» como para hacer que Rebecca y Michael sintieran náuseas cuando románticamente nos susurrábamos o reíamos al oído. Así que no deformaba demasiado el estilo de este muchacho. Incluso con estos límites, siempre se pueden hacer todas las cosas divertidas que uno quiera con el agregado de algo de romance.

Durante nuestro noviazgo ese verano, nos resultó bien difícil estar alejados el uno del otro por toda una semana cada vez, pero el desplazamiento de dos horas en cada dirección habría hecho difícil para cualquiera de los dos visitar al otro durante la semana para salir. Además, de haber venido Rose a Cedar Rapids, no hubiera habido nadie en mi apartamento para ayudarnos a mantener las normas si mi compañero de habitación se hubiera ausentado.

Así que, de nuevo, nos volvimos creativos. Encontramos una pequeña universidad a mitad de camino llamada Grinnell, y establecimos una cita regular para todos los martes por la noche. Como ninguno de los dos vivía en ese lugar, no había apartamentos con sofás ni dormitorios con camas que pudieran tentarnos. La universidad nos ofrecía un hermoso recinto por donde caminar y hablar, y como había una cantidad considerable de estudiantes alrededor, había muchos lugares públicos y restaurantes para ayudar a pasar un buen rato a una pareja de nuestra edad. Grinnell no nos permitió colocarnos en situaciones peligrosas, de manera que resultó un lugar seguro donde reunirnos durante la semana.

«En serio, ¿nada de besos?»

A menudo nos preguntan acerca de nuestra decisión de suspender los besos hasta el matrimonio. No me sorprende la pregunta. Parece demasiado radical de acuerdo con los estándares actuales. Desde luego que no creo que sea un pecado besar a la novia antes de casarse, ni tampoco lo piensa así mi padre. Su directriz siempre ha sido bastante sencilla: nunca hagas nada con tu novia que te haría sentir incómodo si lo hicieras delante de tu padre.

Es obvio que esto sin duda podría incluir los besos, pero nosotros decidimos una directriz más rigurosa.

Nuestra decisión de no besarnos hasta el día de nuestra boda fue en realidad una prolongación de la filosofía de huir de situaciones peligrosas. No queríamos besarnos hasta que estuviéramos casados por la simple razón de que pensábamos que besarse haría que resultara a la larga más difícil mantenernos puros.

Claro que hay que llegar a una decisión como esta en forma conjunta como pareja, y la novia tiene que estar de acuerdo por sus propias razones y no solo por las de uno. Si la decisión que tomas es unilateral y ella no besa solo porque no la dejas, se puede molestar, lo cual puede causar algunas fricciones en tu relación.

Planteé esta idea a Rose alrededor de una semana después de haber comenzado nuestras relaciones en ciernes sobre todo porque pensé que más pronto o más tarde una pareja comienza a besarse para expresar el amor creciente por la otra persona. Pero también sabía que besarse sería de verdad apasionante, y si las cosas se volvían apasionantes, no sabía cómo nuestra pureza lo resistiría. Pensé que si reforzaba el límite hasta incluir nada de besos, yo estaría mucho más a salvo.

Y eso era importante para mí porque si la labor del Enemigo se centraba en tentarme con besar a Rose, incluso si sucumbía y la besaba, solo estaría violando uno de mis límites. Los estándares de Dios seguirían intactos, y seguiría siendo puro a sus ojos.

Muchas personas fuerzan las cosas en la otra dirección, preguntando: ¿Hasta dónde puedo llegar sin pecar? ¿Dónde está el límite? ¿La puedo tocar aquí? ¿Puedo llegar hasta allá? Pero mi límite lo situé tan lejos de la zona de peligro que incluso si fallaba y besaba a Rose, no hubiera puesto en entredicho mi caminar con Dios.

Otra razón de querer evitar los besos fue que no veía en qué forma besarse haría progresar nuestras relaciones en alguna dimensión importante. Una vez leí, no recuerdo dónde, que uno puede usar los labios básicamente para dos cosas: besarse o comunicarse. Sospechaba que nuestro noviazgo podría ser de corta duración, de manera que pensé que sería mejor usar el tiempo para conversar y llegar a conocernos realmente bien.

Incluso si los dos no están acercándose con rapidez al matrimonio, sigue siendo de veras importante poner unos buenos cimientos de comunicación para llegar a conocer a la otra persona lo antes posible de manera que si no encajan el uno con el otro, puedan terminar antes de que lleguen a estar demasiado apegados emocionalmente. Tienes que saber quién es ella y qué cree, y puedes aprender mucho más hablando que besando. («¡No me digas!»).

En todo caso, como pensé que sería una buena idea no besarla durante nuestra relación, se lo planteé a Rose, y estuvo muy de acuerdo. «Vaya, esto es algo que yo también quería hacer», dijo, y para nosotros no hubo más que hablar.

Al conversar, descubrí que sus razones para dejar de lado los besos eran similares a las mías, aunque una era diferente. Había tenido una relación en la que sí se besaban y luego, cuando rompieron, se sintió tan unida emocionalmente que la ruptura resultó terrible. No quería volver a encontrarse en una situación parecida, de manera que la idea de no besar a nadie que no fuera su esposo encontró eco en ella.

Después de tomar la decisión de dejar de lado esa parte de besarse, hablamos de los otros límites que queríamos tener en nuestra relación. Todo esto tuvo lugar al final de la primera semana. Lo que nos quedaba por hacer era avanzar al unísono.

A menudo hay jóvenes que me preguntan si fue difícil respetar todos nuestros límites. Creo que los límites nunca son superfáciles, pero no fueron tan difíciles en nuestro noviazgo, sobre todo mientras estuve viviendo en Cedar Rapids durante la pasantía.

Admitiré que las cosas se pusieron algo más difíciles durante nuestros cuatro meses de estar comprometidos. Esto parece algo raro porque pensarían que ya entonces habíamos tenido mucha experiencia en defender nuestros límites. El problema era que cuanto más nos acercábamos a la fecha de nuestra boda, más nos debatíamos entre dos pensamientos contrapuestos en el terreno de los besos:

1. Bueno, en unas pocas semanas estaremos casados. ¿Por qué no comenzar a besarnos ahora?

2. ¡No nos besemos ahora! ¿Por qué echarlo todo a perder ahora que estamos tan cerca?

Las cosas se nos complicaron mucho dos semanas antes del matrimonio. Por lo general se suele pensar que dos semanas no son muy largas, pero si se está a las puertas de casarse, pueden parecer el tiempo más largo del mundo. Ambos sabíamos que nos sentiríamos decepcionados si no esperáramos a darnos el primer beso el día de nuestra boda, así que nos mantuvimos firmes. O sea, no podíamos aflojar en nuestro propósito a medida que se acercaba la boda. Teníamos que seguir adelante.

Y por fortuna lo hicimos porque casi fallamos. Como una semana antes de la boda, dije: «Rose, ¿por qué no nos frotamos la nariz como hacen los esquimales y nos sentamos y abrazamos? Te amo tanto, y solo deseo estar muy cerca de ti esta noche».

Abrazarnos y frotarnos la nariz le pareció divertido, así que comenzamos a hacerlo, mientras yo racionalizaba: Bueno, apenas nos falta una semana, y en realidad no es besarse, así que ¿por qué no?

Nos abrazamos e hicimos lo de frotarnos la nariz y nos divertimos, pero las señales de alarma en mi cabeza sonaban cada vez más alto. Por fin me aparté y dije: «Rose, ¿sabes qué? Vamos a terminar besándonos esta noche si no nos detenemos de inmediato, y no quiero privarnos de ese momento en el altar».

¡Ay! En ese momento no pareció contenta, y no le gustó tener que parar.

Pero cuando te enfrentes a esos momentos, recuerda que eres el hombre. Tienes que tomar esa posición para controlar la tentación. ¿Eres o no el héroe? Tienes lo que hace falta para superar ese momento si te mantienes firme en tus convicciones, incluso si la tentación ha surgido en un primer momento de ti.

Al final, ambos nos alegramos mucho de que nuestros besos esquimales no nos habían llevado más lejos. Nuestro día de la boda fue increíble, y nuestro primer beso fue maravilloso. Y lo mejor de todo, centenares de personas lo disfrutaron con nosotros y no tuvimos nada que lamentar ese día... ni esa noche.

ADVERTENCIA: OBSTÁCULOS A LA VISTA

Vale la pena tener también cuidado con los obstáculos externos. Nuestra tentación mayor fue renunciar a nuestros límites en mi dormitorio en Iowa State. Estaba en mi último semestre, y Rose y yo habíamos estado comprometidos por un par de meses. Siempre que Rose me venía a visitar, manteníamos abierta la puerta del dormitorio. En muchos lugares, esto no es gran cosa, pero en el dormitorio de una universidad, puede resultar de veras irritante.

Los borrachines que andaban tropezando por toda la residencia eran en sí irritantes, pero una puerta abierta es una invitación general para que cualquiera entrara y se quedara un rato. Nos interrumpían sin cesar amigos y conocidos que se presentaban de improviso siempre que Rose y yo estábamos sentados conversando. Y tres son una multitud, ¿no es cierto? Y lo más frecuente era que fuesen cuatro o cinco o seis, lo cual significaba que nunca teníamos tiempo para nosotros.

Era bien molesto mantener la puerta abierta, pero no teníamos alternativa. Estar a solas en un dormitorio no es buena idea, sobre todo cuando están comprometidos. Y mi habitación era individual, así que no tenía compañero de cuarto. Nos hubiéramos puesto en una situación sumamente tentadora de haber cerrado la puerta.

Bueno, diré que una de las cosas que me ayudó a fortalecer mi resolución fue tener un amigo cristiano que siempre dejaba abierta su puerta durante su noviazgo. Gracias a este ejemplo, sabía que también yo podía lograrlo, y que no estábamos solos en esto. Solo tenía que ser suficiente hombre para unirme a él en esto.

Tú eres también esa clase de hombre. Pero más aun, no solo eres hombre, sino un escogido y talentoso hijo de Dios. Esto es algo fundamental de que debes tener en cuenta para superar tus más difíciles obstáculos en esta lucha. En el caso de la pureza, no hay que encogerse de hombros y decir: «Es que soy humano».

No eres solo humano. ¡Eres hijo del Rey! El apóstol Pablo reprendió a los corintios por actuar como simples hombres: «Aún son inmaduros. [...] ¿Acaso no están comportándose según criterios meramente humanos?» (1 Corintios 3:3).

Pablo tenía razón. No hay excusa para actuar como un simple hombre. Eres un héroe del Señor. Eres su hijo. Desde el momento en que su Espíritu entró en ti, perdiste todo derecho a actuar solo como hombre. Ya es tiempo de que des un paso al frente en cuanto a la pureza. Sé la nueva creación que eres. No te limites a derramar gracia sobre tu pecado una vez más. Deja de pecar. Cambia.

Demasiados jóvenes cristianos creen que pueden vivir como quieran porque la gracia prevendrá todas las consecuencias de su pecado. ¿Por qué esforzarse uno tanto en las defensas? La gracia limpiará la suciedad.

Sí, disponemos de la gracia —esto es fundamental para el evangelio—, pero hay que recordar que pecar voluntariamente no contribuye en nada a nuestra relación con Dios. Al pecar nos alejamos más de Él, que es la peor de las posiciones malas de las que hay que huir cuando se está saliendo con una chica. La lejanía de Dios es devastadora para nuestra batalla por la pureza porque solo una relación más estrecha con el Padre nos ayudará a mantener nuestros límites.

Al final del día, siempre que te encuentres en tu peregrinar espiritual, avanza hacia una relación más profunda y cercana con Dios. Caso de no saber cómo hacerlo, puedes leer el segundo libro de esta serie, *Tácticas*. Dios desea estar cerca de ti. Desea conducirte a su intimidad y enseñarte a ser hombre. Solo está esperando que acudas a Él.

14

NO TEMAS

Bastión falso #9: Me temo que no sabré besar bien cuando más importe, y ¿qué decir acerca de mis demás habilidades? Si no practico antes, pasaré vergüenza la noche de mi boda.

De Fred:

Pregunta sorpresa: Nómbrame a un hombre que conozcas que regresó de su luna de miel con cara de vergüenza y humillación. Apuesto a que no puedes.

Me sorprenden las cosas que dice la gente sin tener ninguna base. Megan, estudiante universitaria de último año y amiga de la familia, nos dijo que su compañera de habitación en la universidad estaba preocupada de que en su noche de bodas, Megan se sentiría muy por debajo de lo que se esperaría de ella.

¿Qué significa esto? ¿Sentirse por debajo de lo que se esperaría de ella? ¿Significa que sus procesadores mentales serán incapaces de asimilar demasiada información nueva de repente? ¿Significa que no podrá saber cómo abrazar y retener a su heroico caballero después de haber soñado apasionadamente con este momento especial y puro desde que era pequeña?

Ridículo. Es la compañera de habitación de Megan la que está por debajo. No sabe nada acerca de lunas de miel.

Puedo asegurarte que la inexperiencia no es algo malo en una noche de bodas. No es como ponerse los esquís por primera vez e ir en un ascensor hasta la cima de una pista de esquí de primera categoría, ni recibir un bate para salir a enfrentar al temible lanzador de los Cubs de Chicago, Carlos Zambrano, con la Serie Mundial en juego en Wringley Field. Eso sí es estar frente a algo inimaginable.

Pero ¿en cuestiones de sexo? ¡Vamos! Dios no lo hizo tan difícil, porque la procreación en el mundo depende de ello. Créeme, no estamos hablando aquí de ciencia de cohetes espaciales. Tener relaciones sexuales resulta tan difícil como rascarse la nariz. No hace falta un manual de capacitación para la primera vez.

No significa ninguna diferencia si alguien es un Don Juan en su noche de bodas. Siento tener que decírtelo: la noche de bodas rara vez es el pináculo del éxtasis sexual por una serie de razones, así que no hay que pensar que es algo que debe ser por necesidad. Si esperas que tu noche de bodas sea la mejor noche de tu vida, lo más probable es que te sentirás desengañado por mucha práctica que hayas podido tener.

Tranquilo. Recuerda que el lecho matrimonial es un lugar maravilloso en el que comparten muchos largos y espléndidos años explorando sus corazones. No hay por qué acelerar las cosas.

De Jasen:

Si Rose y yo estuviéramos en el programa Larry King en Vivo, estoy seguro que él haría preguntas como: *¿Cómo fue darte el primer beso ante tantas personas? ¿En qué estuvieron pensando al acercarse a ese momento? ¿Temían que pudieran parecer torpes?*

«Bueno, Larry, le puedo decir que sí esperaba con mucha ansia ese primer beso. Pero tengo que confesar que al principio estaba algo preocupado porque no había besado nunca a nadie antes y nadie quiere parecer un tonto frente a cuatrocientas personas».

Mi tío Brent había bromeado que los dos deberíamos comprar un par de pomos de puerta para practicar con ellos. Créanlo o no, compramos los pomos, pero nunca llegamos a sacarlos de sus cajas porque estábamos tan próximos a la boda que pensamos que de todos modos no importaba. Cuando llegamos al momento del beso en la ceremonia, no tuve ningún temor, sobre todo porque ¡las bodas son una locura! Habíamos tenido tanto estrés genuino al ir acercándose la boda que cuando llegué a la parte de «ahora puede besar a la novia», hacía mucho que se habían calmado los nervios y estaba listo a intentarlo.

Me sentí contento, también, porque tal como resultan los besos, ese beso salió muy cerca de lo que había deseado que fuera. Quiero decir, le di un gran beso, pero dado con buen gusto, si es que se me permite decirlo. Había asistido a muchas bodas, y en algunas había visto que el novio le daba a su nueva esposa apenas un besito, y uno se decía: *¿Qué fue eso?* He asistido a otras bodas en las que uno acaba por sentirse avergonzado e incómodo porque el beso fue demasiado largo y baboso. Yo quería situarme en un punto medio, algo parecido a un beso firme y agradable que no fuera absurdamente largo, pero que sugiriera: «He esperado un largo tiempo para esto».

Nuestro primer beso fue perfecto, y a la gente sin duda le gustó.

No hay que preocuparse para nada por reservar las maravillas de la exploración hasta que se casen. Mi padre me dijo en cierta ocasión: «Jasen, lanzar la pelota a treinta y cinco metros y acertar un pase a un receptor a toda velocidad es muchísimo más difícil que las relaciones sexuales, y eso requiere mucha práctica de cualquier mariscal de campo novato. Pero, ¿relaciones sexuales? Es lo más natural del mundo». Mi papá tenía razón. No creo que nunca acertaría un pase a un receptor, pero Rose y yo nos sentimos muy bien juntos. Así que créanme, eso de «practicar antes» ha sido sobrevalorado.

Nuestra luna de miel fue lo bastante pronto para practicar, y lo mismo lo será para ti. Si desean cultivar sus habilidades juntos, Rose y yo recomendamos el libro *El placer sexual ordenado por Dios* de Ed Wheat. Es un libro que tiene muchos años, pero es bueno, y no está adornado con esos matices de nuestra cultura pornográfica que se encuentran en algo de los libros cristianos sobre sexología. Solo recuerda que *no* debes leer esos libros sino hasta después de la boda, por cuanto hace que la imaginación se recaliente, y esto no es para nada útil en la batalla por la pureza como pareja.

Este asunto de «Me avergonzaré en mi noche de bodas porque no sabré lo que estoy haciendo» nunca ha tenido mucho sentido para mí desde el principio. ¿Practicar de antemano? ¡Vamos! Las relaciones sexuales van a ser divertidas no importa cuán tarde comiencen, y en cuanto a mucha práctica, quiero recordarles que no están luchando por ganarse algún trofeo estatal, y nadie estará llevando el puntaje. En cierta ocasión, antes de nuestra boda, un joven me hizo una pregunta que es muy típica de la forma de pensar estadounidense: «¿Cómo sabrás lo que les gusta a ambos si no se acuestan antes de casarse?»

Yo tenía la respuesta a flor de labio: «Cuando has estado esperando tanto tiempo como yo», dije, «créeme, todo te gusta».

¡Abran los ojos, muchachos! La noche de bodas de todos modos no es sino un punto de partida. Siempre pueden ir refinando sus gustos más adelante a medida que van disfrutando de las maravillas de la exploración con el amor de su vida. Si son sinceros entre ustedes y se cuentan lo que les gusta o desagrada, muy pronto aprenderán a disfrutar estar juntos, y sus relaciones sexuales irán mejorando cada vez más, sin importar dónde comenzaron. Y lo mejor de todo: no serán como las parejas «con práctica» que hemos conocido que han llorado en su noche de bodas porque pasaron tanto tiempo en el terreno de las prácticas que no les quedaba ya nada que compartir que fuera especial o nuevo.

De Rose:

Los hombres parece que se preocupan mucho por lo bien que saben besar, pero las mujeres no se inquietan demasiado por esto. Si lo encontramos atractivo aunque algo falto de experiencia, no se burlarán de él. Pensarán que es guapo y, si la mujer es normal, significará muchísimo para ella que *no haya estado* practicando con otras.

La pureza e inexperiencia de Jasen ha sido una de las mejores cosas en nuestro matrimonio, y no hubiera querido que fuera de ninguna otra manera. Me siento tan segura sabiendo que no tengo que preguntarme si está recordando a otra mujer cuando estamos juntos.

La inexperiencia de Jasen fue para mí un maravilloso regalo en mi noche de bodas. Me sentí tan cómoda y libre para ser yo. Como hombres, quizá no entiendan de qué manera tan constante las mujeres nos comparamos con otras cada día de la semana, pero como Jasen había sido puro, podía ofrecerme este lugar único de seguridad perfecta en mi vida donde yo sabía que nunca me compararía con otra mujer. Qué regalo… uno que pocas mujeres recibirán de sus esposos.

Ha habido personas que me han preguntado: «¿Hasta qué punto la intimidad sexual cambió su relación cuando por fin la tuvieron?». Bueno, sin duda alguna fue un gran momento de fuegos artificiales. Fue maravilloso. Pero, ¿cambió nuestra relación? De veras que no.

Estábamos mucho más maravillados de que habíamos establecido un pacto mutuo frente a cuatrocientas personas y frente a Dios. Esto es lo que nos dejó sin aliento, y si bien el sexo vino con eso, fue el hecho de que por fin estábamos casados lo que tuvo la máxima importancia para nosotros.

Pero bien, nos gustó cada minuto de nuestra primera noche. Me encantan las sorpresas, y todo lo de esa noche fue una increíble sorpresa. No sabíamos nada del gozo de llegar a conocernos el uno al otro, y la maravilla de saber que ahora ambos conocíamos una parte del otro que nadie más en el mundo conoce. Esta clase de conjunto de sorpresas lo supera todo.

Si piensas que solo lo que has practicado puede generar las emociones, tengo algo que decirte. Eso no es ni remotamente verdadero. La expectativa de hacer algo nuevo juntos por primera vez había ido creciendo por meses, y también eso agregó en cantidad inconmensurable a la emoción. Se comienza saliendo juntos, se comprometen, llegan al altar, intercambian los votos, se dan el primer beso, van a la recepción, suben a la limusina, y antes de que puedan darse cuenta, están solos juntos en la suite de la luna de miel. ¡Qué momento tan loco y precioso que recordarán por el resto de la vida!

Permíteme regresar por un momento a ese primer beso en el altar. Sentir el contacto de nuestros labios por primera vez fue tan invaluable y había valido tanto la pena esperar, y fue abrumador oír que todos gritaban y nos aplaudían. Después de todas las noches solitarias, todos los pensamientos llenos de sueños en mi diario y todos los días tensos a la espera de que Jasen por fin empezara a buscarme, no podía creer que mis sueños se hubieran convertido en realidad y que por fin estuviera en sus brazos. Era mío, totalmente mío. Ninguna práctica podía haber producido esa clase de emociones.

Tampoco pudo proporcionar el equilibrio que tenemos en nuestra relación. El sexo nunca sobresalió en nuestra relación antes de la boda, y nunca ha sobresalido en nuestra relación *después* de la boda, aunque es maravilloso. Jasen es el premio, no su cuerpo, y sé que él siente lo mismo en cuanto a mí. Estoy totalmente segura de que Dios quiso que nuestro matrimonio fuera así y desea lo mismo para cada matrimonio.

La disciplina de esperar puso de manifiesto mucho acerca

de nuestro amor mutuo. Entre otras cosas, nuestro amor no es superficial. Hemos conocido a muchas personas que no salen con alguien a no ser que sepan que podrán tener relaciones sexuales poco después de comenzar a salir. Sabía que eso no era así con Jasen, y sabía que tampoco lo era conmigo. Esto hizo que nuestro noviazgo no resultara complicado.

La manera en que hicimos las cosas también nos preparó para una vida de confianza mutua. Él tenía tanto control sobre su persona durante nuestro noviazgo que sé que si alguna vez está fuera de la ciudad en viaje de negocios, nunca cruzará mi mente este pensamiento: *¿Qué estará haciendo en la habitación del hotel cuando está a solas sin mí?*

Conozco a muchísimas mujeres a quienes esto les preocupa, pero yo nunca tengo que hacerlo. Incluso cuando está trabajando con otras mujeres, sé que nuestras relaciones están a salvo. Su disciplina ha demostrado que me ama, y que para él no soy solo sexo. Para él siempre se ha tratado de nuestra relación y de entender mis sentimientos, y lo que hace que sea lo que soy. *Esto* es emocionante para una mujer. No importa lo bien que hayas practicado en la cama. Si has pasado muchas horas practicando con mujeres, nunca podrás ofrecer esta clase de emoción a tu esposa. Las emociones sexuales no son el único tipo de emociones que desea una mujer, y solo los héroes puros pueden ofrecer *ese* tipo.

De Jasen:

En lugar de preocuparte por si pasarás o no vergüenza en tu noche de bodas, quizá ya es momento de preocuparte acerca de otra cosa, en especial a la luz de los otros bastiones de mentiras que hemos cuestionado en los nueve últimos capítulos. *¿Crees en Dios?* ¿De veras has arriesgado algo costoso en cuanto a tu posición referente a tu fe?

Algunos hombres creen verdaderamente a Dios. Otros solamente creen *en* Él. Hay una gran diferencia entre los dos. Dios ha hecho promesas de que bendecirá al que obedece. ¿Crees en realidad que Dios te dará las mismas cosas que Rose y yo hemos recibido si colocas su reino en primer lugar y destruyes los bastiones del enemigo en tu vida? Ahora tienes la oportunidad de arriesgarte para ver si suceden.

Si crees a Dios, claro está, estás siempre esperando el momento adecuado para experimentar tu sexualidad con el fin de protegerla a ella y para defender el método y el carácter de Dios.

De no ser así, no has arriesgado nada por la fe, y quizá no crees a Dios tanto como un hijo debe creerlo. Piensa por un momento en estas palabras del apóstol Pedro: «Queridos hermanos, esta es ya la segunda carta que les escribo. En las dos he procurado refrescarles la memoria para que, con una mente íntegra, recuerden» (2 Pedro 3:1-2).

Este también ha sido mi propósito al escribirte. Nuestra cultura está tan confundida que resulta difícil distinguir en estos días lo íntegro de lo común, pero la Palabra de Dios siempre es íntegra, siempre nos insta a vivir una vida digna de hijos (Efesios 4:1). Por otro lado, los bastiones falsos que hemos puesto al descubierto en este libro son nocivos y nos instan a vivir vidas indignas delante de Él.

Dondequiera que te encuentres entre estos dos extremos, a estas alturas del libro tu mente se ha visto desafiada por los caminos inusuales acerca de los cuales Dios nos ha invitado a pensar y conforme a los cuales vivir, y quizá has descubierto en ti algunas formas nocivas de pensar. De ser así, Dios tiene un plan para que te comprometas con Él: «Destruimos argumentos y toda altivez que se levanta contra el conocimiento de Dios, y llevamos cautivo todo pensamiento para que se someta a Cristo» (2 Corintios 10:5).

La Palabra de Dios es una prueba de la integridad de tu pensamiento, y por eso, al concluir este capítulo, me gustaría ceder la palabra a Dios respecto a los bastiones enemigos en tu vida y darle una oportunidad de estimular algunos pensamientos sanos en ti. Primero, medita en cada versículo por un momento, y después hazte las preguntas que siguen:

«Acuérdense de sus dirigentes, que les comunicaron la palabra de Dios. Consideren cuál fue el resultado de su estilo de vida, e imiten su fe» (Hebreos 13:7). *¿Has considerado las consecuencias de tu estilo actual de vida con las mujeres? ¿Es digno de ser imitado desde la perspectiva de Dios?*

«Oren por nosotros, porque estamos seguros de tener la conciencia tranquila y queremos portarnos honradamente en todo» (Hebreos 13:18). *¿Tienes la conciencia limpia cuando se trata de mujeres en tu vida? ¿Deseas vivir honorablemente en todo?*

«Así, cuando amamos a Dios y cumplimos sus mandamientos, sabemos que amamos a los hijos de Dios. En esto consiste el amor a Dios: en que obedezcamos sus mandamientos. Y éstos no son difíciles de cumplir, porque todo el que ha nacido de Dios vence al mundo. Ésta es la victoria que vence al mundo: nuestra fe» (1 Juan 5:2-4). *Dices que amas a tu novia. ¿Estás obedeciendo los mandamientos de Dios respecto a la pureza cuando estás con ella? De no ser así, no la amas con amor genuino. Te amas a ti mismo.*

«El que atiende a la corrección va camino a la vida; el que la rechaza se pierde» (Proverbios 10:17). *¿Aceptarás la disciplina o descarriarás a tu novia?*

«La justicia libra a los justos, pero la codicia atrapa a los falsos» (Proverbios 11:6). *¿Estás pidiendo ser liberado por gracia en lugar de por tus elecciones correctas?*

«Yo te guío por el camino de la sabiduría, te dirijo por sendas de rectitud. Cuando camines, no encontrarás obstáculos; cuando corras no tropezarás. Aférrate a la instrucción, no la dejes escapar; cuídala bien, que ella es tu vida» (Proverbios 4:11-13). *¿Te apegas a las instrucciones de Dios referentes a tus relaciones sexuales con tu novia como si tu vida dependiera de ello? De ser así, da algunos ejemplos.*

«Porque el SEÑOR se complace en su pueblo; a los humildes concede el honor de la victoria. Que se alegren los fieles por su triunfo; que aun en sus camas griten de júbilo. Que broten de su garganta alabanzas a Dios, y haya en sus manos una espada de dos filos» (Salmo 149:4-6) *¿Has aceptado con gozo la invitación de Dios a la pureza como soltero, cantando sus alabanzas noche y día mientras esgrimes la espada de doble filo de su Palabra en la lucha por el honor de sus hijas? ¿Te sientes honrado de ser un guerrero suyo en esta batalla o te sientes molesto con Él?*

Gracias a Dios, Él continuará recurriendo a nuestra hombría y confrontando nuestra voluntad mientras vivamos, y lo ha hecho una vez más con esta prueba. Al comenzar a destruir todo bastión falso que tengas en tus pensamientos, me gustaría estimularte contándote algunos testimonios finales de otros hombres cristianos que decidieron dar un paso al frente como héroes en este mundo.

15

HAZ COSAS DIFÍCILES

Este correo electrónico le llegó a mi papá:

> Me he mantenido puro los últimos 131 días. La Palabra
> del Señor ha sido mi instrumento más poderoso para
> poder superar cualquier tentación, y su sabiduría ha
> destrozado al enemigo. Tengo veinticuatro años, soy
> soltero y lo bastante maduro como para dejar atrás mi
> pasado. Espero con ansia continuar en mi pureza y ver
> lo que Dios tiene para mi vida. Estoy agradecido con el
> Señor y orgulloso de mí mismo por estar siguiendo esta
> senda hacia la victoria, en especial porque vivo por mi
> cuenta, sin familia ni compañeros de dormitorio que
> me pidan cuentas. Estoy contento de poder informar
> que estoy practicando el dominio propio con el poder
> de Dios, y sé que un día mi matrimonio será muchísimo
> más fructífero por haber aprendido esto.

Como hombres, una de nuestras mayores debilidades es
nuestra tendencia a no hablar de nuestra sexualidad. Con
esta actitud le estamos dando a nuestro común enemigo una
enorme ventaja. Las trampas siguen ocultas, y los hombres
que vienen detrás de nosotros caen en ellas cuando hubieran podido evitarlas fácilmente. Nos perdemos los gritos de
aliento que podrían inspirar victorias todavía mayores. Y

perdemos el vínculo más estrecho que proviene de compartir juntos el camino de la vida.

Lo entiendo, pero no me gusta. Yo también he sido así, al no querer exponerme por temor de pasar vergüenza o de decir algo equivocado. Pero cuando uno se decide y da su testimonio por primera vez, como yo lo hice en Glen Eyrie, es como que se abrieran las compuertas de la represa y las personas comenzaran a responder.

Hay un poder natural en cualquier testimonio auténtico. Mi historia ha sido difundida en transmisiones en toda Gran Bretaña, y ahora estoy escribiendo este libro con papá. Es disparatado pensar hasta dónde ha llegado, pero ahora no tengo ninguna duda acerca de cuán importantes son las historias de otros para nuestra fortaleza como hombres cristianos.

Al igual que muchos, solía pensar que los testimonios eran material de relleno para agregar algo de interés y acabar de condimentar un mensaje, como la sal y la pimienta en un plato de pollo guisado. Pero ahora creo que un buen testimonio es tan importante como la enseñanza por lo que puede contribuir a su fe. Los testimonios son el pollo; son algo contundente, como mencionamos en la introducción. Papá dice que lo que le dio el valor y la fe para dar el paso en su radical obediencia a Dios fue el testimonio en Job 31:1, donde Job hace esa sorprendente revelación: «Yo había convenido con mis ojos no mirar con lujuria a ninguna mujer» Y la razón que sabemos que le dio resultado puede encontrarse al comienzo del libro: «En la región de Uz había un hombre recto e intachable, que temía a Dios y vivía apartado del mal» (Job 1:1).

Job no solo hizo ese pacto: ¡lo cumplió! La parte más transformadora de ese versículo para papá fue que Job era apenas un hombre común y corriente. Pensó: *Si él pudo hacerlo, también lo puedo hacer yo.* El testimonio de Job le dio a papá valor y fe para creer que Dios lo podía hacer también en su vida.

Los testimonios fortalecen la fe y protegen el propósito. Por esta razón deseamos contar algunos en este capítulo.

¿Sabes qué sucede cuando dejamos de hablar de lo que hace Dios en nuestra vida? Cuando las cosas se vuelven difíciles, a menudo nos quedamos temerosos y descreídos, como los israelitas que a menudo olvidaron consultar los libros que contenían constancia de las cosas que Dios había hecho por ellos. Siempre que dejamos de hablar de lo que Dios ha hecho en el pasado, acabamos por rebelarnos y pecar, en lugar de creer que Dios puede «hacerlo de nuevo» para ellos en el presente.

Mira lo que Dios hizo en la vida de Kellen:

Tengo veintiún años y estoy en el servicio militar, y siempre me he considerado muy hombre. En algún punto en esos términos, había racionalizado en mi orgullo que podía ser muy hombre y hombre de Dios al mismo tiempo. No fue difícil cometer ese error.

Crecí en la iglesia y había nacido de nuevo desde que lo puedo recordar y siempre he tenido el deseo de hacer la voluntad de Dios en mi vida. Viajé mucho de joven, y así fue cómo descubrí la pornografía. De una manera bastante extraña, estaba en Tahití, caminando sin malicia por el supermercado cuando me topé con una cantidad de revistas pornográficas abiertas en páginas interiores. Me sorprendí pero también me sentí fascinado, y con el paso del tiempo me metí cada vez más en la pornografía. Durante años traté de combatirlo, pero no hace mucho me rendí y me fui hundiendo de cabeza en el charco. Cuando llegué a lo más hondo, me sentía tan frustrado y cansado de la batalla que me puse a pensar: *Voy a dejar de vivir así en este pecado, o voy a acostarme con todas las mujeres que pueda, comenzando con prostitutas.*

Por fin, algo cambió. Llegué a un punto crítico de decisión. Lleno de desesperación, oré: «¿Me ayudarás con este pecado, Señor? Tiene que acabar, ¡pero no sé cómo frenarlo!». Recuerdo con claridad meridiana cuando oí hablar de su libro *La batalla de cada hombre* poco después de esa oración. Estaba en la iglesia leyendo el boletín cuando vi lo siguiente: «La batalla de cada hombre, un estudio de seis semanas que comienza esta noche a las siete».

Dios me golpeó fuerte. Me acerqué a la persona que enseñaba la clase y le dije que estaba interesado. Tenía sesenta y seis años y era muy conocido como hombre de Dios. Me preguntó cuántos años tenía, y luego me miró directamente a los ojos y me dijo: «Lo necesitas, hijo».

Desde luego que no discutí. Compré el libro, lo leí en dos días, y no he vuelto a ver pornografía en seis semanas. Pero todavía más importante, me he arrepentido de mis pecados, he hecho un pacto con mis ojos, y procuro todos los días desviar la mirada. Comencé a memorizar la Escritura, y recuperé la costumbre de dedicar tiempo a la Palabra todos los días. Ahora oro y hablo con Dios.

Desde luego que no soy Pollyanna. Todavía tengo que batallar de verdad, pero ahora tengo una espada y una coraza, y estoy preparado para luchar hasta morir. ¡Imagínate! Hace menos de dos meses estaba dispuesto a pagar a alguien para que me desflorara. Hoy, estoy listo para defender mi pureza sexual con mi vida, y no solo la mía, sino también la de mis hermanos y hermanas en Cristo a mi alrededor. Ahora soy un hombre, y las cosas no volverán nunca a ser iguales. Gracias por devolverme mi hombría.

Me llamó mucho la atención esta frase del correo de Ke- llen: «Por fin, algo cambió. Llegue a un punto crítico de de- cisión». Kellen encontró por fin la batalla que debía librar, y ahora está esgrimiendo la espada y la coraza que todos los caballeros de la cruz tienen que utilizar. Fue hecho para esto, y su alma ahora está llena de vida y energía.

Como hijos de Dios, se nos ha dado este mundo sensual que debemos conquistar y las mujeres en este mundo que debemos defender. No sé en cuanto a ustedes, pero Kellen lo está viviendo a plenitud.

Y no es el único:

¡Buen día! Mi nombre es Mick y vivo en Nueva Zelanda. Tengo veinte años y he sido cristiano toda la vida. Me entusiasmó encontrar por fin un libro que hablara de la pornografía y la impureza sexual de manera directa. Deseo de corazón ver que nuestra sociedad abra los ojos a esta mentira que el diablo nos ha contado, de manera que lo felicito por haber escrito este libro. ¡Gran hombre!

Hacia finales del año pasado, mi amistad con Stephanie comenzó a ser más que amigos. Pero yo sabía que nunca podría ser hasta que resolviera mi problema con la pornografía, porque *no* quería que este hábito formara parte de nuestra relación y también la perjudicara a ella.

Vino para quedarse con mis padres por un par de días, y durante este tiempo hablamos acerca de nuestra relación. Le dije que deseaba pedirle que saliéramos, pero sentía que Dios me estaba diciendo que no era un buen momento. Ella estuvo de acuerdo, ya que se sentía igual. Después de que se fue, sentí que Dios me decía que solo podía invitarla a salir después de seis meses de no ver pornografía.

Comenzó el juego. Al final de cada día, colocaba una chincheta en un tablero de corcho para indicar que ese día no había visto pornografía. Al final de la semana, pegaba un papelito, y al final de cada mes, una pequeña tarjeta. Mantuve contacto regular con

Stephanie durante los seis meses, pero lo mantuvimos todo puramente sobre una base de amistad.

Me siento muy bien de poder decir que completé mi tiempo sin romper mi contrato con Dios, y sentí que Dios me permitía pedirle a Stephanie que saliéramos. Hemos disfrutado mucho saliendo. ¡Sumamente divertido! De veras la valoro después de haber esperado, y esta disciplina me ayudará de verdad en nuestra relación.

El caso es que una de las maneras de expresar amor de Stephanie es el contacto físico, lo cual significa que necesito ser el fuerte en nuestra relación. Establecimos la regla de que no nos besaríamos porque yo no estaba dispuesto a correr semejante riesgo con su pureza, sobre todo considerando que besarse puede conducir muy rápido a otras cosas. Deseo buscar a Dios, y esto significa que necesito seguir defendiendo la pureza de Stephanie con el mismo denuedo con que Dios la defendía cuando el Señor me pidió que esperara seis meses. Deseo ser un hombre conforme al corazón de Dios.

¿No les encanta cuando alguien lo logra? La aventura de Mick nos inspira en la nuestra. Buscar la pureza es algo más que ser obediente. Es algo más que llegar a ser una buena persona. Se trata de convertirse en un guerrero de Dios y de permanecer con él, pase lo que pase.

Dios llamó a Mick a hacer algo muy difícil, y lo hizo. Y este ejemplo ayuda a confirmar que gobernar y someter nuestra sexualidad es parte de ser un hombre.

Un tiempo de prueba

Es tiempo de que nuestra generación se rebele sexualmente y cambie el rostro de la hombría en todo el mundo.

En 2 Timoteo 2:22, Pablo nos instruye: «Huye de las malas pasiones de la juventud, y esmérate en seguir la justicia, la fe, el amor y la paz, junto con los que invocan al Señor con un corazón limpio». Los gemelos Brett y Alex Smith de diecinueve años, autores de *Do Hard Things*, creen que este versículo «capta la mentalidad revolucionaria de colaboración: rebelarse contra bajas expectativas ("huye de las malas pasiones"), haciendo cosas difíciles ("esmérate") y aprovechando el poder del trabajo en equipo ("junto con los que invocan al Señor con un corazón limpio")»[1].

No hay nada más difícil que permanecer puro antes del matrimonio, y no hay ningún otro lugar donde nuestra colaboración contracultural desinteresada con nuestros hermanos será más efectiva como generación en impactar nuestra cultura.

Imagínate todas nuestras historias unidas y sirviendo para animar y capacitar a quienes nos rodean que todavía no han vivido la libertad y gozo que caracterizan el aceptar esta marca suprema de hombría.

De Fred:

No podría estar más de acuerdo con la premisa de Brett y Alex. La batalla que Dios nos llama a librar es de colaboración, o luchar juntos por la misma causa: la pureza en nuestro mundo, en nuestro tiempo.

Pero no se te ha dado solo un batalla para librar y algunas damiselas a quienes salvar. Tienes también hermanos, y tienes que luchar *por* ellos y triunfar *con* ellos, juntos en pie de guerra. Puedes comenzar con los hermanos que viven más cerca de ti: los que están en tu propia casa.

Kevin escribió para decirme que había decidido luchar por el futuro de su hermano:

> *La batalla de todo hombre joven* y *Tácticas* han tenido un gran impacto en mi vida. Por mucho tiempo, sabía

que necesitaba cambiar, pero no podía determinar por dónde comenzar. Sus libros me guiaron en esa travesía que debía recorrer, y nunca lamentaré el esfuerzo que supuso.

Pero en realidad esto no tiene que ver conmigo. Verá, estoy en el último año de secundaria, de manera que el año próximo iré a la universidad. Pero tengo un hermano en noveno grado, y por desgracia mi padre nunca ha servido de mucho en cuanto a conversaciones entre padre e hijos. Aunque mi madre ha tratado de hablar con Ben, no puede ayudar de la forma en que otro hombre puede. Como no quiero que mi hermano tenga que luchar como yo, debo darle alguna orientación antes de irme a la universidad. ¿Por dónde empiezo?

Sentí un cosquilleo en la espalda al leer esta carta, y el corazón se me aceleró. *¡Un hermano ayudando a un hermano! ¡Qué ejemplo tan fantástico de hombre!*

Respondí que debería leer en *Prepare a su hijo para la batalla de cada hombre,* la sección de los padres: «Para papá (o la madre soltera)», al comienzo del libro. Luego podía leer las dos secciones siguientes con su hermano.

Unos meses más tarde, recibí este correo electrónico:

Estimado Fred:

Me tomó un par de días la lectura de la Sección de los Padres y lo entendí. Después de dos semanas de llenarme de valor, le hablé a Ben quien, hasta donde sé, todavía no había comenzado a ir en la misma dirección de pecado sexual como yo lo había hecho. Abrimos el libro en los capítulos padre-hijo y lo fuimos leyendo, y luego hablamos por un tiempo de lo que leímos.

Le dije lo que estaba tratando de hacer por él y comencé a contarle historias de mi pasado. Me sorprendí. En realidad no fue tan difícil como pensé que iba a ser. De hecho, pareció muy interesado en lo que tenía que decirle, en especial en mis historias. Lo que había pensado que fuera una conversación de veinte minutos, acabó convirtiéndose en una caminata de tres horas alrededor del lago en nuestro vecindario. No sé cuántas vueltas acabamos dando esa noche.

Alrededor de las dos horas de caminata, comencé a hablarle de mis pensamientos acerca de las diferencias entre un «hombre hombre» y «un hombre de Dios». Entonces, se detuvo para decirme: «¿Sabes, Kevin? Al principio pensé que había sido mamá la que te pidió que hicieras esto, pero ahora sé que fue idea tuya. De verdad me alegro de que decidieras hablarme».

Durante el mes siguiente o algo así, no tuvimos un horario regular para la lectura, pero salimos a caminar por todo el vecindario más o menos cada dos semanas. Hablamos acerca de desviar la mirada y también de muchos otros principios. Ben se interesó sobre todo en mis fallidos intentos de noviazgo, lo cual hizo que nos riéramos mucho juntos. De todos modos, las cosas resultaron tal como usted dijo. Mi hermano y yo nos unimos mucho más en los últimos meses que nunca antes en toda nuestra vida. Estoy orgulloso de ser semejante influencia en su vida.

Kevin es mi héroe, y así se lo dije. Es la clase de ejemplo que necesitamos que se repita, para estimularnos a luchar por nuestros hermanos en nuestros grupos juveniles, en ministerios universitarios y en los grupos de hombres en la iglesia. Siempre resulta más fácil de decir que de hacer — incluso a los grupos juveniles los puede pervertir y herir el espíritu de Baal— pero juntos podemos triunfar. Bien vale la pena, como pueden ver.

De Jasen:

El grupo juvenil de mi iglesia se asemejaba mucho a mi escuela intermedia y a mi secundaria. Muchos hombres y mujeres que eran populares en mi escuela llegaron a mi grupo juvenil y siguieron siendo populares. La situación no era totalmente igual porque había personas de diferentes escuelas, pero los grupitos y las escalas sociales eran tan fuertes en la iglesia como lo habían sido en la escuela.

Lo irónico era que la única gran diferencia era que resultaba mucho más difícil defender la pureza en mi grupo juvenil que lo había sido en la escuela pública. En cuanto a películas, música u otras influencias que podían rebajar mis estándares, la presión de los iguales era mucho más intensa de parte de jóvenes y muchachas cristianos. Recuerdo que unos pocos jóvenes me condenaron sin más porque no quería ver películas para adultos en sus casas. Les decía: «Miren, no quiero ver a personas desnudas en la pantalla. Para mí, eso no está bien».

Esto no encajaba bien entre los muchachos del grupo de jóvenes. La mayoría se enfadaba. «¿Estás diciendo que no soy cristiano? ¡Soy tan cristiano como tú!». Dos más decían: «La vi y estoy bien. ¿Cuál es *tu* problema?».

Nunca había escuchado comentarios semejantes en la escuela. Claro que se burlaban de mí en los pasillos de vez en cuando, pero la mayor parte me dejaban tranquilo. No así en mi grupo juvenil. Pensaban que los juzgaba y que quería hacerlos sentir culpables. Ni siquiera podían tener en cuenta mi posición. La peor parte —como una patada en la boca— era cómo los muchachos de la Johnston High de mi grupo juvenil me dejaban en la escuela totalmente de lado entre clases. Y yo era su hermano en Cristo.

Esto era duro, pero Dios me dio la respuesta adecuada:

Hermanos míos, si alguno de ustedes se extravía de la verdad, y otro lo hace volver a ella, recuerden que quien hace volver a un pecador de su extravío, lo salvará de la muerte y cubrirá muchísimos pecados. (Santiago 5:19-20)

Los busqué al nunca retroceder. Este es el método que Jake Perkins, pastor de jóvenes en la Edmond Church of Christ en Edmond, Oklahoma, utilizó al enfrentar la batalla con su grupo juvenil. Sabía que tenía que hacer algo para ayudarlos:

Nuestro ministerio juvenil comenzó una travesía hace unos años. Estábamos lejos de saber que la senda ante nosotros estaría llena de desafíos, derrotas, desengaños y sufrimientos. Pero lo que tampoco sabíamos era que esos desafíos y derrotas nos conducirían hacia una nueva esperanza en el plan de Dios para la pureza... o que el velo sería desgarrado, el pecado quedaría al descubierto, y nuestro grupo de jóvenes buscaría con entusiasmo aplicar las normas de Dios. Esta es nuestra historia:

Dan, mi voluntario con el grupo juvenil, me recomendó el libro *La batalla de cada hombre joven*. Cuando lo acabamos de leer, quedamos convencidos de que no era uno de esos libros de «prometo no tener relaciones sexuales». Era más un llamamiento a la hombría. ¡Dan y yo hubiéramos deseado que alguien nos hubiera enseñado este material en nuestra adolescencia!

Sin embargo, las tres primeras semanas fueron una lucha. Los muchachos no querían hablar, y la única diferencia entre este estudio y cualquier otro estudio que habíamos realizado fue que nuestros muchachos estaban escuchando palabras que nunca hubieran escuchado en la iglesia, como *masturbación*. Dan y yo nos mostrábamos todo lo más francos y sinceros que podíamos acerca de nuestras propias luchas, pero nada de lo que decíamos generaba algo a cambio de parte de los muchachos.

Por fin, durante un viaje en camioneta una tarde, me acerqué a dos muchachos a solas y les pregunté qué pensaban de la clase. Después de insistir un poco, uno de los dos, James, confesó: «Sí, lucho con la lujuria y la masturbación todos los días. Pero es difícil hablar de eso frente a los demás».

Ante esto salté. «James, solo di esto en la clase esta semana próxima. Nada más, ni nada menos. ¿Puedes hacerlo?»

James sí pudo, y cuando lo hizo, se abrieron las compuertas. En tres semanas, hasta el último de ellos había hablado y había contado algo por lo menos una vez. Y nuestros muchachos comenzaron a hablar de sus pecados y los efectos que tenían en su vida.

La clave en todos los estudios, devocionales y conversaciones a solas es la franqueza. Efesios 5:11 dice: «No tengan nada que ver con las obras infructuosas de la oscuridad, sino más bien denúncienlas». Siempre que brille la luz de Jesús en los lugares oscuros de la vida, no es en modo alguno vergonzoso. De hecho, es absolutamente liberador comenzar a vivir de la manera que se supone que vivamos.

Cuando uno se libera, la creatividad natural puede florecer, y vemos que esto sucede a cada momento. Los muchachos crearon su propio lenguaje codificado de manera que pudieran chequearse unos a otros cuando otros estaban presentes. Por ejemplo, decir: «¿Cómo va tu lucha?» significaba: «¿Te masturbaste esta semana?». También movían la cabeza de cierta manera como señal para recordar desviar la vista.

Taylor solía utilizar los cuarenta días de la Cuaresma para ayunar de la televisión. Durante ese período de seis semanas, se daba cuenta de cuánto la televisión había dominado sus impulsos sexuales. Brandon comenzó a llamar a un amigo diferente cada día para comprobar cómo le iba en la batalla, lo cual, a su vez, lo ayudaba a permanecer alejado de la pornografía. JT comenzó a consultar en línea las críticas confiables de películas antes de ir a verlas al cine. Jesse me dijo: «Ahora cuando vamos al cine juntos y sale una escena sobre algo que sabemos que no queremos ver, siempre nos agarramos unos de otros y nos miramos a la cara hasta que haya concluido la escena».

Nuestro grupo juvenil adquirió una vida propia, y se fue conformando una nueva cultura. Luego, formamos grupos de rendición de cuentas, y por tres años no hemos vuelto la vista atrás. Cada uno de los jóvenes, ya sean nuevos en el grupo o no, ahora saben que hay expectativas sexuales y espirituales en nuestro grupo.

Nuestro grupo juvenil es mixto, claro está, así que en algún momento se vio con claridad que debíamos compartir estas expectativas con las jóvenes. Nos pusimos a pensar juntos y acordamos un plan. Un domingo por la mañana, dividimos el grupo de jóvenes por sexo e hicimos que cuatro chicas hablaran de algunas de sus luchas con muchachos. De igual modo, cuatro muchachos hablaron con las muchachas.

Nuestros jóvenes estaban hablando de forma neutra hasta que Tim saltó al plato. Dijo sencillamente: «Muchachas, algunas de las ropas que se ponen, incluso los domingos por la mañana, despiertan nuestra lujuria y a veces nos masturbamos después».

Se podía oír la caída de una aguja en esa sala. Tim había sido muy directo, estridente y sincero, pero dijo la verdad. Debido a lo que dijo esa mañana, han pasado dos años desde que yo le haya tenido que pedir a una muchacha que se fuera a casa a cambiarse de ropa porque su forma de vestir era inadecuada.

Un momento crucial sucedió la primavera siguiente para nuestro grupo de hombres, que se reúne los miércoles por la noche. Treinta hombres estaban estudiando *La batalla de cada hombre*, pero estaban intentando ser lo más sinceros y directos posible acerca de los problemas que enfrentaban. Después de un par de meses, el líder del grupo de estudio de hombres nos pidió a Dan y a mí que les diéramos un par de clases. La primera noche, durante un intercambio con los hombres, nos dimos cuenta muy pronto de que ni siquiera habían utilizado la palabra *masturbación* en su clase, ni tampoco habían tratado el problema de la pornografía… ¡después de diez semanas de reunirse!

Sabíamos muy bien qué teníamos que hacer. A la semana siguiente, nos acompañaron tres de nuestros jóvenes adolescentes. Mientras el Espíritu se movía esa noche, aquellos tres muchachos hablaron de manera heroica de sus luchas con la lujuria y la masturbación, con claridad y con sus padres en el salón. Aunque sus padres se sorprendieron de su franqueza, nada de lo que dijeron estuvo fuera de tono. Era contar la simple verdad, y hacer brillar la luz de Cristo sobre nuestro pecado.

Lo que sucedió esa noche fue enorme. El pecado quedó al descubierto, y lo mejor de todo fue que ningún padre en el salón tuvo ninguna excusa para eludir hablar con sus hijos acerca de su sexualidad. Nunca había visto nada semejante. Muchos de esos padres todavía están hablando acerca de la batalla en forma regular con sus hijos adolescentes gracias a ese miércoles por la noche.

La historia de Jake es un vívido recordatorio de que la batalla se está ganando en muchas vidas en muchas comunidades del país. Por esto me siento optimista de que nuestra generación —la que llegó después de la revolución sexual de los años sesenta— puede triunfar. Hoy, los hombres están por fin hablando acerca de esferas de nuestras vidas de las que nadie nunca había hablado: nuestra cultura sexualizada hace que muchos queden atrapados en la lujuria y pierdan su impacto a favor del reino.

Esto es algo muy bueno, y me siento orgulloso de formar parte de ello. Y es que podemos sentirnos orgullosos de decir lo que Dios está haciendo en nuestra vidas.

Así que no retrocedas en desempeñar tu papel en la historia que Dios quiere para ti… ni en compartirla una y otra vez.

16

CÓMO VIVIR

De Jasen:

C reo que nuestra generación está preparada para reconsiderar qué somos capaces de hacer como hombres, en especial en nuestra sexualidad. La generación de mi abuelo, así como la de mi padre, se vieron rápidamente arrastradas por la revolución sexual que comenzó en las décadas de 1950 y 1960. ¿Se verá nuestra generación —nacida a finales del milenio— arrastrada por una revolución en contra del sometimiento cultural a Baal y su mentalidad de que «todo es aceptable»?

¿Nos rebelaremos contra la forma de pensar convencional de que las relaciones sexuales antes del matrimonio son de esperar? ¿Nos rebelaremos contra las ideas de que tenemos un derecho basado en la Primera Enmienda de ver pornografía o de que es perfectamente aceptable tener hijos sin antes casarse? He disfrutado mucho siendo rebelde, nadando contra la marea cultural de sexo-sexo-sexo 24/7.

John Eldredge concuerda:

> Si podemos reavivar esa cualidad de valentía en el hombre, comprometerlo con un propósito más elevado, liberar al guerrero que lleva dentro, el muchacho puede crecer hasta llegar a ser de veras masculino. [...] El

verdadero tú está del lado de Dios contra el falso yo […]
Tu carne es tu *falso yo* —que aparenta, que se manifiesta
en cobardía y preservación de sí mismo— y la única
forma de enfrentarlo es crucificarlo […] dispararle al
traidor. ¿Cómo? Opta por ir en contra de él cada vez
que lo veas levantar su horrible cabeza[1].

Ya es hora de separar a los hombres de los muchachos en
nuestro entorno. ¿Qué papel desempeñas en esta gran guerra cósmica? ¿Serás un falso, o dispararás contra el traidor y
seguirás con ese profundo deseo de batallar, de aventuras y
belleza?

Mira, hay momentos en la vida de vivir con heroísmo, y
este es tu momento. ¿Recuerdas *El Rey León*? Si en algo te
pareces a mí, has visto esa película por lo menos un par de
veces. Simba sale huyendo y se niega a aceptar su responsabilidad como líder joven, y prefiere vivir cómodamente en la
jungla. *Hakuna matata*.

Pero más adelante, después de enterarse del escandaloso
liderazgo de su tío Scar, regresa para encontrar destruida su
antigua morada. De haberse quedado, sin duda Scar y sus
secuaces lo hubieran matado. Pero una vez hubo madurado
y desarrollado sus habilidades, pudo regresar para asumir
la lucha.

Estos quizá no sean los últimos días de la historia de la
humanidad, pero sin un avivamiento, el paisaje espiritual
de nuestro país pronto estará tan sin vida y desolado como
el hogar de Simba. Pero pensemos en cómo Simba le dio la
vuelta a la situación. Examinó el macilento paisaje. Aceptó el
desafío y luchó, cumpliendo con sus responsabilidades. Esto
es ser hombre.

Cuando Simba se mantenía firme con sus amigos al borde de su destino, sabía que su valor en los pocos momentos
siguientes determinaría el curso de su historia por muchos
años. Simba cumplió.

Este podría ser tu momento. ¿Cumplirás?

Cada uno de nosotros está viviendo en un momento clave en la historia, situados al borde de nuestro destino como hombres jóvenes. Nos hemos entregado al culto de Baal como nación y abierto la puerta al juicio, pero Dios ha abierto una ventana de oportunidad para divorciarnos de Baal y establecer otro pacto con Dios.

Ya dije antes, y lo diré de nuevo: el daño a nuestra cultura que han causado los hombres cristianos que han esperado demasiado tiempo para asumir su hombría ha sido devastador. Y al igual que Simba, tenemos una segunda oportunidad para asumirla. Tenemos un derecho inalienable y Dios nos llama a salir y movilizarnos.

Brett y Alex Harris plantearon preguntas serias y apasionantes a nuestra generación en su libro, *Do Hard Things*:

> ¿Será que los adolescentes de hoy se encuentran ante una oportunidad única de hacer cosas difíciles, y no solo como individuos, sino como generación? ¿Y no solo cualquier cosa difícil sino cosas grandes que moldean la historia? […] ¿Qué es posible cuando una generación deja de suponer que otros cuidarán del estado maltrecho en el mundo —o que alguien capitalizará a partir de las oportunidades actuales— y se da cuenta de que es llamada a actuar?[2].

El pensamiento convencional alega que las grandes búsquedas las llevan a cabo grandes personas, pero no creo que esto sea así. Las pequeñas decisiones que tomamos a diario definen quiénes somos y el mundo que nos rodea. Creo que las pequeñas decisiones tienen una importancia fundamental porque son ellas —bien tomadas— las que definen la grandeza.

El futuro se construye a partir de decisiones pequeñas, como el momento en que tomé mi mochila y le pregunté al profesor si podía quedarme en el pasillo mientras proyectaban una película para adultos, o el momento en que trasladé el sofá y la televisión al garaje mientras mi familia estuvo ausente de vacaciones. Lo pequeño importa, como dicen, y cada día habrá pequeñas decisiones que debes tomar con heroísmo—decisiones que afectan tu futuro y el de quienes te rodean. Nunca olvides que las grandes búsquedas en la mayoría de los casos se hacen realidad en las pequeñas decisiones en los rincones reservados de nuestra vida que nadie ve.

Prepárate para el futuro

Mi hermano menor, Michael, hace poco pidió salirse del currículo de educación sexual en la secundaria porque solo se trataba de cómo ponerse bien los preservativos, de qué aspecto tienen los genitales con enfermedades, y otras cosas parecidas. Y algunos de los estudiantes en el pasillo se entrometieron.

—No seas estúpido, Michael —le dijeron—. Cuando llegues a la universidad, no vas a saber lo que haces, y vas a embarazar a tu novia o tendrás alguna otra clase de problema.

Nunca se les ocurrió a estos muchachos que quizá estaba planificando pasar por la universidad *sin* acostarse con nadie. Pero ¿quién dice que la única defensa contra estropearse uno la vida es armarse de preservativos?

Mi hermano se *ha* preparado, pero está dirigiéndose a un lugar distante en una difícil frontera teniendo en mente a una muchacha valiente que se le unirá en su búsqueda de la pureza. Hasta entonces, está dispuesto a avanzar solo por esa senda larga y con recodos, suceda lo que suceda. ¿Cuántos se le unirán?

Ahí afuera hay una aventura que te espera, una aventura que lleva tu nombre. No malgastes tus años de soltería. Rebélate, como Michael. Súbete y cabalga. Ataca y entabla la lucha con el enemigo.

De Fred:

Estamos viviendo una época crítica. Lo que antes era bueno ahora es malo, y lo que era malo ahora es bueno. A medida que la maldad ha ido incrementándose, nuestro amor a Dios se ha ido enfriando, y pocos están dispuestos a asumir por Él el dolor social, en lo sexual o de alguna otra manera.

Claro que los tiempos son oscuros. ¿Son estos los últimos días de la historia humana? No tengo la respuesta, pero sí sé una cosa: son sin duda los últimos días de *tu* historia. Solo tienes una vida. ¿Cómo vas a vivirla?

No sabes qué te depara el mañana o de cuánto tiempo dispones. Permíteme decirte algo que conté en *La batalla de cada hombre* .

Cuando un tímido sol de noviembre asomaba por el frío horizonte una mañana, salí de la cama para ducharme y afeitarme como cualquier otro día. No tenía idea de lo que me esperaba ese día.

Esa tarde, el aire era frío y un resplandeciente firmamento azul cubría Iowa, y yo estaba avanzando por la Calle Ocho al oeste de Des Moines para entregar un paquete a un cliente. Por alguna razón que no recuerdo, ese día estaba conduciendo el auto Chevy azul oscuro de Brenda, con paneles de madera. Definitivamente no era algo maravilloso, pero era el mejor carro que había tenido, *así* que búrlate.

Como le ocurriría a cualquier hombre conduciendo un magnífico carro en una tarde espléndida, todo parecía en orden en el mundo. El negocio iba bien, y mi tercer retoño, Rebecca, había nacido apenas dos semanas antes. Era la bebita más bella del planeta.

En dirección al sur, llegué a una conocida intersección: Quality Ford a la izquierda y el Jimmy's American Café a la derecha. Le eché un vistazo al indicador de velocidad: cincuenta y cinco kilómetros por hora —perfecto, justo en el clavo. Las cosas estaban tranquilas como un apacible lago la víspera de un verano sofocante.

De repente, un camión de gran tamaño totalmente nuevo —en dirección contraria— se salió de su carril para invadir el mío. Todo sucedió en un abrir y cerrar de ojos al chocar de frente. Con el pie derecho apreté el freno en el momento del impacto, lo que afirmó mi rodilla apenas a tiempo para el impacto frontal. El cinturón de seguridad no funcionó, y cuando la parte superior de mi cuerpo salió disparado hacia el frente, mi pulgar izquierdo topó con el volante, con lo que se quebró el hueso y se rompieron los ligamentos que lo sujetaban. Mi pecho se estrelló contra el volante, que se dobló como un acordeón barato contra el panel. El impacto fue equivalente a chocar contra un muro a más de cien kilómetros por hora.

Me desplomé retrocediendo hacia mi asiento, aturdido y lánguido, como en las nubes. En unos segundos, escuché sirenas que resonaban a lo lejos. Me sentí sorprendido ante semejante increíble tiempo de respuesta. «Vaya, estos tipos sí son buenos», me dije.

La luz comenzó a convertirse en grisácea, y mi espíritu comenzó a desvanecerse. Sentí como si las amarras de mi alma se estuvieran soltando, como sogas de un gran barco que se aflojan y resbalan de los pilotes de la dársena.

Todo estaba tan tranquilo, tan en paz, tan natural. Recuerdo que me sentía muy sorprendido de que no tuviera ni la más mínima duda. Sabía con exactitud hacia dónde me dirigía —al cielo— y no temía nada. Tratando de concentrarme en ese momento tranquilo, recuerdo que pensé: *La muerte no es para nada una gran cosa. Es más bien agradable.*

Pero entonces, sin ninguna razón aparente, mi espíritu clamó en una explosión de conciencia. Comencé a orar: *Señor, deseo criar a mis hijos para ti y asegurarme de que estén bien. Son tan jóvenes, y tengo tanto que enseñarles. Deseo con todas mis fuerzas conocerlos, y amo a Brenda, y quedará tan sola, y ahora que todo está tan bien entre nosotros, deseo conocerla y amarla, y ser el esposo que tú querías que fuera.*

De repente, mi espíritu se congeló. Un shock eléctrico emocional penetró hasta lo más hondo de mi ser al captar mi espíritu la verdad y clamé: *Señor, todavía no he hecho nada por ti. Tengo que seguir aquí y hacer algo por ti.*

La intensidad de mi desesperación se abrió rápidamente camino hacia la zona roja con mi espíritu clamando: *Señor, ¡deseo vivir! No puedo llegar al cielo con las manos vacías con nada para darte. ¡Recuerda todo lo que has hecho por mí! Deseo de verdad verte, pero no puedo llegar a ti así. Dame una oportunidad para darte algo. No me lleves al cielo con las manos vacías. Déjame vivir. Tengo que tener algo que poner a tus pies.*

Con la misma rapidez con que habían comenzado a aflojarse, las amarras comenzaron a tensarse de nuevo. Ahora se apoderó de todo mi ser una paz nueva y diferente. Como hacía mucho tiempo había aprendido de memoria himnos durante mi batalla por la pureza sexual, comencé a alabarlo con himnos suaves de adoración.

Una paramédico arrancó la puerta y, observando la escena, supo que no había tiempo que perder. Más adelante dijo que al verme *supo* que nunca podría llegar vivo al hospital. Había visto situaciones parecidas muchas veces antes. Tenía la cara pálida y ceniza debido a la masiva hemorragia interna en mi cavidad torácica. Los resultados de la comprobación de mi presión sanguínea en la ambulancia no la hicieron cambiar de opinión. Tanto ella como otros paramédicos actuaron frenéticamente mientras me trasladaban, y la oí llamar por adelantado para que estuvieran listos los cirujanos de emergencia. Tendrían que abrirme el pecho de inmediato apenas llegara al hospital.

Mientras tanto, yo permanecía acostado y en paz, cantando suavemente himnos por lo bajo. Los paramédicos me condujeron a la sala de emergencias. Un testigo en el lugar del accidente había llamado a Brenda, por lo que pudo llegar al

hospital casi al mismo tiempo que yo. Un capellán la esperaba en la puerta… el mismo capellán que ya había puesto un
brazo alrededor de una joven esposa ese mismo día para decirle que su esposo no había sobrevivido. Estaba convencido
de que iba a hacer lo mismo con Brenda.

Pam Bhenke, la mejor amiga de Brenda, también llegó para
brindarle apoyo. Como directora de la unidad de cardiolo-
gía en el hospital, conocía a los cirujanos torácicos y se había
enterado de los temores de los paramédicos. Deseaba estar
presente cuando el capellán fuera a informar.

No recuerdo gran cosa de esos primeros momentos en la
sala de emergencias. Mi memoria más vívida es estar mirando
las brillantes luces en el techo de la sala cuando de repente el
desolado rostro de mi querido amigo Dave Johnson entró en
mi campo visual. Estaba tan asustado. Es un hombre de verdad, y nunca lo había visto así. Recuerdo a Brenda inclinán-
dose con ternura sobre mí, pero en sus ojos había terror. Pam
siguió ahí, claro está. Uno de mis pastores, Ray Henderson,
llegó a la cabecera de mi cama. Todos estaban bien asustados.

Pero las amarras se mantuvieron firmes. El Señor había escuchado mi oración, y no iban a operarme. Un golpe violento
en el pecho puede causar una caída violenta temporal de la
presión sanguínea y shock traumático, pero en mi caso, no
había hemorragia interna. Dos horas más tarde, salí del hospital por mis propios pies y mucho más fuerte gracias a la
experiencia y a todo lo que aprendí de ella.

¿Qué lecciones recibí ese día? Bueno, aprendí que la desesperación forma parte del lenguaje común en el cielo. Sí. Él
entiende todas las lenguas —inglés, español, afrikáans, chi-
no— pero cuando se trata de sus hijos, conoce *muy* bien el
lenguaje de la desesperación y está pronto a escuchar nuestro clamor.

También aprendí que su gracia cubre absolutamente *todos*
nuestros pecados, tal como lo dice la Biblia. No sentí ni una
brizna de vergüenza al acercarme al Señor, y el hecho de que

todavía estaba librando las últimas escaramuzas de mi batalla por la pureza no tenía importancia para Él. Ya había *ganado* la batalla por mi alma en el Calvario, esto era lo único que contaba para la salvación. Mía era la paz eterna.

Excepto por una cosa.

La patente realidad de sentir de repente todo lo que había hecho por mí fue sobrecogedora y sorprendente en formas que nunca antes había sentido. Incluso ahora, cuando recuerdo mi desesperación desplomado en mi carro, se me llenan los ojos de lágrimas. En medio de esa revelación, la profundidad de mi amor por Él era tan real, tan abierta, y tan abrumadora que el deseo de darle las gracias era indescriptible. El avasallador deseo de poder poner alguna cosa, por pequeña que fuera, a sus pies en agradecimiento me resultaba sorprendente.

Claro que su gracia nos libera, pero esto no disminuye la importancia de la obediencia. De hecho, en todo caso, la incrementa, porque es por medio de la obediencia que le expresamos nuestro amor y obtenemos esas cosas que podemos poner a sus pies.

La obediencia le da espacio a Dios para actuar en nuestra vida. Para mí, la obediencia en la pureza sexual me permitió dar testimonio y tener algo útil que decir. Al final, me dio nueve libros para poner a sus pies la próxima vez.

Lo mismo se puede decir de Jasen. El martes antes de su boda, recibí una llamada telefónica del Canal Once de Inglaterra, una de las estaciones televisivas nacionales. Como yo soy el autor de *La batalla de cada hombre*, estaban pidiendo una cita para su documental acerca del movimiento creciente en pro de la castidad en su país.

«Puedo hacer algo mejor que eso», respondí a los ingleses. «Mi hijo se casa este próximo sábado, y por primera vez en la vida va a besar a una mujer: su novia. ¿Les interesa?».

Sí lo estuvieron. No podían enviar un equipo de filmación esa semana, pero un mes después un equipo de filmación de

Canal Once entrevistó a Jasen y a Rose. Hablaron de la gracia del Señor en sus vidas y de las verdades que habían sustentado sus decisiones.

La obediencia le da espacio al Señor para actuar en nuestra vida. Puede confiarnos mayores responsabilidades. No hay que andar en busca de oportunidades de ministerio: ellas nos buscan.

Estos son nuestros últimos —y únicos— días en la tierra. ¿Cómo, pues, debemos vivir? El apóstol Pedro pensó en la muerte y también dejó constancia de sus pensamientos acerca de este tema. Por medio de la inspiración del Espíritu Santo, Pedro dijo esto:

> ¿No deberían vivir ustedes como Dios manda, siguiendo una conducta intachable y esperando ansiosamente la venida del día de Dios?...Por eso, queridos hermanos, mientras esperan estos acontecimientos, esfuércense para que Dios los halle sin mancha y sin defecto, y en paz con él. (2 Pedro 3:11-12, 14)

¿Cómo entonces debes vivir? La Biblia nos presenta un cuadro en el que utiliza la vida de miles de hombres puros cuyos testimonios ya han sido escritos en el cielo:

> Y cantaban un himno nuevo delante del trono y delante de los cuatro seres vivientes y de los ancianos. Nadie podía aprender aquel himno, aparte de los ciento cuarenta y cuatro mil que habían sido rescatados de la tierra. Estos se mantuvieron puros, sin contaminarse con ritos sexuales. Son los que siguen al Cordero por dondequiera que va. Fueron rescatados como los primeros frutos de la humanidad para Dios y el Cordero. No se encontró mentira alguna en su boca, pues son intachables. (Apocalipsis 14:3-5)

¿Cómo entonces debes vivir? Vivir en una forma que te calificaría para ser miembro en el club de los 144.000. ¿Podría calificar en la actualidad?

Yo no siempre viví de esta manera, pero por la gracia de Dios, por lo menos ahora puedo calificar, y así es cómo debemos usar la gracia. Gracia no es tu tarjeta para salir libre de la cárcel. Gracia no es tu boleto para ver películas corruptas o disfrutar de juergas lujuriosas con tu novia. Gracia es el poder de vivir como un hombre cabal en medio del caos sensual.

Cuando leí por primera vez este pasaje de Apocalipsis hace años, pensé que esos hombres deben haber tenido alguna ventaja, alguna dispensación de parte del Señor para vivir así en pureza. Solo en tiempo reciente me fijé en la frase: «Estos se mantuvieron puros».

¿Oíste esto? *Se mantuvieron puros*. No hace falta una dispensación especial. En la salvación ya te ha sido dado todo lo que necesitas para participar en la naturaleza divina, y puedes evitar la corrupción en el mundo debida a los malos deseos, como estos hombres (2 Pedro 1:3-4). Puedes proteger a las mujeres en tu vida. Ya posees lo que hace falta.

No desperdicies la gracia. Llega a ser algo. Sueña en grande.

No hace mucho, Michael llegó de repente a mi habitación a las dos de la mañana, con voz de apremio y suplicando:

—¡Papá, papá, necesito hablar contigo!

No me sentí bien de que me despertara. Como tenía una fecha límite para acabar un libro, había estado trabajando hasta entrada la noche y me había acostado a medianoche, y sabía que había puesto el despertador a las 4 a.m. para poder irme en un vuelo temprano por la mañana.

Medio dormido, respondí:

—Hijo, te llamaré por la mañana entre vuelos para que hablemos. Vuelve a la cama.

—No, papá, ¡por favor! No puedo esperar. Tengo que hablarte ahora mismo. ¡Te lo ruego!

Aparté la frazada y me senté al borde de la cama para mirarlo a los ojos. Una sensación conocida —desesperación— era palpable en toda su cara.

—Está bien, hijo, vamos a la sala. Allí podremos hablar.

Después de sentarme en mi silla favorita, el catorceañero Michael me abrió su corazón acerca de un sueño profundamente perturbador y vívido con algunos matices fuertes y perturbadores de sensualidad, y hablaba con tanta rapidez y furor que solo pude captar una palabra sí y otra no. Se sentía atemorizado por esa sensualidad y aterrorizado por todo lo que esto significaba para su futuro con Dios. Hasta el día de hoy, no puedo entender del todo por qué ese profundo temor y desesperación se había apoderado de él hasta cortarle la respiración, pero capté lo suficiente como para saber que había llegado el momento de exponerle la historia de mi árbol genealógico. Necesitaba perspectiva. Necesitaba esperanza.

Le hablé del pecado generacional que había excluido el gozo de mi vida como esposo joven. Le conté haber mirado a los ojos de Jasen de apenas dos años y de estallar en llanto cuando caí en la cuenta de que estaba condenado a seguir la misma senda. Le hablé de mi Momento Merle Hay y de mi decisión de luchar por nuestro nombre y por nuestro árbol genealógico, y le conté cómo Jasen se había unido a mí en este gran empeño, renunciando al juego de popularidad en la escuela y defendiendo con valor la pureza en la secundaria y la universidad. Le conté todas las historias de las que me pude acordar acerca de mi batalla, acerca de Jasen, y acerca de nuestro nuevo futuro como familia.

Por último, cuando la manecilla del reloj ya había superado las 3:30, concluí así:

—Michael, una vez que hube ganado mi batalla por la pureza, hubo por fin un Stoeker viviendo en esta tierra de la manera que Dios nos llamó a vivir sexualmente. Mejor todavía, el nombre Stoeker ya no significaba pornografía, adulterio y divorcio. Ahora significaba pureza, fidelidad y santidad. Y

¿sabes qué? Cuando Jasen se levantó y tomó el testigo de mi mano, ya éramos dos. Si tú te nos unes, Michael, habrá tres.

La desesperación había desaparecido del rostro de Michael, y en su lugar había aparecido algo nuevo.

—Cuando tú y Jasen crezcan y se casen —proseguí—, quizá tendrás un hijo, y quizá Jasen tendrá dos. Una vez que los dos enseñen a sus hijos la verdad, habrá seis Stoeker viviendo como nosotros. Cuando a su vez tengan *sus* hijos, quizá habrá doce, y pronto podría haber veinticuatro Stoeker en el mundo haciendo honor a nuestro apellido.

Me detuve. Los ojos de Michael se habían llenado de luz, fascinado ante las posibilidades. Luego, con voz suave pero firme, murmuró:

—Deseo eso, papá. ¡Deseo eso!

Ese momento fue indeleble, y nunca olvidaré aquella mirada decidida en sus ojos mientras mi espíritu y el suyo avanzaron hacia su destino familiar.

¿Qué piensas, amigo mío? ¿Qué deseas?

Espero ver la misma mirada en tus ojos si alguna vez nos llegamos a conocer en este lado del cielo. Creo que estás listo para ser héroe.

RECONOCIMIENTOS

De Jasen:

Me gustaría expresar mi reconocimiento a las personas que han influido en gran manera en la forma en que he vivido. Sin ellas, mi boda hubiera sido menos triunfante y mi vida tendría más cosas que lamentar. En pocas palabras, este libro no existiría.

Primero quiero dar las gracias a mis padres, Fred y Brenda, por el maravilloso ejemplo que han sido en mi vida. Papá y mamá trabajaron sin descanso para criarme bien, para disciplinarme cuando me equivocaba y para prepararme en los caminos que debería seguir. Les guardaré eterno reconocimiento por todo lo que me enseñaron. Lo hicieron mucho mejor que todos los otros padres que conozco.

También deseo agradecer a toda mi familia extendida por haber sido tan excelentes modelos, pero sobre todo a mi abuela Gwen. Ella siempre tuvo una fe increíble y oró sin descanso, y sigue siendo uno de los mejores ejemplos de vida cristiana que jamás he visto.

Gracias a todos mis amigos que contribuyeron a este recorrido, incluyendo a Dave y Amy Roe, quienes fueron una inspiración para mí y sirvieron como modelos de cómo debería vivir una pareja joven, tanto antes como después del matrimonio. Gracias también a mi amigo de dormitorio y compañero de habitación en verano Austin Kelling, que comenzó a salir con su novia alrededor de tres meses antes de que yo comenzara a salir con Rose y me brindó un gran ejemplo muy cercano de cómo debe ser una forma cristiana de salir con la novia. Fue una fuente constante de estímulo y apoyo.

Gracias también a los autores que escriben acerca de la forma cristiana de salir con la novia y del noviazgo, quienes ayudan a jóvenes como yo a superar los muchos obstáculos que esta cultura coloca entre nosotros y una forma pura de salir con la novia. Gracias a Jeremy Clark por sus valiosas perspectivas acerca de salir, y especiales gracias a Josh Harris por su espléndido libro *Él y ella*. Rose y yo leímos ese libro al comienzo de nuestra relación y lo encontramos sumamente útil.

Y hablando de Rose, me gustaría también dar gracias a los que fueron grandes ejemplos en la vida de ella, porque ayudaron a Dios a darme la maravillosa joven cristiana que completa esta historia. Gracias al pastor Dave, y a Ángel, Seth, Debi, Steve y todos los demás de Heartland. Su impacto sobre ella, y nosotros, ha sido mayor que lo que ustedes piensan. Envío un especial y contundente gracias a David y Joy Gibson por haber criado semejante hija, maravillosa y piadosa. ¿Dónde estaríamos sin ustedes dos y todos sus años de dedicación mutua y de criar bien a Rose? ¡Ningún hombre podría esperar tener una pareja mejor de suegros!

Sobre todo, gracias a mi Salvador, Jesucristo. Sin tu ejemplo, no habría tenido orientación, y sin tu sacrificio no tendría vida. ¡Gracias, Señor!

NOTAS

Introducción

1. Stephen Arterburn y Fred Stoeker, *Every Man's Battle* (WaterBrook, Colorado Springs, CO, 2000), 97.

Capítulo 2

1. John Leland, «The Stories You Hid from Mom», *New York Times*, diciembre 28, 2006.

2. David Shaw, «After 50 Years of Playboy, We All Live in Hef's World», *Los Angeles Times*, mayo 4, 2003.

Capítulo 3

1. John Eldredge, *Wild at Heart: Discovering the Secret of a Man's Soul* (Thomas Nelson, Nashville, 2001), 9.

Capítulo 4

1. «Billy Jean King's Text Inspired Sharapova», Associated Press (accesado en http://nbcsports. msnbc.com/id/22856899/site/21683474/).

Capítulo 5

1. Simon Baron-Cohen, *The Essential Difference: Male and Female Brains and the Truth About Autism* (Basic Books, Nueva York, 2003), 32-33, 36-37, 41, 45.

2. Stephen Arterburn y Fred Stoeker, *Every Man's Battle*, 135.

Capítulo 7

1. Miriam Grossman, *Unprotected* (Sentinel, Nueva York, 2006), 3-4.

2. Robert E. Rector, Kirk A. Johnson y Lauren R. Noyes, «Sexually Active Teenagers Are More Likely to Be Depressed and to Attempt Suicide», Heritage Center for Data Analysis, 2003, www.heritage.org.

3. Kara Joyner y J. Richard Udry, «You Don't Bring Me Anything But Down: Adolescent Romance and Depression», *Journal of Health and Social Behavior*, 41 (diciembre 2000): 369-91.

4. Grossman, *Unprotected*, 4-5.

5. Simon Baron-Cohen, *The Essential Difference: Male and Female Brains and the Truth About Autism* (Basic Books, Nueva York, 2003), 21, 23, 32, 44-45.

6. Grossman, *Unprotected*, 4-5.

Capítulo 8

1. John Eldredge, *Wild at Heart: Discovering the Secrets of a Man's Soul* (Thomas Nelson, Nashville, 2001), 8.

Capítulo 15

1. Alex Harris y Brett Harris, *Do Hard Things* (Multnomah, Colorado Springs, 2008), 110-11.

Capítulo 16

1. John Eldredge, *Wild at Heart: Discovering the Secret of a Man's Soul* (Thomas Nelson, Inc., Nashville, 2001), 140, 145.

2. Alex Harris y Brett Harris, *Do Hard Things* (Multnomah, Colorado Springs, 2008), 170-171.

Esperanza y alivio a cambio de tu quebrantamiento

Acerca de *Avenue Ministries*

Ministerio interdenominacional sin fines de lucro fundado por Clay y Susan Allen. *Avenue* existe para ofrecer recuperación a los hombres atrapados en el engaño de las concesiones sexuales y para las esposas devastada por la traición.

Para encontrar un sucursal de Avenue en tu área o comenzar una en tu iglesia, llama al 877.326.7000 o visita www. AvenueResource.com

• • •

Acerca de *Living True Ministries*

Bajo el liderazgo de Fred and Brenda Stoeker, *Living True Ministries* funciona en la base de:

VISIÓN:
Ser una voz fundamental de la razón en medio de la decadencia cultural.

MISIÓN:
Declarar de una manera práctica la verdad de Dios, alentando y equipando a hombres y mujeres a comprometerse como cristianos, en lugar de parecerlo.

VALORES:
Integridad, congruencia, carácter, urgencia y normalidad.

Si estás interesado en contactar a Fred Stoeker para conferencias, o para obtener más información, por favor envía un correo electrónico a: fred@fredstoeker.com, o visita: www. FredStoeker.com o www.BrendaStoeker.com